Odette Casamayor-Cisneros • Thomas Anderson • Jesús Jambrina • Milda Zilinskaite • Alfredo Alonso Estenoz • Lucila Navarrete Turrent • Alan West-Durán • Enrique del Risco • Abilio Estévez • José Lezama Lima • Severo Sarduy • José Triana • Pedro Marqués de Armas • Juan Carlos Flores • Alberto Acosta Pérez

Una isla llamada Virgilio

(ed. Jesús Jambrina)

2015

©   Alberto Acosta Pérez
    Alfredo Alonso Estenoz
    Thomas F. Anderson
    Odette Casamayor-Cisneros
    Abilio Estévez
    Juan Carlos Flores
    Juan Gualberto (Yonny) Ibáñez Gómez
    Jesús Jambrina
    Alen Lauzán (ilustración)
    José Lezama Lima
    Pedro Marqués de Armas
    Lucila Navarrete Turrent
    Enrique Del Risco Arrocha
    Luis Rondón Paz
    Severo Sarduy
    José Triana
    Alan West-Durán
    Milde Zilinskaite

of this edition © Stockcero 2015
1st. Stockcero edition: 2015

ISBN: 978-1-934768-78-5
Library of Congress Control Number: 2015933638

Set in Linotype Granjon font family typeface
Printed in the United States of America on acid–free paper.

Published by Stockcero, Inc.
3785 N.W. 82nd Avenue
Doral, FL 33166
USA
stockcero@stockcero.com
www.stockcero.com

Odette Casamayor-Cisneros • Thomas Anderson • Jesús Jambrina • Milda Zilinskaite • Alfredo Alonso Estenoz • Lucila Navarrete Turrent • Alan West-Durán • Enrique del Risco • Abilio Estévez • José Lezama Lima • Severo Sarduy • José Triana • Pedro Marqués de Armas • Juan Carlos Flores • Alberto Acosta Pérez

Una isla llamada Virgilio

(ed. Jesús Jambrina)

Isla

Aunque estoy a punto de renacer,
no lo proclamaré a los cuatro vientos
ni me sentiré un elegido:
sólo me tocó en suerte,
y lo acepto porque no está en mi mano
negarme, y sería por otra parte una descortesía
que un hombre distinguido jamás haría.
Se me ha anunciado que mañana,
a las siete y seis minutos de la tarde,
me convertiré en una isla,
isla como suelen ser las islas.
Mis piernas se irán haciendo tierra y mar,
y poco a poco, igual que un andante chopiniano,
empezarán a salirme árboles en los brazos,
rosas en los ojos y arena en el pecho.
En la boca las palabras morirán
para que el viento a su deseo pueda ulular.
Después, tendido como suelen hacer las islas,
miraré fijamente al horizonte,
veré salir el sol, la luna,
y lejos ya de la inquietud,
diré muy bajito:
¿así que era verdad?

Virgilio Piñera, 1979

Índice

Testimonios y poemas

Introducción

Jesús Jambrina (editor)

Los ensayos que se reúnen en este libro fueron parte del dossier homenaje a los 100 años del poeta, dramaturgo, narrador, ensayista y traductor Virgilio Piñera (1912-1979) que la revista *La Habana Elegante* presentó en su volumen 52, otoño-invierno, 2012. La idea original de aquella edición fue incluir, además de ensayos críticos, poemas, crónicas, reseñas, fotos, videos y todo tipo de material dedicado al autor, cuya inspiración en las nuevas generaciones es notoria y abarcadora. Para el libro que el lector tiene ahora en sus manos se han escogido algunos de los textos publicados anteriormente, siendo la línea central explorar acercamientos novedosos a la obra piñeriana, especialmente en lo referente a su poesía y narrativa.

Los análisis propuestos comienzan con el estudio de Odette Casamayor acerca de las conexiones entre las obras de Wilfredo Lam y Virgilio Piñera en lo relativo al cuerpo. Casamayor se interna en las interpretaciones acerca de este último en los discursos del grupo *Orígenes* y de la cultura afrocubana, insertando en ellos las resonancias de la vanguardia europea y sus ramificaciones tanto en el Caribe hispano como en el de habla francesa. La autora destapa en la obra de Piñera la presencia de lo afrocubano, sobre todo en su poema *La isla en peso* (1943) y con ello abre una línea de análisis que bien podría rendir frutos en otros textos piñerianos, no incluidos en el ensayo, pero que igual están presentes en la obra del autor, por ejemplo el poema «Palma negra» (1962) y algunas páginas de su autobiografía.

Le sigue Thomas Anderson, quien dedica sus esfuerzos a recuperar al Piñera más terrenal a través de 86 cartas que el escritor envió a su amigo Humberto Rodríguez Tomeu entre 1960 y 1977, archivadas en la Universidad de Princeton. El trabajo saca a la luz detalles subjetivos del autor, ofreciendo aspectos importantes como la familiaridad de Piñera con la literatura francesa y sus esperanzas de ser editado en Francia e Italia. Las cartas son un área de la escritura piñeriana que no había sido considerada in extenso por la crítica, labor que el texto de Anderson ofrece.

Se pasa entonces al estudio del editor de este libro en el que se propone una lectura de algunas de las teorizaciones sobre poesía que Piñera elaboró entre finales de los años 30 y los 50. Me detengo en sus ensayos sobre Gertrudis Gómez de Avellaneda, Paul Valéry y Emilio Ballagas para intentar dibujar el aprendizaje de Piñera como poeta, partiendo de la premisa de que el autor se dio a conocer, precisamente, en ese género, y por ello es válido rastrear sus conceptos en estos trabajos y de paso, detenernos en el Piñera ensayista, igualmente poco estudiado.

Continuamos con «Gombrowicz y Piñera, jefes del *Ferdydurkismo* sudamericano», de Milda Zilinskaite, quien se sumerge en la colaboración que los dos escritores sostuvieron en Buenos Aires, especialmente a través de la traducción de la novela *Ferdydurke* y de las revista *Aurora* y *Victrola*, ambas de 1947. La estancia en la ciudad argentina es un período en la biografía de Piñera que necesita más atención y el texto de Zilinskaite realiza una contribución en ese sentido al detenerse en ese momento, por otra parte seminal para la literatura del continente en el siglo XX.

Alfredo Alonso Estenoz se detiene en la función de la paradoja en la obra de Piñera y cómo esta es vital para entender los juegos simbólicos en su escritura. Alonso Estenoz propone tres usos de la paradoja: uno clásico, referido a cuestiones filosóficas en textos como *El conflicto* (1942), otro centrado en la discusión sobre identidad nacional, que aparecería a lo largo de toda su obra, aunque con momentos claves como el poema *La isla en peso* (1943), y finalmente el recurso de la paradoja, junto al oxímoron y la antítesis, para reflexionar sobre la institución del arte y la cultura en general. Vale aquí el análisis del relato «Concilio y discurso» (1950), una de las narraciones magistrales de Piñera.

Por su parte, Lucila Navarrete se concentra en lo que ella llama, basándose en palabras del propio Piñera, una «poética de la destrucción» que definiría su estilo, para lo cual la autora estudia varios de los cuentos emblemáticos de Piñera como «*Ars longa Vita Brevis*» entre otros. Alan West-Durán se incluye aquí con uno de los pocos ensayos dedicados a la novelística de Piñera, en este caso *Presiones y diamantes*, en la que el crítico desmenuza las influencias fantásticas y especialmente de ciencia ficción a través de las teorías de conspiración, un tema común a los años cincuenta y sesenta tanto en la literatura como el cine.

Juan C. Quintero Herencia expone la relación de la escritura poética piñeriana con la geografía insular y los elementos naturales, acentuando un estilo pleno de posibilidades y búsquedas expresivas entrelazadas con su concepción del cuerpo y la historia. En ese sentido, Quintero Herencia revela un Piñera profundamente caribeño, que se adentra en la isla (o las islas) para revelárnosla(s) en toda su caos, muerte y esplendor. Y en ese tono de llamada ancestral e invocativo escribe Enrique del Risco, escritor y crítico cubano, humorista consagrado, que capta en Piñera los poderes de la previsión mediante el conocimiento, por parte de este, de la psicología nacional. Del Risco reconoce en la escritura del autor el teatro político y desde allí lo propone como ancla y sanación a las enfermedades de la historia.

El texto de Del Risco nos sirve entonces para entrar en la última parte de este libro, dedicada a testimonios y poemas celebratorios de Piñera. En el primer caso el de dos de los amigos más cercanos del escritor al final de su vida: Abilio Estévez y el pintor Juan G. Ibáñez Gómez. En la crónica de Estévez y la entrevista a Ibáñez se nos presenta un Piñera vívido, lúcido y con cita segura con la posteridad desde la verticalidad de su ética literaria.

Cerramos esta edición con una selección de poemas dedicados a Piñera, algunos ya muy conocidos como los de José Lezama Lima y Severo Sarduy, otros inéditos, como el del dramaturgo José Triana, y varios de poetas más recientes. El objetivo con esta sesión es ofrecer una idea de la influencia que el autor ha tenido a través de las generaciones, lo cual también señala y garantiza la supervivencia futura de su literatura.

6 de febrero, 2015

Piñera, Lam y los origenistas: Suspenso, tragedia o comedia de enredos con fondo tropical[1]

Odette Casamayor-Cisneros
University of Connecticut-Storrs

«Dans la matière, il n'y a pas de dieux. Dans l'équilibre, il n'y a pas de dieux. Les dieux sont nés de la séparation des forces et ils mourront de leur reunion».

Antonin Artaud, *Héliogabale ou l'Anarchiste couronné*

En texto fechado en 1944 y titulado «Situación y problemas de la pintura cubana moderna», Virgilio Piñera ubica a Wifredo Lam en la cima de la plástica nacional de la época, presentándolo como un punto de referencia para los pintores cubanos, pues «captando asombrosamente esta luz y el color [del trópico] ofrecería [...] muestras acabadas de lo que se llama sencillamente 'la gran pintura'» (465).

Resulta inusitado este gesto en el escritor cubano, de quien se conocen pocos análisis sobre las artes visuales.[2] Aún más inesperada puede parecer si se recuerda que, a diferencia de Lydia Cabrera o de Alejo Carpentier, quienes mantenían estrechas relaciones con Wifredo Lam desde su regreso a La Habana en 1941, Virgilio Piñera no era un asiduo estudioso o amateur declarado de las prácticas culturales cubanas de origen africano. Su obra hace escasa referencia a este universo, lo cual no es sorprendente en un miembro –aún entonces– del cónclave intelectual que posteriormente se conocería como grupo Orígenes. Sin embargo, Piñera visitaba a Lam con frecuencia, según el testimonio de Helena Benítez-Holzer, compañera del pintor entre 1939 y 1950.[3] En La Habana, confiesa Benítez que su esposo mantenía

---

1   Una temprana y reducida versión de estas investigaciones fue publicada en *La Gaceta de Cuba*, número 5 del 2004, bajo el título «Piñera y Lam: inusitadas aproximaciones».

2   Tal vez la única realmente conocida reseña escrita por Piñera sobre un artística plástico es la que dedica a René Portocarrero en 1942, con muy marcadas influencias de José Lezama Lima. En este texto Piñera destaca sobre todo lo dialéctico barroco, la lucidez como uso particular de la luz, las implicaciones estéticas del Portocarrero poeta y pintor («La pintura»).

3   También Robert Altman menciona las relaciones entre Lam, Piñera y Lezama Lima en

escaso contacto con otros pintores, tal vez a la excepción de Amelia Peláez y Carlos Enríquez. Se rodeaba no obstante de otros profesionales. Entre los escritores, además de Lydia Cabrera y Carpentier, quienes apoyaban efusivamente su trabajo, reconoce la presencia de José Lezama Lima y Virgilio Piñera.[4] «[Piñera] venía casi todos los domingos. Yo creo que entonces él era un individuo que venía a aprender y así [Lam] le trataba. Le explicaba las cosas para que él comprendiera. Sobre pintura en general, porque su propia pintura no se la explicaba a nadie» (Benítez, comunicación personal).

Sin embargo, en muy poco coinciden las biografías de Lam y Piñera: este no parecía particularmente interesado en lo llamado «afrocubano» y se desconoce igualmente si Lam seguía con entusiasmo el quehacer literario origenista. Además, era el pintor convencido militante izquierdista y veterano de la Guerra Civil española que llega incluso a afiliarse al Partido Comunista; mientras el escritor no manifestaba compromiso político explícito. La conexión entre ambos creadores es de explicación aparentemente difícil. Propongo desvelarlas a través de las energías poéticas que recorren las obras del poeta y del pintor, y que están relacionadas con la concepción de cosmologías particulares, alternativas a la comúnmente aceptada dentro de los contextos socioculturales en los que sus obras fueron producidas.[5]

DESCONTENTO SOCIAL Y POIESIS GENERADORA: CONTEXTO COMÚN

Virgilio Piñera es el autor de uno de los más importantes poemas escritos en Cuba, «La isla en peso». Publicado en 1943 (el año en que también Lam termina el emblemático cuadro «La Jungla»), sus versos despiertan la repulsa de los poetas origenistas Gastón Baquero y Cintio Vitier. Al estigmatizar el poema, argumentaban la falta de correspondencia entre la isla recreada por Piñera con lo que ellos con-

---

4   La relación de Lam con Lezama Lima y Piñera también aparece consignada en el libro que Antonio Núñez Jiménez dedica al pintor. Parece que fue Piñera quien llevó a Lezama y José Rodríguez Feo, por aquellos días editores de la revista *Orígenes,* a las veladas dominicales en casa de Lam y Helena (entonces Holzer) (171).

5   Conviene invocar aquí el seminal estudio de las confluencias entre las obras de Lam y el poeta Nicolás Guillén, presentado por Desiderio Navarro en 1986. Su análisis también recalca que no se refiere a puntos de contacto sino a puntos de convergencia entre ambos creadores. Enfoca principalmente las implicaciones semióticas de tales convergencias. En mis investigaciones, las cercanías entre Piñera y Lam se verifican más bien en la energía poética que las recorre.

sideran la verdadera identidad cubana, criticando su cercanía con la estética surrealista y en especial con la obra de Aimé Césaire.[6] Baquero acusa al autor de «La isla en peso» de mostrar en este poema «una isla de plástica extracubana [...] llena de una vitalidad primitiva que no poseemos, de un colorido que no poseemos, [...] es una isla de una antillanía y una martiniquería que no nos expresan, que no nos pertenecen» (307-9). Tampoco resulta gratuita esta observación. Piñera había traducido en el segundo número de su revista *Poeta*, en 1943, fragmentos del poema «Grand Midi» de Césaire y sin dudas conocía los versos de *Cahiers du retour au pays natal*, traducidos también en ese año por Lydia Cabrera e ilustrado por Lam. De hecho, la colaboración entre el pintor y Césaire se intensificaría en el futuro: los dibujos del cubano aparecerán en numerosas publicaciones del martiniqueño, mientras éste dedicará algunos poemas a Lam y se inspirará en su vida y su obra para escribir otros tantos, incluidos en el poemario *Moi, la-minaire*.

Estas críticas de los poetas origenistas aceptan y refuerzan rígidas fronteras trazadas en el mapa intelectual cubano de mitad de siglo XX. En apariencias, la expresión de la cubanidad habría de posicionarse en dos bandos contrarios: por un lado se hallarían los antillanistas, defensores de cierta Cuba feroz, verde y manigüera, y del otro lado la Cuba diáfana y hogareña, trascendental y de sólido origen. Enmarañadas y oscuras, estarían de un lado, «La jungla» de Lam y «La isla en peso» de Piñera y, del otro, la suave poesía origenista y los interiores coloniales de René Portocarrero y Amelia Peláez, pintores afines a la estética defendida por el Lezama Lima y sus acólitos en Orígenes. Este esquema suscita sin embargo sospechas: ni resulta abrumadoramente evidente la proximidad entre Lam y Piñera ni es tampoco infranqueable el foso abierto entre los supuestos defensores de una antillanidad (y negritud) cubana y sus detractores.

Y es que existe un terreno común a todos, labrado por el descontento social y la experiencia poética. Tanto Piñera y Lam, como la mayoría de los intelectuales más destacados de su época, experimentaron frustración ante la realidad cubana de entonces, persuadidos de que no hallarían en ella el futuro que soñaban para la nación. La revolución truncada de los años 30 contra la dictadura de Gerardo Ma-

---

6   Acerca de las críticas origenistas a la poesía de Virgilio Piñera, es interesante la interpretación de Duanel Díaz (*Los límites* 121-41). Igualmente, además de Enrique Saínz (*La poesía de Virgilio Piñera*), es conveniente acercarse a Alberto Abreu (*Virgilio Piñera* 20-30).

chado no transformó radicalmente la vida del cubano y sólo dejó un rastro de muertos y miseria, inhábil política, conformismo y la injerencia estadounidense pesando con mayor fuerza aún sobre los destinos de la nación. Son tiempos de vacío racional que motivan la búsqueda o el propiciamiento de la aparición del «mito que nos falta», según expresaría Lezama Lima en 1937 («Coloquio» 47). Ante esta realidad, algunos intelectuales y artistas combaten abiertamente a los gobernantes republicanos. Abrazando el comunismo, Nicolás Guillén, Alejo Carpentier, Juan Marinello, Regino Pedroso y Marcelo Pogolotti se encontrarán entre ellos. Pero otros creadores se convencen de que sólo dentro de mundos nuevos, paralelos a la realidad, podrían reanimar alguna esperanza en el porvenir cubano. Consideraban de que no había modo de crearlos si no era a través de la poesía.

Así, Wifredo Lam –de reconocido historial militante en Europa, amigo de Alejo Carpentier– confesaría al crítico Max-Pol Fouchet su intención de pintar el drama de su país sirviéndose del espíritu y de la belleza plástica de las culturas negras. Se veía a sí mismo como una especie de «caballo de Troya» del que emergerían figuras alucinantes, capaces de sorprender y perturbar la tranquilidad de los explotadores. No se trataba de hacer pintura social, reproducir la miseria, la discriminación racial y otros males republicanos, sino de saber expresarlo poéticamente. Lam consideraba que un verdadero cuadro era aquel que poseía el poder de estimular la imaginación (188-89).

Por su parte, Piñera explicaba que sufriendo la catastrófica situación nacional de los años 1940, a un tiempo que huía de lo panfletario, fundamentaba su apuesta por una literatura que calificaba con reservas de «abstraída», en tanto «eludía los primeros planos de la realidad para darla pasada por un tamiz diez veces más fino» («Notas» 2-3). «¿Dónde encontrar en este cielo sin nubes el trueno / cuyo estampido raje, de arriba abajo, el tímpano de los / durmientes?», clama el poeta en «La isla en peso» (36). Es no obstante Lezama quien sitúa con mayor precisión la poesía como instrumento contestatario. Ante las principales cuestiones que conmueven a la intelectualidad cubana de la época, el escritor hace explícita su opción poética: «Mientras el hormiguero se agita –realidad, arte social, arte puro, pueblo, marfil, torre– pregunta, responde, el Perugino se nos acerca silenciosamente, y nos da la mejor solución: prepara la sopa, mientras tanto voy a pintar un ángel más» («Razón» 199). El autor de *Paradiso* opone a la mirada superficial que se contenta con flotar sobre las aguas harto conocidas de la realidad, una perspectiva penetrando las apariencias en la búsqueda de una esencia fugitiva: la Imagen, de «infinitas posibilidades», que se contorsiona en sobrenaturaleza. Sigue su visión el camino hipertélico, que es «lo que siempre va más allá de su finalidad venciendo todo determinismo» (Álvarez Bravo 62).

Son estas propuestas basadas en la imaginación y la poesía. Es la creación y búsqueda de lo realmente perdurable, de la esencialidad y la síntesis generadoras, de verdades escondidas detrás de la frágil, siniestra y engañosa realidad. ¿No estarían todos estos creadores, en fin de cuentas, tratando de acceder cada uno por su lado a cierta «surrealidad», la naturaleza original, el punto de encuentro entre lo invisible y lo visible, la esencia universal, esa maravilla conteniendo «el germen de innumerables posibilidades» abiertas al porvenir que es descrita por Pierre Mabille en su *Miroir du Merveilleux*? (28-32).[7]

Regresan aquí las aparentes coincidencias, pues Mabille no es un desconocido para los intelectuales cubanos de la época. De visita en La Habana en el verano de 1943, se hospeda en la Quinta San José de Lydia Cabrera, quien traducirá, un año después, *Miroir du Merveilleux*. Invita además en 1945 a Wifredo Lam a Port-au-Prince, donde el pintor expone sus obras durante varios meses. Otros surrealistas también sostienen intensa correspondencia con Lydia Cabrera y Wifredo Lam: Benjamin Péret (prefacista de la traducción de Cabrera de *Cahiers du retour au pays natal*), André Breton y Michel Leiris, entre otros. Además de la legendaria intimidad de Carpentier y los surrealistas,[8] conviene destacar la evidente proximidad de Lam y Cabrera con el movimiento surrealista, entonces alejado de una Europa conquistada

---

7   «Séparés de l'action sociale, nous échappions à la durée; hormis les mouvements du sang que nous percevions en nous, tout participait de l'éternité de l'instant ... Pour moi comme pour les réalistes du Moyen Age, aucune différence fondamentale n'existe entre les éléments de la pensée et les phénomènes du monde, entre le visible et le compréhensible, entre le perceptible et l'imaginable. ... Dès lors, le *merveilleux est partout*. Compris dans les choses, il apparaît dès que l'on parvient à pénétrer n'importe quel objet. ... Sa forme ... contient en germe les innombrables possibilités que l'avenir se chargera de réaliser. ... Bien loin d'être des unités indépendantes, isolées, les objets participent à des compositions, vastes assemblages fragiles ou constructions solides, réalités dont nos yeux ne perçoivent que des fragments mais dont l'esprit conçoit la totalité» (Mabille 28-32, destacado por el autor).

8   Las experiencias de Carpentier en el mundo del surrealismo han sido exhaustivamente desarrolladas por Anke Binkermaier en *Alejo Carpentier y la cultura de surrealismo en América Latina*.

por el fascismo hitleriano. Mientras, los poetas de *Orígenes* declaran su oposición al surrealismo, «eso que se ha llamado hijos engendrados por la noche de Picasso», según escribe Lezama («Una página» 164). Mas llama la atención el hecho de que, dentro del contexto que ahora analizamos, tanto aquellos poetas que lo rechazan como los que lo aceptan, al describir sus estéticas particulares, coincidían –explícita o implícitamente– con algunos de los fundamentos poéticos del surrealismo.

Con persistencia han sido estudiadas por la crítica literaria los encuentros y desencuentros de Carpentier con el surrealismo. También, aunque con menor dedicación, se ausculta la presencia del surrealismo en la obra de Lydia Cabrera. Menos común es verificar su huella en la creación de Lezama Lima. Sin embargo, las conexiones, aun siendo negadas por el autor, son ineludibles. Ciertos pasajes de *Miroir du Merveilleux*, de los *Manifiestos del Surrealismo* u otros textos de André Breton resuenan en la poética lezamiana. No casualmente, al examinarla Jorge Luis Arcos se expresa en términos de una sabiduría omnicomprensiva sustentadora de una «propuesta cosmovisiva de lo 'maravilloso natural' donde se borr[a]n las fronteras causalistas». Es pues «una sabiduría a la vez abstracta y carnal. Una percepción integradora que puede potenciar los sentidos al uso para mirar desde una nueva racionalidad, desde una nueva criatura» (107). Propongo en este punto acercarnos a la idea de lo maravilloso natural esbozada en *Paradiso* –y en «Fragmentos» (1940), nueve años antes de la publicación del «Reino de este mundo» (Vitier, «Notas» 516). Esta concepción comporta a un tiempo las cercanías y distancias entre las cosmologías de Lezama Lima y Alejo Carpentier. Ambos autores estructuraron sus poéticas en torno a una universal esencia maravillosa y se opusieron, cada uno a través de su particular interpretación de lo maravilloso, al artificio surrealista. Así, las críticas al surrealismo se desplazan en *Paradiso* por senderos cercanos a los tomados por el pensamiento de Carpentier; pues lamenta Lezama la incapacidad de los surrealistas para encontrar lo maravilloso en la quietud de la realidad.[9] La diferencia entre los dos escritores reside en que Carpentier buscaba lo maravilloso en la Historia, mientras Lezama lo atribuye a una segunda naturaleza propiciada por la acción de la Imago.

---

9   Este fragmento de *Paradiso* se acerca a las consideraciones que sobre el surrealismo hace Carpentier en *El reino de este mundo*: «Los surrealistas no saben encontrar temas inmediatos, tienen que enclavarse en mitologías nórdicas o en taponazo de ruptura de lo babilónico presionado por datos sensoriales: el fonógrafo que se traga a la cantante, las infinitas columnas dóricas que rodean a un carnicero al penetrar en un corredor. Pero lo maravilloso natural de los *Proverbios* o de las *Tentaciones*, en su pululación indetenible, no saben encontrarlo en el fluir contemporáneo» (Lezama, *Paradiso* 393.)

Sin embargo, lo maravilloso es mucho más esencial en la obra del Lezama que impugna al surrealismo, que en las piezas de Piñera, quien en varias ocasiones sufriría las invectivas de los origenistas que le reprochaban un supuesto acercamiento a la estética surrealista. Por ejemplo, en crítica a la revista *Poeta,* cuyo fundador y director era Piñera, Gastón Baquero lamenta su voluntad de evitar todo pacto con el pasado, alejándose de «lo religioso y de lo católico» para acercarse al surrealismo francés. Protesta además Baquero contra la tendencia de la revista a promover el «tambalearse de obra y personas, por el terremoto que subvierta las capas terrestres y ponga las entrañas sobre la superficie. [...] No le basta con ser inconforme, sino que se siente obligada a gritarlo desnudamente» (303).

El hecho, en definitiva, es que al analizar y comparar las ideas estéticas mantenidas por Lezama y sus acólitos con las del surrealismo, no queda más remedio que rendirse a las evidencias y aceptar la comunidad y el reencuentro de todos estos pintores y escritores en el esfuerzo poético y la búsqueda de una entidad «surreal» capaz de expresar su percepción de la existencia cotidiana. No es casual que fuera la poesía, según los testimonios de Helena Benítez, lo que posibilitara la relación que existió entre Lezama y Lam. El poeta, aun siendo prolífico ensayista sobre las artes visuales, nunca escribió sobre el pintor; pero al preguntarle a Helena acerca de la posible apreciación que tenía Lezama de la obra de Lam, esta confesó que «yo no sé si la entendía mucho, pero él y Lam se llevaban muy bien; porque había un diálogo no sobre pintura pero sí sobre poesía, surrealismo, esoterismo, etc . Creo que tenían una gran base común sobre opiniones en pintura y en poesía» (comunicación personal). Habrá entonces, basada en la comprensión poética, una relación intelectual establecida entre los dos creadores. Pero serán también poderosas las obstrucciones que a su vez marcarán las diferencias entre Lezama, Pélaez y Portocarrero por un lado; Piñera y Lam por el otro.

Los orígenes y ¿la cubanía?: encuentros y desencuentros en torno al hogar, la manigua y la luz

Al estudiar sus controversias en torno a la cubanía, el crítico Enrique Saínz reconoce la necesidad experimentada por los origenistas de precisar cómo se manifestaba la trascendencia cubana (41). Lo que importaba esencialmente a Lezama Lima, por ejemplo, era imaginar una síntesis posible erigida desde la «sobrenaturaleza» de las cosas, y no a partir de la simple enumeración de la realidad. Síntesis que desde su punto de vista sólo la Imagen poética podía convocar. Exaltaba entonces una «cubanidad que no es cosa externa, los cocoteros, las bandurrias o el bailongo, sino tratar de sorprender ese inefable cubano, un airecillo, una ternura, un estar y no estar « (*Cartas* 181). En este punto coincidían tanto Lezama como Piñera y Lam. Si este último, por ejemplo, desestimaba la pintura cubana de los años 40, era en buena medida porque le espantaba el folklorismo al que solían recurrir sus artistas. Renegaba de lo que llamaba «la pintura cha-cha-cha» (Leenhardt 177).

Mas tomaron caminos divergentes para escapar de lo folklórico. Lezama Lima buscaba la universalidad cubana camuflada tras las apariencias y al acercarse a la intimidad de sus sujetos se concentró en examinar la intimidad de un cubano y una familia cubana míticos, porque desde su punto de vista estos habrían de trazar las infinitas posibilidades de la nación. En la morada colonial depositaría Lezama el hogar que Julio Ortega califica de «axis mundi» de la novela *Paradiso* («Aproximaciones» 202). Las tradiciones y cierta liturgia familiar son celebradas por el autor, quien busca fijar a través de estos ritos la síntesis cubana, responsable según su Sistema Poético de la perennidad de la cultura insular. Como explica Alvarez-Tabío, para Lezama «la permanencia de la ciudad dependía del mantenimiento de ciertas tradiciones que él estaba dispuesto a descubrir o, si era necesario, inventar» (*La invención* 227).

Paradiso es en este empeño novela ejemplar, pues en sus páginas se magnifica el hogar de los Cemí, augusto y patricio clan habanero que en la ausencia del padre difunto ha de sobreponerse a la ruina, en la figura del hijo, y descubrir o inventar nuevos caminos hacia la salvación. Resistiendo a la influencia cultural estadounidense, cerrándose al paso del tiempo con el fin de hallar permanencias en la historia y en la esencia nacionales, el mundo de los Cemí, incrustado en la parte vieja de la ciudad, puede parecer entonces calcado sobre las pinceladas de Amelia Pélaez y René Portocarrero, pintores a quienes Lezama dedicó numerosos ensayos.

A Amelia la reverencia primeramente por su poderoso linaje, pues era sobrina del gran poeta modernista Julián del Casal (1863-1893), quien con su trágico destino y el carácter evasivo de su obra no puede sino provocar el entusiasmo de los origenistas. Reconoce que «todos vemos la casa de Amelia Peláez con un hierático respeto» («Amelia» 166) y se lanza a recorrerla y a desvelar correspondencias entre el hogar de la artista y su creación:

> Ella brota de su casa, recorrida por una sencilla canción criolla, dicha en la musitación matinal, con la voz entre el sueño y la dicha. Inmejorable sitio para el aroma del café, para la concentración que se deshace en asombros innumerables. [...] Amelia de nuevo en el centro de su casa. [...] Rodeando la respuesta de cada lienzo, asoma en el patio una hoja grande, deslizada y espejeante. También ella cuida esa hoja, con la sagrada función de todos los días. Su arte ha sido perdurable, porque es a esa hoja a la que Amelia ha escuchado. Es la que sigue haciendo las más eternas preguntas. («Amelia» 167)

El hogar es presentado como centro irradiador de perennidad de la nación. En *Paradiso,* será la insistente elegía de cierta liturgia familiar (cenas, fiestas, rutinas domésticas), respondiendo a una clara voluntad lezamiana: «Si la casa se habita de nuevo con un sentido eficaz, si se convierte en un misterio que persiste como un arca en el tiempo, vuelven los símbolos a su más claro nacimiento. Hagamos la resuelta escultura de la sobremesa y sus lindos regustos para que se fijen símbolos» (*Archivo* 154). Según Lezama, pareciese que estas costumbres se cultivan mejor en ciertos barrios, seguramente allí en La Habana Vieja, donde se conservan los arcanos arquitectónicos de la ciudad. Profusión entonces de verja, luceta, mampara, columna . y toda la parafernalia colonial, como símbolos de una resistencia a la americanización de la cultura cubana, representaciones de lo esencial, lo perdurable, lo «verdadero». Dentro de los lienzos de Peláez, trazos negros esbozando juego de rejas y balcones, en infinito arabesco y formas curvilíneas, que tanto agradan al escritor obsesionado con la perfección de la esfera, del Ouroboros, serpiente que se muerde la cola.

Mas es la acción poderosa de la luz y el color explotando en flor, fruto y vitral, de donde proviene el efusivo entusiasmo de Lezama por la pintora. No podría ser de otro modo, para quien considera a la luz como el punto de partida del trópico (*Cartas a Eloísa* 273). Al describir el trabajo de Peláez se basa entonces en la luz que considera «su más constante interrogación» y el color como una «movilidad que penetra» («Amelia» 165-66). Presencia, también, de frutas graciosamente colocadas en el centro de la mesa familiar, aceptando, reflejando y ofreciendo la luz del plácido interior tropical: imágenes que no sin regocijo ha de recibir el autor de *Paradiso*, quien en tantas ocasiones elogiaría la dulzura y amabilidad de las frutas cubanas. No hay en Amelia Peláez cornucopia desbordada sino la simplicidad de unos pocos frutos –rara vez serán más de tres- redondeados, carnales, vistosos, apetecibles. Pues de eso se trata, en fin de cuentas, de calma, deleite y convergencia.

El crítico de arte «oficial» de la revista *Orígenes*, Guy Pérez de Cisneros, no dejó tampoco de elogiar la pintura de Peláez, de quien alaba la capacidad de escapar de cierto cubismo rígido, fundamentalmente geométrico. Habiendo estudiado en París entre 1927 y 1934, es comprensible que las obras posteriores a este período presenten, entre otras influencias, la impronta cubista. Su arte recibe incluso el calificativo de «cubismo tropical» (Del Conde 19), en un intento por clasificar sus vínculos y también el rebasamiento de este estilo. Por su parte, Pérez de Cisneros se expresa en términos de un cubismo femenino, resaltando la suavidad, el tratamiento del color y –muy importante– la ausencia de sorpresas. Compara incluso el trabajo de la artista con la femenina labor de punto, con la costura o con el bordado («Amelia» 169). Asimismo Lezama –quien celebra el modo en que la pintora huye, como si se tratase de una peste o catástrofe, del surrealismo («Una página» 163)– atribuye un presunto alegre *teresianismo* a su labor y no puede evitar la imagen casera, femenina, doméstica. La recuerda entonces «trabajando en el primor de los dulces criollos» («En la muerte» 170-1), en tanto Pérez de Cisneros evoca cierta «coquetería femenina» o su «adorable prosa familiar sin más sorpresas que las que nos da el ordenado y refrescante ramo de flores que surge en el *rincón*, frente a nuestro sillón favorito de lectura» («Amelia» 170, destacado por el autor).

También al catar la obra de René Portocarrero será la tradición un elemento básico para Lezama Lima. En este caso, la tradición se desborda desde el hogar para adueñarse de la ciudad. Retomará entonces la metáfora del árbol frutal que en su opinión forma parte de la casa más que del bosque («Corona» 136). El árbol figurará en el centro de la casa, aportándole estructura, firmeza e inmortalidad: «Portocarrero demuestra la medida que han ido integrando sus visiones, que toda ciudad sustenta en la imagen, como toda casa tiene su raíz en la forma interna, en el *inscape,* en la melodía que devuelve la penetración . El árbol en el centro de la casa logra un tiempo sin antecedentes ni consecuentes, un tiempo resguardado de su fragmentación en los anillos de la serpiente» («Homenaje» 228).

Destaca Lezama la connotación principal y la celebración recurrente de los orígenes, manifiestos notablemente en su serie de trabajos consagrados al interior de la casa colonial y a la fastuosidad barroca de La Habana Vieja. Del espacio doméstico a la urbe va el pintor y el escritor le sigue, elogiando continuidades. Considera entonces el paso de la casa a la ciudad como la trayectoria lógica del buen cubano, del buen habanero. La vieja villa, de la suerte, vendría a convertirse para Portocarrero, según Lezama, en el hogar perdido tras la muerte de los padres. Aquí, el artista y el personaje literario se funden en peligroso palimpsesto. Camuflado en el discurrir lezamiano acerca de la obra de Portocarrero se percibe al protagonista de *Paradiso*, el «iluminado» José Cemí, aquel que sólo parece sentirse verdadera, totalmente a gusto tras las paredes de la vetusta casa familiar del Paseo del Prado, o bien recorriendo el dédalo de la ciudad vieja, esa «región dorada para un hombre que resiste todas las posibilidades del azar con una inmensa sabiduría placentera» (*Paradiso* 270). Solamente en esta parte de la villa parece dispuesto el protagonista a descubrir lo que el escritor considera como el secreto de la existencia. También es sólo al caminar la parte antigua de la ciudad que, si se concuerda con Lezama, Portocarrero consigue apoderarse de su mundo:

El pintor ha comenzado por saber que si edifica plazas y catedrales, la ciudad le pertenece. El niño ha reemplazado la casa derruida por el paseo de la ciudad, por el desfile del mundo que creía encerrado en su casa y que ahora reencuentra en su transcurrir alegre. Cuando Portocarrero comenzó a pintar sus ciudades, debe de haber tenido la sensación de que el sótano y el techo de su casa del Cerro iban creciendo en aspas cruzadas a su lado, en silenciosos paseos. («Homenaje» 255)

Se elogia La Habana de las ruinas, pasiva, expectante. Un catauro de secretos y posibilidades abiertas sobre el futuro. Laberíntica. Y con ello es también el linaje, la tradición y nuevamente la familia que son honrados. La impronta familiar sobre el hombre y sus destinos y la importancia de la niñez devienen fundamentales en el análisis emprendido por Lezama de la creación de René Portocarrero. Es esto lo que resalta casi eufórico el poeta en los célebres interiores realizados por el pintor en los años 1940, como *Interior en el cerro* y *Festín*.

> La imagen de la casa es la infancia es muy frecuente en la familia cubana, cuyo fino tejido de resistencia llega siempre a constituir la casa como centro para las prolongaciones de la imaginación, tener que receptar en algún momento de su desenvolvimiento, lo que hemos llamado el espíritu de las ruinas. Así la niñez del cubano que ha sido llamado a expresar sus sensaciones, queda siempre como la nostalgia de ese momento de plenitud familiar. Entre nosotros la niñez del artista habitó un palacio de plenitud familiar, que al paso del tiempo los más diversos hados se encargarán de destruir. Rodeado de ese mundo arenoso, que se formaba y deshacía al conjuro de vientos indescifrables, entre tentaciones que tenían lo inapelable de la fatalidad, nuestros artistas han tenido que buscar la isla de las pascuas infantiles. En Portocarrero sus inmensas plazas y catedrales son como una trágica venganza que ha triunfado, en una de las formas más prepotentes de nuestra expresión, contra ese espíritu de las ruinas. («Homenaje» 252-53)

Una vez más, hay que perseguir el sentido esfumado con la ruina familiar y la pérdida de la parentela, como ocurre también en el clan Cemí. La tarea del héroe es impedir el caos y colmar el vacío. Para ello existe un único camino, piensa y dictamina Lezama: el que traza la Imagen en el universo. Para Portocarrero, es el camino de su arte, de las casas del Cerro al carnavaleo en plazas y la barroca catedral.

Ha de notarse que Portocarrero recogerá también instantes y personajes ante los cuales los origenistas generalmente titubeaban o retrocedían, no habiendo hallado un modo poético adecuado de integrarlos a sus obras, pero conscientes de la importancia que tenían en la cultura cubana. Son, por ejemplo, los «diablitos» o íremes de la tradición abakuá, algunos orishas, el carnaval. Lezama y sus acólitos observarán aquiescentes y maravillados la manera en que el pintor recrea estos elementos sin perder la coherencia de su trabajo tan fuerte en luz y color. Portocarrero consigue despojarles de todo ademán amenazante y los convierte en figuras y símbolos mansamente integrados a lo que Pérez de Cisneros y Lezama denominan «lo atlántico».

Sirviéndose del concepto de «lo atlántico», el crítico y el poeta acuerdan a la pintura de Portocarrero un carácter universal que aplauden eufóricos. Consideran que, siguiendo la vertiente occidental de la cultura cubana, arribará esta a expresarse universalmente, es decir, a trascender más allá de sus fronteras geográficas e históricas. No niegan los origenistas, como bien apunta Jesús J. Barquet, el valor de los aportes africanos;[10] pero señalan que sólo «la eticidad resistente de lo hispánico» (Lezama, «Recuerdos» 282), aquello que de los antecedentes europeos sobrevive al paso de la historia en la cultura, será capaz de provocar la soñada síntesis entre los diferentes elementos de la nación, aportándole firmeza y eternidad. Pérez de Cisneros quiso traducir con «lo atlántico», su emoción ante los óleos «chorreando su espesa luz, su densa policromía dorada, recortada por líneas de plomo fundido, unidas de un cuadro a otro por cerrada telaraña de invisibles prolongaciones», que experimentó durante una exposición de Portocarrero en 1944. Se explica el crítico arguyendo que esa palabra, «lo atlántico», consigue sumar en lugar de analizar, de desmenuzar. Asoma aquí una de las principales preocupaciones de los miembros del grupo Orígenes: la persistente voluntad de oponer un espíritu coral, unitario, aglutinador, a todo aquello que pretendiese separar cualquier objeto o fenómeno y muy principalmente la cultura nacional. Así, cuando es el momento de exaltar semejante universa-

---

10   Nos recuerda al respecto Jesús J. Barquet que «[e]l propio Lezama había señalado ya en su *Coloquio* que 'el principal hallazgo' de la poesía cubana había sido 'la incorporación de la sensibilidad negra y, más frecuentemente, la incorporación del vocablo onomatopéyico'» (22).

lidad en la obra de Peláez, Lezama resalta la capacidad de la pintora en otorgar legitimidad y cartas de nobleza a los simples elementos cubanos de sus cuadros (una fruta, una cornisa, un mantel), al colocarlos «en el horizonte» (es decir, en el espacio Atlántico, que según el autor de *Paradiso* es el verdadero mar de los cubanos («En la muerte» 170). Privilegian los origenistas el Atlántico al Caribe, «lo atlántico» a lo que consideran «lo antillano», según ellos más próximo del África, atávico, local y condenado a la no universalidad. «Y ver ampliamente nuestros colores y nuestras formas, pero saltando siempre por encima del Caribe hacia el gran Atlántico, hacia el Atlántico que nos hermana con lo universal» (Pérez de Cisneros, «Luces» 221).

En ese supuesto antillanismo atávico podrían basarse las reticencias de estos poetas ante la obra de un pintor como Wifredo Lam. Aunque cuatro portadas de la revista *Orígenes* (No. 5 de 1945, No. 16, 1947, No. 30, 1952 y No. 35, 1954) le son encargadas, jamás aparecería una reseña o artículo sobre su obra en las páginas de la publicación. De hecho, la última aparición de Lam en las portadas de *Orígenes* es precisamente la del número 35 de 1954, editado por José Rodríguez Feo. Este número «doble» marca la ruptura de Rodríguez Feo con el grupo de Lezama y el consiguiente nacimiento de la revista *Ciclón,* que aquel co-editará con Piñera a partir de enero de 1955. La escisión representa dos diferentes posiciones ético-estéticas, declaradas por sus editores desde el principio de la nueva aventura: «Lector, he aquí *Ciclón*, la nueva revista. Con él borramos a *Orígenes* de un golpe. A *Orígenes* que como todo el mundo sabe tras diez años de eficaces servicios a la cultura en Cuba, es actualmente sólo peso muerto» («Borrón» 22).[11] Por su parte, reconoció también Lezama el claro desacuerdo ético que distanciaba las dos revistas: «Yo quería una ciudad de poetas, un estado poético. Entender la cultura como una coral, y ustedes resultaron voces disonantes, negándose a entrar en la cuidad» (*Tiempo* 97).

Estos datos no deben ser interpretados como simple coincidencia. Permiten en mi opinión comprender las intrínsecas diferencias que muy probablemente separaban a los poetas origenistas del artista de vuelta de París. Además de la ya mencionada relación intelectual entre Lezama Lima y Lam no abundan testimonios sobre su exacta natu-

---

11   Tras disputarse con Lezama Lima, en 1954 José Rodríguez Feo edita independientemente el número 35 de *Orígenes.* También publicado por Lezama, aparecen entonces dos números 35. Rodríguez Feo se retira –junto con el financiamiento que aportaba a la revista– de *Orígenes* y funda con Virgilio Piñera la revista *Ciclón.*

raleza que permitan establecer juicios irrefutables al respecto. La incertidumbre, como reconoce Phaf-Rheiberger, domina este asunto.[12] Mas resulta evidente la disensión con otros origenistas. Así, Pérez de Cisneros, siendo uno de los críticos más avisados de aquellos años, no puede permanecer indiferente a la estancia cubana de Lam y ofrece una rápida crítica, dentro del marco de una especie de informe sobre el estado de las artes plásticas cubanas en 1943. Se confiesa entonces sorprendido: desde su perplejidad balbucea algunos elogios y asegura que se trata de un gran pintor pero que su obra precisa de un posterior análisis más detenido. Lamentablemente, el profundo análisis anunciado no llega a aparecer jamás. Sólo en un artículo publicado algunos meses más tarde, en el número correspondiente a abril-mayo de 1944 de la revista *Grafos*, el crítico hace alusión a Lam, enfrentándolo a otros pintores por los que experimenta una indiscutible simpatía, entre quienes figura Portocarrero. A estos últimos, emparentaba Pérez de Cisneros sea con la tradición de «semi-inercia criolla, [...] interior» fundada por Julián del Casal; o con aquella otra que atribuye a José Martí, «frescor de río en el muslo, rayos tamizados por la luceta: en la mesa naranjas y caimitos, [...] los grandes abanicos de las palmas y una luz que dora y no quema» («Luces de Cuba», 223). A propósito de Lam, se pregunta en cambio si pueden ser consideradas cubanas sus obras, en las que aparece «temible y hiératico el duro fetiche, de cuerpo de madera y metal, de cuerpo de insecto, [que] ofrece su dureza de dios africano a la llama tropical, [que] está solo porque ha absorbido toda vida, y sabe que bajo su luz no puede vivir el hombre». Falsa pregunta que responde rápidamente el crítico, indicando que sólo existen una Cuba de Martí y otra de Casal, en las que interviene Europa, dice, pues «si no interviniera no sería Cuba, sería una Antilla, una Antilla del Caribe» (222). No vuelve Pérez de Cisneros a mencionar directamente a Lam, pero su posición resulta clara. Considera que el verdadero arte cubano «ha filtrado la luz del sol con las frondas del campo; la ha tamizado con las lucetas de las casas. El pulular tropical y frenético no es nuestro de veras. Hemos desnutrido el febril pulular de un tropicalismo africano y no español» (223).

---

12   Coincido con Ineke Phaf-Rheiberger cuando precisa que «[n]i los especialistas en Lezama ni el mismo autor hacen mención explícita de Lam. Y pese a que los biógrafos anotan con frecuencia la predilección de Lam por las lecturas de aquél no se hallan inventariados los libros que había consultado. Por consiguiente, no sabemos nada cierto acerca de ellas» (204).

Poéticas concurrentes de Piñera y Lam: cuerpo, nocturnidad, intemperie

Estos reproches que la pintura de Lam suscita en el crítico Pérez de Cisneros recuerdan a aquellos otros dirigidos por Baquero y Vitier contra los versos de «La isla en peso». Es evidente que los origenistas reconocen en ambos creadores una estética contraria a la de la cofradía intelectual liderada por Lezama Lima. Con su rechazo guían la atención hacia una posible coincidencia –curiosamente poco estudiada– en lo que se refiere a las sensibilidades estéticas del pintor y del poeta. Tal vez, al no existir testimonios de una relación particular entre Piñera y Lam, los críticos e investigadores no se han acercado a esta inesperada correspondencia. Ella será, no obstante, estudiada en estas páginas, como manifestación de un modo particular y común a los dos creadores de producir un arte poético que simultáneamente se encuentra y desencuentra con la estética escogida por los poetas y pintores ubicados dentro de la órbita de Orígenes.

Veía entonces Pérez de Cisneros en la pintura de Lam «lo africano» como elemento determinante. No es extravagante su percepción, que por lo demás se hace eco de otros tantos acercamientos críticos a la obra del pintor para quien el encuentro con Picasso en el París de 1938 resultaría una experiencia crucial. Existe, apoyando estas cercanías posibles, la gran colección de esculturas y máscaras africanas y de Oceanía que atesoró Lam, sus estrechas relaciones con los surrealistas en general y con Aimé Césaire en particular, la referida amistad con Pierre Mabille, los viajes a Haití, etc. Demasiados elementos que sostienen la opinión de Pérez de Cisneros y muchos críticos de la obra de Lam. Sin embargo, ¿qué serían «lo africano» y «lo antillano» en la pintura de Lam? Muy probablemente, y en virtud de su proceder creativo, algo que se esconde detrás de tanta máscara y fetiche por lo general destacados como prueba de la africanía de sus piezas. Una frase del pintor será esclarecedora:. «Erróneamente se cree que mi obra tomó su forma definitiva en Haití [...] Lo que ha realmente expandido mi pintura es la presencia de la poesía africana» (Fouchet 206, mi traducción). Lam habla aquí de poesía, como hablaba de la energía de las formas al referirse a aquello que más le impresionaría en la obra de Picasso (Fouchet 108).[13] No son las ceremonias del vudú en Haití o la santería en Cuba, no es el elemento anecdótico del ritual y la liturgia lo que verdaderamente determina el carácter de sus obras. Se trata en realidad de energías esenciales que, trabajando desde el interior de las formas, las anima, funcionando como articulación entre lo real y lo soñado. Es pues una entidad surreal, como expresa Max-Pol Fouchet, quien veía surgir las imágenes desde los cuadros de Lam, llegando desde una lejanía interior, pero actuando en lo inmediato. Atribuía además estas imágenes a una verdad más completa que la simple verdad, superiormente reales, más que reales («Sus imágenes, salidas de una interioridad lejana, actúan en la proximidad inmediata. Nacidas del acoplamiento del sueño y la realidad, pertenecen a una verdad más completa que la simple verdad. Son surreales, quiere decir, superiormente reales, más que reales» 193, mi traducción).

La presencia de elementos asociados a «lo africano» en la obra de Lam tiende con demasiada frecuencia a obnubilar la mirada crítica. No pocos defensores de su arte concuerdan en enfatizar briosamente su pretendido antillanismo o africanismo. Así le ocurre a Carpentier, cuando recalca lo «ecuménicamente antillano» en Lam. Es 1944 y el futuro autor de *El reino de este mundo* (noveleta publicada en 1949) anda imbuido de su reciente viaje a Haití en compañía del actor Louis Jouvet. Experiencia ésta que junto a su relación con Pierre Mabille le conduciría a la formulación de la teoría de lo real maravilloso. Indudablemente incide todo este ambiente en su efusivo apoyo a la obra de Lam, en la que destaca entonces sorprendentes y discutibles particularidades. Ve por ejemplo «cierto barroquismo en esas composiciones exuberantes, en gravitación alrededor de un sólido eje central» y considera que sus lienzos no habrían podido ser pintados por un artista europeo. Coincide también curiosamente Carpentier con Pérez de Cisneros, al insistir sobre supuestas diferencias irreconciliables entre el paisaje tropical que recrea Lam y el de Europa (Carpentier 191). Por su parte, Fernando Ortiz se esfuerza en examinar las implicaciones que el mestizaje ha tenido en la obra de Lam en su célebre artículo «Wifredo Lam y su obra vista a través de significados críticos»; mientras su amiga Lydia Cabrera admira a un pintor «de gran tem-

---

13   «Si observas un cuadro de Picasso, la primera vez posiblemente no te diga nada, pero si lo vuelves a mirar, te sorprenderá por la energía de la forma que transmite al espectador» (Fouchet 108, mi traducción.)

peramento [que] sueña el trópico deslumbrado en el trópico» («Wifredo Lam», 264). Me pregunto: ¿y si, solamente, Lam soñase? ¿Si su sueño careciera de adjetivos como «antillano», «africano», «tropical»?

Aunque eufóricas y necesarias en la época en que fueron concebidas estas reseñas, cuando el pintor sufría la incomprensión e indiferencia de sus colegas y de los críticos cubanos, deben éstas considerarse con cuidado. Pueden resultar riesgosas las aproximaciones que circunscriben el análisis del arte de Lam a sus vínculos –visibles e invisibles pero en cualquier caso indiscutibles– con las artes africanas, caribeñas o cubanas. Por ese camino, la universalidad de su creación queda sujeta al «apellido» que se le imponga. Universalidad que Carpentier afirma antillana; negada de plano por Guy Pérez de Cisneros, quien a través del concepto de «cultura atlántica», sólo la descubre en los elementos hispánicos de la cultura cubana. Sin embargo, es precisamente al abrazar la poesía africana que Lam consigue imprimir carácter universal a su pintura. Poesía, en la ocurrencia, africana. Pero poesía en primera instancia.

René Portocarrero, es cierto, pintó diablitos y algunos orishas que incluyó dentro de la serie llamada *Color de Cuba* (1962). Pero, quizá desde el título mismo expresa ya el espíritu de este trabajo: fijar las figuras populares de la nación, inmovilizar la realidad y convertirla en símbolo. Portocarrero era pródigo en colorido y detalle. Sus diablitos y orishas aparecen generalmente solos, inconexos, aluden directamente a su condición de demiurgos. De manera muy diferente será recreado este tipo de personajes por Lam. También él pinta figuras y situaciones alegóricas a las religiones de origen africano. De hecho, se multiplican a lo largo de su carrera, marcándola: serán los altares para diferentes orishas, la alusión a Elegguá que es sólida recurrencia en toda su obra, el cuadro *Malembo, dios de la encrucijada* y *Oggún Ferraille*, ambos de 1944, y otros muchos elementos litúrgicos. No obstante, Lam no realiza el retrato fijo de los personajes –como llamaba a las figuras que incluye en sus obras. Ya desde la primera época parisina se descubre paulatino el abandono del retrato en sus pinturas, que desaparece casi enteramente en su obra producida en Cuba en los años 40. Por ejemplo, las imágenes femeninas, como objeto pictórico, devienen «símbolo anónimo dentro de un lenguaje de signos figurativos». Según Leenhardt, esta tendencia explicaría el escaso uso que hace Lam de la palabra «retrato» al titular sus cuadros, a favor de «figura» o «personaje». Carecen estos personajes de rasgos que los aten a un individuo pero «son portadores de todo el misterio de la presencia humana» (Leenhardt 55). En constante movimiento y cambio, no representan situaciones o liturgias concretas pues se hallan fuera del tiempo y ubicados en otro espacio, completamente inédito, inventado por Lam. Utiliza algún que otro elemento identificador (un color representativo, la cabecita dentro de la cazuela simbolizando a Elegguá .), pero su intención no es en modo alguno retratar cada detalle de la divinidad o del rito, sino expresar una esencia imbricadora haciendo uso de la menor cantidad posible de los elementos que lo simbolizan, tal vez a la manera del cubismo llamado sintético.[14] Expone admirablemente Leenhardt estas características de la obra de Lam:

> Si encontramos símbolos afrocaribeños en los cuadros de Lam, estos son tratados como grafos, como entidades plásticas cuya función es evocar universos simbólicos pero que no constituyen símbolos propiamente dichos. Su articulación con la obra no corresponde a la lógica del culto de los *orishas* sino a la coherencia de una escritura plástica. Ese es el punto esencial: Lam los produce según una modalidad que los arranca de su origen y les ofrece un nuevo medio expresivo. Él se inventa una gramática propia a su obra pictórica. (178, mi traducción)

A diferencia de los *íremes* y *orishas* de Portocarrero, sus personajes no estarán desvinculados del mundo, muy al contrario, participarán de la continua y total metamorfosis que Lam expresa en sus lienzos. Demostrando esta utilización particular que hace de la mitología llamada afrocubana, está el hecho de que muchos de los títulos que se refieren directamente a ritos y deidades no fueron escogidos por el pintor. Al menos a partir de 1943 y durante cierto tiempo, es ello responsabilidad en numerosas ocasiones de su amiga Lydia Cabrera.[15]

---

14   El prestigioso galerista Daniel-Henry Kahnweiler resume lúcidamente las diferentes «etapas» de la estética o del estado de ánimo cubista, al decir del artista Juan Gris. Según Kahnweiler, tras un primer cubismo analítico –denominación también atribuida a Gris– en el que se buscaba reproducir la mayor cantidad de aspectos posibles del objeto y antes de un tercer y último cubismo, conceptual, existiría el llamado cubismo sintético. En esta segunda etapa, en vez de imitar parcialmente las formas se busca inventar una forma capaz de sintetizar el objeto, exponer su totalidad evitando la complejidad anterior (*Juan Gris* 203) y (*Mes galeries* 87).

15   Los cuadros de Lam fueron titulados con frecuencia por sus amigos. Además de Lydia

Atendiendo al testimonio de Helena Benítez, Cabrera, que investigaba a fondo las prácticas religiosas afrocubanas, dio título a numerosos cuadros que le sugerían o recordaban situaciones precisas encontradas durante sus pesquisas etnográficas («Wifredo and Helena» 100). Por todo esto conviene retomar aquí la posición recomendada por Desiderio Navarro ante el estudio de la obra de Lam: renunciar a «lectura 'atomista' de imágenes-símbolos inconexas mediante la apelación al conocimiento de las redundancias de la tradición cultural». El crítico proponía «determinar la estructura del 'universo imaginario' de Lam» («Leer a Lam» 371). En estas investigaciones, como ya he avanzado, es la expresión poética el objeto de análisis.

Esa poesía africana tan importante para Lam, es decir, lo que de veras encuentra en la estatuaria o el arte africano –que se distancia enormemente de la voluntad reproductora de algún rasgo aquí o un motivo allá– se comprende con mayor facilidad al analizar las reflexiones que sobre la creación africana efectuaran algunos intelectuales involucrados, a principios del siglo XX, en la euforia con el arte africano que Michel Leiris bautizó como «la Crisis Negra». Aunque numerosos exégetas de Lam consideran que su gran mérito estriba en haber sabido, gracias a sus orígenes, hacer un mejor uso de las artes africanas que sus colegas cubistas o surrealistas; no es saludable condenar a una mera tendencia exótica la atracción sentida hacia tales creaciones por estos artistas. Explicaba Leiris que ciertas «afinidades positivas» se verificaban entre la búsqueda estética de aquellos pintores y el arte africano (1142). Denota la correspondencia en el rechazo al naturalismo, que cede protagonismo a la invención de nuevas realidades, la descomposición de las diferentes partes de la obra que no han de guardar entre sí las conexiones lógicas habituales, la búsqueda de esencias. Aporta también luces al respecto el historiador de arte y poeta alemán Carl Einstein, uno de los amigos de Lam durante su estancia europea, en *Negerplastik*, estudio publicado en 1915 que intenta resumir algunas particularidades del arte africano. La interpretación de Einstein, más que etnográfica, es intensamente poética. Lo demuestran las conclusiones a las que arriba con respecto a la connotación ontológica de ciertas transformaciones estéticas (la máscara o el tatuaje) que inflige a su cuerpo el africano:

> Tatuarse es hacer de su cuerpo el medio y objeto de una visión. El negro sacrifica su cuerpo y le da una nueva intensidad. Su cuerpo es visiblemente abandonado al gran Todo y este abandono reviste en él una forma sensible . ¡Qué toma de conciencia constituye el concebir su propio cuerpo como una obra inacabada que hay que transformar de inmediato! Más allá del cuerpo natural, quien realiza el tatuaje refuerza una forma esbozada por la naturaleza; y el tatuaje alcanza la perfección cuando niega su forma natural, reemplazándola por una forma imaginaria superior. (44, mi traducción)

Las ideas de Einstein pueden inducir a relacionar, desde lo poético, el carácter simbiótico de los diferentes elementos presentes en la pintura de Lam (sus personajes «monstruosos» comportan miembros humanoides, vegetales, animales) con una concepción particular del mundo. Son en tal sentido cercanas las observaciones del crítico Desiderio Navarro, quien descubre cómo los elementos semánticos básicos que en la obra de Lam están asociados a lo humano «integran una unidad semántica superior: la corporalidad [...] En la obra de Lam lo humano se une a lo animal, lo vegetal y lo divino sobre la base de su corporalidad, sede y expresión de la vida que le es propia» («Leer» 379).

Tanto estas contemporáneas apreciaciones de Navarro, como aquellas que a principios del siglo XX expusiera Einstein podrían remitir también al tratamiento del cuerpo en la obra de Virgilio Piñera. El hecho de que sus narraciones y poemas, que ni hacen referencia explícita o implícita a lo africano ni han sido estudiados desde esta perspectiva, puedan relacionarse con las ideas de Carl Einstein corrobora la pertinencia de la lectura poética y cosmológica, situada más allá de determinantes estrictamente culturales o históricas, que propongo al examinar correspondencias entre Lam y Piñera. En estas investigaciones no son, ni el uno ni el otro, examinados en función de una mítica africanía. Interesa, repito, sólo la poetización y la formulación cosmológica.

En las obras de Piñera el cuerpo es fundamental. Por ejemplo, el protagonista de la novela *La carne de René* (1952), como bien ha señalado Antón Arrufat, termina por convencerse de que puede escapar de todo menos de su propio cuerpo (54). Ahí residiría su esencialidad humana, y no en la vida social. A través del cuerpo ofrece Piñera su lectura de la insensatez cotidiana. En tal sentido, adquieren los cuerpos en su obra propiedades similares a las que Einstein descubre en el arte «negro». Es el cuerpo en transformación constante y abandonado a una totalidad que en la poiesis piñeriana puede identificarse como la Nada. Mutilados, heridos, torturados, los cuerpos de Piñera expresan la unidad cósmica que no parece existir en la experiencia social. Comparto en este punto la interpretación de Alan West, quien reconoce como la ética de Piñera parte del cuerpo hacia lo social para regresar al cuerpo, no haciendo de este un símbolo, un significante privilegiado o punto de origen; sino a través del reconocimiento de su vulnerabilidad (83).

Siendo la sociedad una construcción absurda, sólo los cuerpos serían capaces, según Piñera, de ofrecer un terreno de real comunicación y entera libertad:

> ¡Pero los cuerpos! Los cuerpos se tocan; los cuerpos, en contra de las almas, están hechos para la simple atracción. un cuerpo comunica con el otro ya que está hecho de los mismo . Un cuerpo no espera del otro que lo comprenda sino que lo sienta . Frente a otro cuerpo me siento en terreno seguro . Pero en cuanto a las almas . No bien comience el concierto espiritual sobrevendrá el desconcierto conceptual y naufragaremos en las aguas revueltas de la incomunicación. («Distancias « CXLV)

En «El caso Acteón», cuento de 1944 donde dos hombres introducen sus manos dentro del pecho del otro hasta quedar fundidos en un sólo cuerpo, esta idea resulta clara y podría coincidir con la impresión que causan ciertos lienzos de Lam, póngase por ejemplo *Presente eterno (Homenaje a Alejandro García Caturla)* (1944), o la célebre *Jungla*, donde manos, brazos, pies se fusionan incesante y completamente formando un espacio imbricado, total. Así, exigen ambos creadores que se busque su lógica personal, con la que intentan explicar el caos circundante, en el cuerpo de sus grotescos personajes. El cuerpo entonces garantiza la reunificación de los fragmentos, como reconoce Victor Fowler, volviéndose «la nueva divinidad, absolutamente pagana y terrenal» (18).

Mas la transformación de los personajes de Lam y de Piñera no es aquella transmutación que conseguían con magia los personajes haitianos de Carpentier en *El reino de este mundo*, cuyas almas podían abandonar el cuerpo del sujeto y refugiarse en otro ser vivo. No se explica a través del concepto de lo real maravilloso. Va más allá, también, de la profusión metafórica que en los poemas de Nicolás Guillén comparan al cuerpo humano y sus partes con elementos naturales, poniéndolos en relación (Navarro, «Lam y Guillén», 155-162). Se trata, en cambio, de las mujeres equinas de Lam, del hombre que se convierte en isla en un poema de Piñera, ejemplos de una simbiosis absoluta en la que el cuerpo continúa siendo humano, sintiendo como tal, pero logra percibirse a sí mismo como cualquier otro ser u objeto. Leenhardt sugiere, incluso pareciéndole el término «exageradamente paradójico», que Lam procedió a la invención de un «bestiario humano» (60). El cuerpo bajo su trazo se desvincula del sujeto y deviene exclusivamente carne sintiendo. No hay en la obra de Lam y de Piñera comparación o transformación mágica sino fusión del ser humano, de su carne –la materia– más que del cuerpo o del alma, dentro del todo natural. Es decir, es la materia que se deshace en lo material circundante. Los recuerdos de su esposa Helena sobre el proceso creativo de Lam durante sus años habaneros, justo antes de comenzar a pintar *La jungla*, pueden resultar ilustrativos:

> Wifredo había encontrado su ritmo personal. Estaba listo para explorar abiertamente su atávico ser interior y dar testimonio de sus hallazgos Tímidamente primero, los símbolos sexuales aparecieron en su trabajo, tales como un falo en la región mandibular de un rostro. Después el rostro en sí se transformó en la alargada frente de un caballo adornado con pequeños hocicos. A pesar de su configuración equina, los rostros tenían un aspecto humano, elegante incluso. (Wifredo y Helena 72-73, mi traducción)

En recientes investigaciones Javier Guerrero expone la diferencia esencial entre el cuerpo «burgués y terminado» y la carne «modulable y activa» en la narrativa de Virgilio Piñera. Analiza entonces esta «materialidad alterable y sexuada» que consigue remodelarse para resistir las normas impuestas por la sociedad. Considero que sería la carne de un cuerpo que, si se siguen las teorías de Foucault, ya no está sometido al Poder, responsabilizado por el filósofo francés con la individualización del cuerpo humano.[16] Se asemejan los personajes absolutamente carnales de Piñera, liberados de la forma que les impone el cuerpo, a aquel hombre africano, descrito por Einstein, que al sentirse «gato, río, accidente climático» inscribe en su propio cuerpo, demasiado unívoco, cuanto siente (45). Se trata, en Piñera, de la carne que como materia cambiante llega incluso a deshacerse entre los elementos naturales que la circundan. Nuevamente, las agudas interpretaciones de Navarro ante la obra de Lam, podrían aplicarse a la escritura de Piñera. Sobre todo, porque el crítico destaca las implicaciones poéticas de la pintura de Lam cuando reconoce

> rimas plásticas de piernas humanas y tallos de caña, de mamas humanas y frutas, de cuernos y púas vegetales: ellas establecen ecuaciones que podría leerse así: las piernas son tallos del hombre, los tallos son piernas de las plantas, los senos son frutas del ser humano, y las frutas son senos de las plantas. He ahí una vez más, en esas igualdades, la idea de la unidad de la vida, significada con recursos específicamente plásticos. («Leer» 377)

También como un «cubista», Piñera –que tampoco se ocupa jamás de señalar confluencias o divergencias con esta estética- descompone lo cotidiano. En lo que respecta a Lam, no ha de redundarse en la importancia que la estética cubista tiene para su obra, fundamentalmente en lo que a fragmentación de la imagen captada desde diferentes puntos de vista se refiere. Pero lo interesante es cómo el pintor y el escritor llegan a construir, con estos fragmentos extraídos de su contexto ordinario y que manipulan a su antojo, exagerándolos generalmente, esos mundos fantásticos que recrean en lienzos, poemas y prosa. Son pedazos de la realidad que pierden su lógica inicial en el camino que se les impone para cumplir nuevos significados en un cosmos también nuevo, imaginado y vuelto escritura o pintura por Piñera y Lam. Con lo cual volvemos a coincidir con Navarro, quien a diferencia de Edmundo Desnoes no ve en la obra de Lam una expresión del caos antillano, sino la composición de «otro orden». Sería, retomando a Leenhardt, ese deseo que había animado siempre se-

---

16   *« Ce qui fait qu'un corps, des gestes, des discours, des désirs sont identifiés et constitués comme individus, c'est précisément cela l'un des effets premiers »* (Foucault, *Il faut défendre* 27).

cretamente a Lam «de producir una gramática de la creación cuyos elementos en conjunto constituirían una visión de mundo» (60). Es esa cosmología diferente por la que, precisamente, se aventuran mis pesquisas en este ensayo.

Visión de mundo que en el caso de Lam es caracterizada de teatro hierático, impersonal e intemporal (Leenhardt 60), coincidiendo en ello con la cosmología que anima la literatura de Piñera. En su obra no se hallará esa persistencia, característica del Sistema Poético de Lezama Lima, en demostrar la conexión universal a través de la Imagen. Como tampoco se percibirá en la pintura de Lam el arsenal de curvas de Portocarrero y Peláez, o el movimiento que descubriera Lezama enlazando la casa colonial con la majestuosidad de la Catedral habanera, ni la progresión rítmica de Peláez, que hace paulatinamente ascender el trazo y color de las frutas hasta convertirlas en medio punto y verja decimonónicas. El ritmo es, en Lam, interrupción vertical, manigua aparentemente monótona, con sus verdes y sus ocres y el martilleo constante, pero detrás, sorprendiendo, rugido de fiera, el peligro, lo monstruoso, el verdadero escupitajo rasgando a cabalidad la inercia. Tampoco prevalece, ni en el escritor ni en el pintor, la exaltación del pasado, y mucho menos colonial. Piñera, a semejanza de un Lam que reduce al máximo el ornamento y lo anecdótico, prefiere, a la avalancha metafórica de la poesía origenista, la palabra desnuda, descalza y flacucha. Su escritura es carnal: «poesía exclusivamente de la boca como la saliva» («La isla en peso» 39). Anda pues con su verbo seco ridiculizando la verborrea inútil, expresión de la carencia de sentido de su sociedad. Prefiere la letra «fría», que así defiende:

> Como la época es de temperaturas muy altas, creo que no vendrán mal estos Cuentos fríos. El lector verá, tan pronto se enfrente con ellos, que la frialdad es aparente, que el calor es mucho, que el autor está bien metido en el horno y que, como sus semejantes, su cuerpo y su alma arden lindamente en el infierno que él mismo se ha creado. Son fríos estos cuentos porque se limitan a exponer los puros hechos. (*Cuentos fríos* 19)

En las diferencias que distinguen la recreación de los motivos de origen africano en Portocarrero y en Lam están presentes los elementos que permiten a este último alcanzar la universalidad a través del uso de la poesía africana. No es «lo africano», el mero objeto solitario condenado a limitar su espacio de comunicación a un área restringida, sino la poesía, la energía interna que puede en cambio ser percibida y actuar universalmente. En el arte pictórico de Lam, se trata de una poética capaz de aportar absoluta cohesión a lo más disímil, representado en sus obras por la profunda, esencial conexión entre lo vegetal, lo animal, lo humano, el objeto. Es el arte comprendido como entidad divina capaz de inventar un cosmos diferente, que aunque toma elementos de la naturaleza antillana, no se circunscribe a este espacio geográfico, puede implantarse en cualquier rincón del planeta. Podemos seguir aquí con Carl Einstein, quien diría que la obra de arte negra no significa ni simboliza nada [17]–como tampoco lo hacen la literatura de Piñera o la pintura de Lam, donde se abolen las significaciones tradicionales. Sin embargo, sus piezas crean una realidad alternativa a la tenida por tal dentro de la cultura judío-cristiana contemporánea. En este inédito espacio cosmológico, como hemos analizado anteriormente, el cuerpo se vuelve carne disuelta en la materialidad circundante. Los elementos, en «La isla en peso», cesan de comportarse como elementos, según expresara Juan Carlos Quintero-Herencia.[18] Al coincidir con esta afirmación añado que han dejado de funcionar como tales, en efecto, porque sólo existen, en el nuevo cosmos creado en el poema, a partir de su percepción carnal. Agua, viento, humo de tabaco, vegetación, los animales, el hombre son olores, tacto, el ruido, silencio o murmuración, el gusto, una sexualidad total. Como los elementos, el individuo ha desaparecido en esta carne que únicamente siente. «Los cuerpos se reconocen en el olor», reza un verso de «La isla en peso» (39). Muere también el tradicional sujeto espectador en este arte. Según Einstein tales obras incluyen al «adorador», transformándolo también en ser místico y aboliendo su existencia humana. ¿Tendría acaso razón Pérez de Cisneros al asegurar que los «fetiches» de Lam absorbían vida? Pero esta «muerte» supone el renacimiento con un valor nuevo,

---

17   « *Elle* [la obra de arte negra] *ne signifie rien, elle n'est pas symbole ; elle est le dieu qui conserve sa réalité mythique close, dans laquelle il inclut l'adorateur, le transforme lui aussi en être mythique et abolit son existence humaine* » (Einstein 31).

18   Idea presentada por Quintero Herencia tras leer su ponencia «La Patria adentro: natura política de Virgilio Piñera», en la conferencia The Accursed Circumstance. Virgilio Piñera Centennial Conference at Stony Brook University.

dentro de un mundo nuevo, regido por leyes que tal vez el crítico ori-genista no comprendería. Quien muere es el sujeto para que aflore la totalidad carnal expresada en las obras de Piñera y Lam. El poeta Cé-saire fue de los que comprendieron. Descubrió y celebró en la pintura de Lam «la ceremonia de todos los que existen: la ceremonia de la unión física del hombre y del mundo» (200). El autor de *Cahiers du retour au pays natal* no hace referencia en la reseña publicada en el París de 1946 a presuntas significaciones antillanas en la obra de Lam. Sus palabras captan en cambio la labor cosmológica escondida tras el trazo de su amigo pintor. Es la búsqueda de la plena identificación del hombre con su mundo a través de la unión física. Pues es en lo físico, en el cuerpo mismo, donde se verifica aquí toda ceremonia o ritual identificatorio. El cuerpo desfigurado, descompuesto y distor-sionado para mejor fundirse en el Todo, constituye el centro de la po-ética de Lam, como lo es también para Piñera.

Contribuye a hacer grotescos estos cuerpos su absoluta desnudez de cultura, entendiéndose esta a la manera armónica, sedimentada a través de siglos de historia dentro del mundo occidental, en que la comprenden por ejemplo los origenistas Vitier, Baquero, Pérez de Cisneros. Y es por ello que las figuras de Lam y Piñera pueden pa-recer incomprensibles, ofensivas e inhumanas. Son personajes, no per-sonas. Sobrenaturales. Invento. Teatro. Parecen desprovistos de alma cuando en realidad están animados por un espíritu diferente. Para Piñera sería la Nada subyacente a todo objeto y fenómeno, esencia y semilla del universo. Estos cuerpos son pura geometría, hueso, al-gunos miembros especialmente valorizados por los autores. Sobre todo, en Lam, ojos y sexo. Órganos representando la esplendente ca-pacidad vital de estos cuerpos aparentemente atrofiados. Entonces re-sulta evidente que no se trata, como lo pretendía Pérez de Cisneros, de una pintura que absorbe toda la vida impidiendo así la existencia del hombre. Todo lo contrario, hay celebración de la vida que explota en la intricada vegetación.

Amelia Peláez y René Portocarrero, pintores del hogar y de La Habana de antaño, mostrarán escaso interés por el monte cubano, la extensión del verde, la inquietante manigua. La fruta, la planta, el árbol pertenecen, en sus pinturas, al universo doméstico: admirables bodegones de Peláez, cenas familiares y el fino helecho en la saleta del *Interior del Cerro* (1943) de Portocarrero. Era también ésta una creencia de Lezama. No es entonces extraordinario que, al criticar «La isla en peso», Baquero y Vitier se ofusquen contra «el ambiente de opresión ante la naturaleza» y contra «la vegetación lujuriante» en el poema recreados (Baquero 309). El de Lam es territorio muy similar. Lianas, monstruos irreconocibles, hojas innombrables y horror y miedo, cañaveral un poco animal, otro tanto humano, ese es el universo que recrea sobre todo a partir de su llegada a La Habana en 1942. Acaso sea la manigua cubana el sitio en el que les es más factible al pintor de *La jungla* y al poeta de «La isla en peso» expresar su particular manera de interpretar el mundo. Poblada de secretos y al mismo tiempo tan uniforme: campo de caña, tabaco y hierba donde los frutos injurian los sentidos y se hacen pezón (¿o es el pezón quien se convierte en fruta tropical?). «El baile y la isla rodeada de agua por todas partes: / plumas de flamencos, espinas de pargo, ramos de / albahaca, semillas de aguacate» («La isla en peso» 27). Agobiante la isla con todo su peso sobre los cubanos y no aquella cubanidad lezamiana de la brisilla y el «estar y no estar». Ni la cortés indolencia, la serenidad hogareña que *Las dos hermanas* (1944) unidas, quietas, observantes o que *Mujeres en un balcón* (1943), o la *Mujer en la terraza* (1944), todos cuadros de Amelia Peláez, trasmiten. En Lam, son mujeres con crines y pezuñas en medio del cañaveral, la grupa saliente, rasgo afroide más que europeo. Definitivamente muy diferentes también de las célebres *Floras*, sombrero florido y frutal, aliento augusto, de René Portocarrero. En lugar del blando recibimiento de lo curvilíneo, estarán la agresividad cortante del machete y la tijera blandidos dentro de la maleza, líneas filosas. Cuando Lam pintó *La Cena* (ca. 1944) incluyó cocos, espíritus forestales, Elegguá, el rombo es quizá un íreme abakuá y volcó las fuerzas desconocidas del platanal, espesura verde y ocre. Es cena manigüera que en modo alguno coincide con aquella otra de Portocarrero, o con su *Festín* (1943), que representa la fiesta criolla, tres mujeres vestidas, luciendo abanicos, pendientes ante la mesa servida con su fuente de peces y la copa, un hombre de expresión pensativa un poco más lejos, protegidos, refugiados bajo la casa familiar, flores ornamentan el espacio en barroco movimiento, ciertamente, pero fijo. Interior contra manigua. La Habana colonial contra el cañaveral agresivo, de quietud aparente. Una silla, para Lam, abandona el espacio hogareño. Será trono en matorral.

A la intemperie también el mundo de Piñera en «La isla en peso»: «Bajo la lluvia, bajo el olor, bajo todo lo que es una realidad, / un pueblo se hace y se deshace dejando los testimonios: / un velorio, un guateque, una mano, un crimen, / revueltos, confundidos, fundidos en la resaca perpetua» (41-42). Lezama Lima en cambio negó toda importancia a la lluvia de la isla,[19] mientras ponderaba «nuestra luz, abstracta, melodiosa, universal» (*Cartas a Eloísa* 356). Esa luz era estigmatizada por Piñera, como nos recuerda Emma Alvarez-Tabío en *Invención* (291), al derramarla en su obra cortante, doliendo sobre el cuerpo. Para él la luz de la alborada, «la hora del terrible», va asociada al sufrimiento corporal: el sudor y el sufrimiento del trabajador en los campos. O, peor aún, denunciaba la claridad como entumecedora de conciencias: «Confusamente un pueblo escapa de su propia piel / adormeciéndose con la claridad, / la fulminante droga que puede iniciar un sueño / mortal», rezan los versos de «La isla en peso» (35). Esta luz, «tanática», al decir de Enrique Saínz (43), se halla muy lejos de la claridad rosada y tamizada por vitral ensalzada por Pérez de Cisneros. La luz de Piñera interrumpe violentamente la suavidad de la siesta tropical representada por Amelia Peláez y René Portocarrero; como Lam cuando buscaba romper la inercia social con la intempestiva irrupción de sus personajes monstruosos. «Todo un pueblo puede morir de luz como morir de peste» (36), sentenciaba Piñera. Entonces, que se abra el verde, el ocre, lo oscuro. Por eso la noche, salvadora: oscuridad propicia a la comunión humana, la única verdadera, la de los cuerpos copuladores: «La noche invade con su olor y todos quieren copular. / El olor sabe arrancar las máscaras de la civilización, / sabe que el hombre y la mujer se encontrarán sin falta en el platanal» (40-41). Y los sexos cuelgan de las bocas, caen como racimos en la foresta de Lam. Lo eterno, para Piñera, en la noche insular, donde el ser puede al fin liberarse de la mascarada civilizatoria y vivir y sufrir su propia existencia sin que los mitos que le impone su sociedad vengan a interponerse entre su cuerpo y la realidad. Es-

---

19   «Entre nosotros la lluvia no cuenta para nada, su gota no es fina, no llega al chorro requerido, la humedad, dígase lo que se quiera, no existe debajo de las piedras» (Lezama, *Cartas a Eloísa* 273).

pacio culturalmente estéril, desprovisto de memoria y de historia, en el que el europeo no es más que «el inevitable personaje de paso que deja su cagada/ ilustre, / a lo sumo, quinientos años [¡qué bagatela!], un suspiro en el rodar / de la noche antillana, / una excrecencia vencida por el olor de la noche / antillana» (40-41).

Magia y poesía: los puentes tendidos y quebrados

También María Zambrano, gran amiga e inspiradora de los poetas de Orígenes, calificará de nocturna la pintura de Wifredo Lam. Pero su apreciación no es comparable a la de Guy Pérez de Cisneros porque la filósofa española alaba la obra de Lam, insistiendo en su carácter supuestamente mágico. Tal vez buscando explicaciones a la inesperada expresión del pintor, Zambrano considera que en su obra «no hay cosas ni hombres, sino fuerzas, almas [...] y en lo que al hombre se refiere, máscaras», y ubica su pintura en un «modo mágico» («Wifredo» 181).

Fue igualmente la magia, como elemento restablecedor del vínculo perdido entre lo visible y lo invisible, una característica enfatizada por Zambrano en la prosa de Lydia Cabrera, que reseña para los lectores de la revista *Orígenes* a través del artículo «Lydia Cabrera, poeta de la metamorfosis», publicado en 1950. Entonces, a pesar de referirse a sus cuentos, la destaca «entre todos los poetas cubanos por una forma de poesía en que conocimientos y fantasía se hermanan hasta el punto de no ser ya cosas diferentes, hasta constituir eso que se llama 'conocimiento poético'» (119).

Cabrera tuvo una impronta significativa en el trabajo y la recepción de Lam en Cuba. Hubo entre ellos profunda amistad, pero también la confluencia de intereses estéticos. Compartieron, como ya se ha precisado, amistad con algunos surrealistas franceses y colaboraron en proyectos literarios comunes. Juntos frecuentaron, en los años 40, numerosas ceremonias de religiones de origen africano, que servirían tanto al uno como a la otra de fuente inagotable en su quehacer posterior. Para Lam lo hallado aparece recreado en sus obras de aquella época, que *La jungla* representa admirablemente. Cabrera comienza presumiblemente a escribir su más conocido libro, consagración de los poderes mágicos del mundo vegetal cubano, *El monte*, hacia el año 1944.

Lydia Cabrera podría simbolizar el endeble puente que pudo existir —y en ocasiones llegó a tenderse— entre los intelectuales de Orígenes, Lam y Piñera. Aquellos elementos que los origenistas apreciaron de la pintura de Lam encuentran sus claves en la recepción que hicieran de la obra narrativa de Cabrera: es decir, en la poesía, o «conocimiento poético». A la escritora sí recibieron con abierto entusiasmo en las páginas de *Orígenes*. Aparte de la mencionada reseña de María Zambrano, se publicaría en 1955 un artículo de su traductor, Francis de Miomandre, sobre Cabrera. Por su parte, Lezama no solamente elogia el trabajo de la narradora en marzo de 1954, sino que publica sus escritos sobre las religiones afrocubanas. Este gesto pudiera parecer paradójico al recordar la posición enarbolada por Lezama y sus amigos ante la reivindicación artística de las fuentes negras de la cultura cubana. Sin embargo, la obra de Cabrera es «recuperable» para los poetas origenistas en tanto es considerada como una especie de traducción poética de mitos ancestrales, a través de la cual lo «negro» incomprensible encuentra nicho dentro de la cosmología predominante en el grupo, dentro de la coral poética defendida por Lezama. Los comentarios de Zambrano son en este punto reveladores:

> De modo exacto y misterioso Lydia Cabrera es poeta de este mundo, entre cielo, agua y tierra *donde la luz es creadora de todo* [...] Tales mundos místicos cuando son vistos por miradas no poéticas, producen una inquietud y hasta un malestar indefinible; no se sabe qué son porque no se encuentra en ellos la cristalizada apariencia, la mudez propia del mundo en que todo ha sido ya definido (119, el énfasis es mío).

Salvado del enigma irresoluto e hiriente, lo negro se torna en su prosa mucho menos agresivo que en los lienzos de Wifredo Lam, en tanto esta consigue fijar —actitud saludada por los origenistas— su vida y tradiciones. Las obras de Cabrera explican el misterio, mientras Lam lo deja intacto en la oscuridad de lo cotidiano. Peor aún, lo convierte en fuerza disuelta e incontrolable dentro del universo, inesperadamente amenazante.

Cuando María Zambrano celebra la labor de Cabrera es también porque considera que esta «libera el mundo de la raza esclava hasta el dintel de nuestros días» (120). Con lo que infiere tanto la otredad de los negros, que considera como «raza esclava», como su imposible agencia, pues necesita de la traducción poética de Cabrera para hacerse oír. Cabe preguntarse aquí si las figuras de Lam, tan temidas por el crítico Pérez de Cisneros, no encarnarían esa expresión supuestamente «esclava» pero que en realidad es tan sólo dura y descarnada, como esa palabra que según la filósofa española «a veces no tiene la forma que aún le falta o se le fue quedando en el camino de la servidumbre» (120).

Aunque reproducidas respetuosamente, las creencias consideradas «afrocubanas» son colocadas por Lydia Cabrera en un mundo mítico, extranjero y anterior a la realidad. Se procede entonces a la exaltación del pasado, como es fenómeno corriente entre los origenistas. Los negros de Cabrera, encerrados en un mundo supuestamente primitivo y propio, conforman además una suerte de resistencia a la americanización de la sociedad. Esto no puede ser más que celebrado por Lezama y sus acólitos. Debe reconocerse que la actitud del grupo hacia «lo negro» o «la africanía» dista de ser simple. La idea de que *Orígenes* abrigase una rotunda negación de estos elementos de la cultura nacional es refutada, por ejemplo, por el número 25, que en 1950 es casi enteramente consagrado a tales temas. También el pintor negro Roberto Diago, quien reproducía –aunque de manera muy diferente a Lam– la temática llamada afro-cubana, arranca páginas laudatorias de Lezama. Sin embargo, en Diago destaca la capacidad de síntesis, «lo sucesivo» impuesto sobre «lo súbito». No sorprendentemente, desde las primeras frases del ensayo que le dedica, el poeta expresa que «el bosque no es tan sólo lo que no se ve, sino lo que no existe: un encantamiento» (269). Más adelante continúa celebrando Lezama en similar espectro sensorial y ético al utilizado por Pérez de Cisneros para criticar a Lam, pero desde la admiración que le provoca el hecho de que:

> [e]n la indetenible flora de Haití, viendo cómo las corolas se sumergen en la tierra bajo el peso de hidrópicos insectos, entreabre de nuevo como un encantamiento el número de oro. Se constituía

así la sección áurea en un daimon, ángel o duendecillo . Las coor-
denadas para buscar el número de salvación no traen el hueso
frotado con vinagre, cobre y arena, de los cubistas, escapados de su
sequía condenada, sino la viola de gamba en la apoyatura de la
agujeta partenopea del cuello; el celo lleno de cornisas, rizos y go-
londrinas. («En una exposición» 273-74)

La misma manigua tropical es percibida de distinta manera por
los dos pintores negros, y así es también la interpretación que de sus
obras ofrecen los origenistas. En Lam se rechaza la sequedad, la
dureza, el cubismo; en Diago se ensalza la suavidad, la continuidad,
la comunicación, lo barroco.

Sobre el poeta Nicolás Guillén, también, llegó Cintio Vitier a con-
siderar que se trataba de «el único de nuestros cultivadores de lo afro-
criollo que logra superar las especulaciones del negrismo europeo im-
portado y los diversos aspectos superficiales del tratamiento vernáculo
del tema, para integrar una *poesía folklórica, social o libre*, de fina uni-
versalidad» (Citado por Barquet 23, el énfasis es mío). Evidentemente,
los origenistas no ignoran los elementos de origen africano de la
cultura nacional. El problema es que únicamente los comprenden
cuando pueden insertarlos dentro de la cosmología del grupo,
mientras se adapten a sus preceptos estéticos y morales. Concuerdo
con Barquet cuando presenta la posición del Grupo Orígenes frente
al negrismo a partir de su voluntad universalizante. Mas, ¿sobre qué
criterios se piensa «lo universal»? Es este el punto en el que las apre-
ciaciones origenistas de los elementos «negros» en la cultura cubana
se vuelve álgido. Lo «atlántico» contra lo «antillano» constituye ele-
mento esencial de esta problemática, determinando la aceptación o
rechazo de los creadores que se acercaron de una forma u otra a la
«africanía» nacional. La verdadera interrogación entonces reside en
aprehender qué podría ser «lo negro» aceptado por los origenistas y
bajo qué cláusulas éticas se produce esta aceptación.

Sin embargo, en forma general, va a ser el componente poético lo
que posibilitará la aceptación en Orígenes tanto de lo negro como de
los artistas e intelectuales que lo cultivan y recrean. La poesía, me-
diante la cual se alejan estos creadores del pintoresquismo en boga
en la Cuba de entonces –y de ahora– podría así comprenderse como

principal vínculo entre Lydia Cabrera y los origenistas; y la sola identificación posible —aunque rara— de estos poetas con Lam y con Piñera. Mas resultará esta una identificación débil, fugaz, pues los de Orígenes, sumidos en su mundo de moralidad esplendente y católica, no sabrán ver más que caos en la pintura de Wifredo Lam y en la literatura de Virgilio Piñera. Jamás descubrirían el cosmos nuevo que proponían en sus obras, donde la carnalidad se impone a la cultura, cuchillos y machetes a volutas, la diseminación a la fijeza, el misterio irresoluto a la fábula, el grito y el duro silencio al suave murmullo y la inspiración coral.

Obras Citadas

Abreu Arcia, Alberto. *Los juegos de la escritura o la (re)escritura de la Historia*. La Habana: Casa de las Américas, 2007.

Álvarez Bravo, Armando. «Órbita de Lezama Lima». Ed. Pedro Simón. *Recopilación de textos sobre José Lezama Lima*. La Habana: Casa de las Américas, 1970. 42-67.

Álvarez Tabío, Emma. *Invención de La Habana*. Barcelona: Casiopea, 2000.

Altman, Robert. *Memoiren*. Milan/Ginebra: Skira, 2000.

Arcos, Jorge Luis. *Desde el légamo. Ensayos sobre pensamiento poético*. Madrid: Colibrí, 2007.

Arrufat, Antón. *Virgilio Piñera: entre él y yo*. La Habana: Unión, 1994.

Baquero, Gastón. «Tendencias de nuestra literatura». *Ensayo*. Salamanca: Fundación Central Hispano, 1995. 307-309.

Barquet Jesús Jesús J. «El grupo Orígenes ante el negrismo». *Semiosis* 1.1 (1997): 20-23.

Benítez, Helena. Entrevista personal. Saarbruck. Verano 2005.

__________. *Wifredo and Helena. My Life with Wifredo Lam. 1939-1950*. Lausanne: Acatos, 1999.

Birkenmaier, Anke. *Alejo Carpentier y la cultura de surrealismo en América Latina*. Madrid-Frankfurt am Main: Iberoamericana/Vervuert, 2006.

Cabrera, Lydia. «Wifredo Lam». *Páginas sueltas*. Miami: Universal, 1994. 262-266.

Carpentier, Alejo. *El reino de este mundo. Novelas y relatos*. La Habana: Unión, 1974.

__________. «Reflexiones acerca de la pintura de Wifredo Lam». José Manuel Noceda. *Wifredo Lam: La cosecha del brujo*. La Habana, Letras Cubanas, 2002. 187-92.

Césaire, Aimé. «Wifredo Lam». José Manuel Noceda. *Op. Cit.* 200-202.

Del Conde, Teresa. «'Con esos arreos de gala'. Pintura cubana». *La revista Orígenes y la vanguardia cubana*. Madrid, D.G.E. Ediciones/Turner, 2000. 17-22.

Díaz, Duanel. *Límites del origenismo*. Madrid: Colibrí, 2005.

Einstein, Carl. *La sculpture nègre*. Paris, L'Harmattan, 1998.

Foucault, Michel. *Il faut défendre la société. Cours au Collège de France (1975-1976)*. París: Gallimard/Le Seuil, 1997.

Fouchet, Max P. *Wifredo Lam*. Barcelona : Polígrafa S.A./ París : Éditions Cercle d'Art, 1976.

Fowler, Victor. «Otra lectura de Piñera: a propósito de un libro de Enrique Saínz». *Unión,* (2002) 46.

Guerrero, Javier. «Carnicería Piñera». The Accursed Circumstance : Virgilio Piñera Centennial Conference. Stony Brook University, New York. 9 Nov. 2012. Ponencia.

Herzberg, Julia. «Naissance d'un style et d'une vision du monde. Le séjour à La Havane, 1941-1952». Christiane Falgayrettes-Leveau. *Lam métis*. Paris: Musée Dapper, 2001. 101-23.

Kahnweiler, Henry-D. *Mes galeries et mes peintres. Entretiens avec Francis Crémieux*. Paris, Gallimard, 1998.

__________. *Juan Gris, sa vie, son oeuvre, ses écrits*. Paris, Gallimard, 1990.

Leenhardt, Jacques. *Wifredo Lam*. Paris: HC Éditions, 2009.

Leiris, Michel. «Afrique noire: la création plastique». *Miroir de l'Afrique*. Paris, Gallimard, 1996. 1105-366.

Lezama Lima, José. «Amelia». Leonel Capote (ed.). *La visualidad infinita.*, La Habana: Letras Cubanas, 1994. 165-69.

__________. *Archivo de José Lezama Lima. Miscelánea*. Ed. Iván González Cruz. Madrid: Editorial Centro de Estudios Ramón Areces, 1998.

__________. *Cartas (1936-1970)*. Madrid: Orígenes S. A., 1979.

__________. *Cartas a Eloísa y otra correspondencia (1939-1976)*. Ed. José Triana. Madrid: Verbum, 1998.

__________. «Coloquio con Juan Ramón Jiménez». *Analecta del reloj: ensayos*. La Habana: Orígenes, 1953. 40-61.

__________. «Corona de frutas». Ciro Bianchi Ross (ed.). *Imagen posibilidad*. La Habana: Letras Cubanas, 1981. 131-136.

_______________. «En la muerte de Amelia Peláez». Ed. Leonel Capote. *Op. Cit.* 170-71.

_______________. «En una exposición de Roberto Diago». Ed. Leonel Capote. *Op. Cit.* 269-74.

_______________. «Homenaje a René Portocarrero». Ed. Leonel Capote. *Op. Cit.* 225-66.

_______________. *Paradiso.* La Habana: Letras Cubanas, 1991.

_______________. «Razón que sea». Ed. Ciro Bianchi. *Op. Cit.* 198-99.

_______________. «Una página para Amelia Peláez». *La visibilidad infinita. Op. Cit.* 163-64.

Mabille, Pierre. *Le Miroir du Merveilleux.* Paris: Éditions de Minuit, 1962.

Navarro, Desiderio. «Leer a Lam». José Manuel Noceda. *Wifredo Lam: La cosecha del brujo.* La Habana, Letras Cubanas, 2002. 365-81.

_______________. «Lam y Guillén: mundos comunicantes». *Sobre Wifredo Lam.* La Habana, Letras Cubanas, 1986. 138-63.

Ortega, Julio. «Aproximaciones a Paradiso». Ed. Pedro Simón. *Recopilación de textos sobre José Lezama Lima.* La Habana: Casa de las Américas, 1970. 191-218.

Ortiz, Fernando. «Wifredo Lam y su obra vista a través de significados críticos». José Manuel Noceda. *Wifredo Lam: La cosecha del brujo.* La Habana: Letras Cubanas, 2002. 283-309.

Pérez de Cisneros, Guy. «Amelia Peláez o el jardín de Penélope». Luz Merino Acosta (Ed.) *Las estrategias de un crítico. Antología de la crítica de arte de Guy Pérez de Cisneros.* La Habana: Letras Cubanas, 2000. 165-70.

_______________. «Luces de Cuba». Ibid. 221-223.

Pérez León, Roberto *Tiempo de Ciclón.* La Habana: Unión, 1995.

Phaf-Rheinberger. «Un cortocircuito en el *relé* postcolonial: Wifredo Lam, José Lezama Lima y la Vanguardia cubana». *Estudios. Revista de investigaciones literarias y culturales* 10.19 (2002): 187-207.

Piñera, Virgilio. *Cuentos fríos.* Buenos Aires: Losada, 1956.

_______________. « Distancias «. *Albur* 3 (1990).

_______________. «La isla en peso». *La isla entera.* La Habana: UNEAC, 1969. 25-42.

_______________.»La pintura de René Portocarrero». *Unión* 74 (2012): 50-53.

——————. «Notas sobre la vieja y la nueva generación». *La Gaceta de Cuba* 2 (1962).

——————. «Situación y problemas del arte modern». Noceda. *Op. cit.* 464-65.

——————. « Borrón y cuenta nueva ». *Ciclón* 1 (1955): 22-23.

Quintero-Herencia, Juan Carlos. «La Patria adentro: natura política de Virgilio Piñera». The Accursed Circumstance : Virgilio Piñera Centennial Conference. Stony Brook University, New York. 9 Nov. 2012. Ponencia. Disponible en *La Habana Elegante*. 52, Otoño-Invierno, 2012. Website < http://www.habanaelegante.com/ Fall_Winter_2012/Dossier_Pinera_ QuinteroHerencia.html >.

Saínz, Enrique. *La poesía de Virgilio Piñera : ensayo de aproximación.* La Habana: Letras Cubanas, 2001.

West-Durán, Alan. *Tropics of History. Cuba Imagined.* Westport, CT-London: Bergin & Garvey, 1997.

Zambrano, María. «Lydia Cabrera, poeta de la metamofosis». *Islas,* Madrid: Verbum, 2007. 117-22.

——————. «Wifredo Lam». *Islas, op. cit.* 181-82.

Piñera corresponsal:
Una vida literaria en cartas

Thomas Anderson
Notre Dame University

> *Como dice la canción: ausencia quiere decir olvido ... Estoy re-*
> *ducido a mí mismo y viendo cómo el mundo se me reduce cada vez*
> *más y paso a paso. Mis «ataduras» con el mundo se han ido esfu-*
> *mando y a la verdad que uno no puede inventar otras.*
>
> Virgilio Piñera[1]

Hay muchas facetas de la obra de Virgilio Piñera que no se han estudiado debidamente, pero su copiosa correspondencia es, sin duda, el cuerpo de textos que menos atención ha recibido de parte de la crítica. Esto se debe en gran parte al hecho de que sus cartas —centenares de las cuales han sobrevivo el paso de los años— o se han publicado de una manera fragmentaria (en compilaciones como *Tiempo de Ciclón* y *Fascinación de la memoria* o en revistas literarias como *La Gaceta de Cuba* y *Vitral*, o se encuentran en colecciones privadas como las cartas a Humberto Rodríguez Tomeu y Guillermo Cabrera Infante que tiene la biblioteca de Princeton.[2] A finales del año 2011, en anticipación de la celebración del centenario del natalicio de Virgilio, se editó en La Habana una serie de sus obras que incluye *Virgilio Piñera, de vuelta a vuelta: correspondencia 1932-1978*, una complicación de unas 115 cartas escritas por Piñera y 35 recibidas por él. Aunque este valioso libro ha puesto al alcance del público lector gran parte de las cartas que se han preservado, sólo contiene 5 cartas de los años '60 y '70; pues, falta la mayoría de la correspondencia que se encuentra en la colección de Princeton —más de 100 cartas— que en su gran mayoría corresponden a estas dos décadas tan importantes en la vida tanto personal como literaria de Virgilio.

En este ensayo voy a enfocarme en las cartas que Virgilio le envió a su entrañable amigo Humberto Rodríguez Tomeu entre 1960 y 1977

---

1   Carta a Humberto Rodríguez Tomeu, 1 de octubre de 1971. Las citas de las cartas a Rodríguez Tomeu se indicarán entre paréntesis en el cuerpo del ensayo.

2   Hay unas 14 cartas a Cabrera Infante, escritas entre noviembre de 1962 y junio de 1966. Se pueden consultar en la Manuscripts Division, Department of Rare Books and Special Collections, Princeton University Firestone Library; Guillermo Cabrera Infante Col-

(86 en total)[3] que ahora forman parte de las impresionantes colecciones latinoamericanas de la Universidad de Princeton en los EEUU. Estas últimas son especialmente importantes porque corresponden a la época revolucionaria, a sus años más productivos como autor y a las últimas décadas de su vida. Es de notar también que este conjunto de textos es particularmente voluminoso, pues la extensión típica de las cartas es de unas 700 palabras y hay algunas que pasan de 1,000. Además, la correspondencia a Humberto abarca un periodo de casi 20 años —a diferencia, por ejemplo, de las cartas a Lezama que corresponden a la época de *Espuela de Plata* y los primeros años de *Orígenes*, o las cartas a José Rodríguez Feo que corresponden mayormente a la vida breve de *Ciclón*.

Las cartas a Humberto deben ser lectura obligatoria para quienes intenten explorar la vida y la obra de Virgilio en las últimas dos décadas de su vida. Aunque Piñera discute muchas cosas importantes en sus cartas a Humberto —sus lecturas, su obras literarias, las traducciones de sus obras a lenguas extranjeras, su trabajo como periodista y como traductor, sus ideas políticas y sus impresiones de la Revolución, y las escaseces tanto materiales como espirituales que sufrió durante sus últimos años, entre muchas otras— aquí voy a enfocarme principalmente en tres temas. Primero, voy a discutir cómo Virgilio nos revela en su correspondencia con Humberto mucho sobre lo que estaba leyendo durante esa época tan importante en su propia carrera literaria. El autor cubano menciona a decenas de obras literarias y autores —la mayoría franceses, desde luego, pero también muchos de otros países de Europa, y unos cuantos (muy pocos para decir la verdad) de las Américas. En segundo lugar, demostraré cómo estas 86 cartas proveen información imprescindible sobre las obras del mismo Virgilio: pues le escribe a Humberto sobre títulos provisionales, obras perdidas o nunca terminadas, fechas de composición, entre muchas otras cosas. Por fin, la tercera parte de este ensayo se enfoca en el asunto de la traducción de las obras de Piñera a lenguas extranjeras, tema que discute con sorprendente frecuencia. Como veremos, aunque Piñera tenía muchas esperanzas de ver toda su obra traducida a los más importantes idiomas europeos, la gran mayoría de los proyectos de traducción terminaron fracasando.

3　La reciente edición cubana de la correspondencia de Virgilio incluye unas 20 misivas a Humberto, la mayoría de las cuales fueron escritas en 1958-1959.

Piñera Lector: «Ahora estoy leyendo estas carnitas»

En sus cartas a Humberto, Virgilio se refiere, especialmente durante los años '60, a veintenas de libros que está leyendo, que ha leído recientemente, o que está pensando leer tan pronto pueda conseguir un ejemplar. Esta información es muy útil tanto para los lectores de la obra de Piñera como para sus críticos porque, por un lado, da fe de sus eclécticos gustos literarios y, por otro, sugiere muchas posibles influencias en sus propios escritos. Es de notar que la vasta mayoría de los obras que menciona en sus cartas son libros franceses, que representan múltiples y variados géneros, periodos y movimientos literarios: entre los autores franceses que está leyendo y que menciona (algunos con más frecuencia que otros) están Guy de Maupassant, François-René de Chateaubriand, Honré de Balzac, Marcel Proust, Jean Genet, Jean Paul Sartre, Albert Camus, Simone de Beauvoir, y muchas figuras de menos importancia y renombre. Como nota el mismo Piñera en varias cartas, sacó muchas de las obras francesas de la sede habanera de la Alianza Francesa, fundada en 1951 y ubicada en el Vedado. En una carta con fecha del 29 de abril de 1960, Virgilio expresa su deleite al darse cuenta de que pueda sacar libros de la pequeña biblioteca de la Alianza:

> Te diré que por fin estoy leyendo de la Alianza . . . Pues, me enteré que dando un depósito de cuatro pesos puedes sacar hasta tres libros de una vez. Ahora estoy leyendo estas carnitas: La Duchesse de Bourgogne, La Jeunesse de Phillipe Egalite [Amédée Britsch], y La Vie Dissipée de la Duchesse de Bouillon. Pero eso no es todo, y de estas carnitas[4] hay por lo menos cuarenta o cincuenta. Así que espera una temporada agradablemente sumergido en el pasado.

Como era un lector voraz, Virgilio ya había leído casi todas las obras de la Alianza en poco más de dos años. Pues, en una carta de agosto 1962 escribe lo siguiente: «de lecturas casi nada, a no ser lo de la Alianza, que ya tengo casi agotada» (8/9/1962). Durante la última década de su vida, cuando le resultaba particularmente difícil conseguir buenas lecturas de afuera, Virgilio volvió a la biblioteca de la Alianza y empezó a releer las mejores «carnitas» de dicha colección,

---

4   Piñera empleaba con frecuencia este término para referirse a sus lecturas, especialmente las que le parecían particularmente buenas.

hecho que documenta en una carta de octubre de 1971: «De lecturas lo mismo que tú,» le escribe a Humberto –quien se había quejado de la falta de buenas lecturas en Buenos Aires– «Hace rato que ya agoté La Alianza y releo. Ahora estoy con las memorias de [Alexandre] Dumas.»

Juzgando por varios comentarios que hace Piñera en las cartas, la mayoría de los demás libros que leyó durante esta época fueron mandados por Humberto desde Europa y Argentina, y aunque la mayoría fueron escritos originalmente en francés, llegaron también muchas traducciones tanto al español como al francés de obras de autores de otros países europeos, especialmente de Alemania y Suiza. Entre los libros que Humberto le mandó a Virgilio cuenta, por ejemplo, *Le Pere Goriot* [*El padre Goriot*] de Balzac, sobre el cual Virgilio escribe lo siguiente en una carta de agosto de 1960: «Ahora estoy fijado con *Le Pere Goriot*. A la verdad que Balzac es bastante paquetoso. Por momentos es brillante pero, en conjunto, no deja de ser un folletín. ¡Qué diferencia con Proust! Por lo que se ve, Balzac tenía ideas muy pobres sobre la alta sociedad francesa. Hay descripciones que dan risa» (8/17/60).[5]

Muchos de los libros franceses a los cuales se refiere Piñera corresponden a los siglos XVIII y XIX –él los llamaba «nuestras queridas 'vejeces' francesas» (4/25/63)– pero también menciona y recomienda gran número de obras contemporáneas. Un título que se cita con frecuencia, en gran parte porque Virgilio tuvo que esperar varios meses para que Humberto le mandara un ejemplar, es *El Tambor de hojalata* (1959), por el novelista alemán y futuro ganador del premio Nobel (1999) Günter Grass. Después de recibir la novela por correo en octubre de 1962, Piñera escribe: «por fin me llegó el famoso Tambor. Estoy por la mitad, y es una maravilla» (10/4/62). Esta novela protagonizada por un niño que se resiste a crecer en un escenario contaminado por la violencia y la hipocresía política y religiosa, no solo hace eco de *Ferdydurke* –la gran novela de Witold Gobrowicz que Piñera ayudó a traducir al español en los años '40– sino que también tiene mucho en común con obras del mismo Piñera –especialmente su novela *Pequeñas maniobras*.

En esta obra –a la cual Piñera estaba dando los toques finales en

---

5   Cuatro años más tarde, Piñera hace otra referencia interesante a Proust: «En estos días he releído intensamente a Proust, pues tuve que hacer un prólogo a *Un amor de Swann*, que aparecerá en ediciones de la Imprenta Nacional» (4/29/64).

la misma época que leía *El tambor de hojalata* en– el protagonista
también vive en una especie de estado infantil perenne y resiste la in-
fluencia contaminadora de la religión y política. Aunque no creo que
la novela de Grass influyera directamente a *Pequeñas maniobras*, se
entiende al leer la obra maestra del autor alemán porque tanto le im-
presionó a Virgilio. De todos modos, queda claro que Piñera le tenía
mucho respeto al autor alemán –pues, tres años después de leer *El
tambor de hojalata*, Piñera elogia su tercera novela, *Años de perro*
(1965), la cual leyó en traducción francesa. «Ahora [estoy leyendo] *Les
Années de chien* de Günter Grass. Es otro mamotreto espléndido como
El Tambor» (3/8/1966).

En marzo de 1963, Virgilio hace la primera de varias referencias
a *La Peste*, novela de 1947 de Albert Camus que aborda el tema de la
solidaridad entre un grupo de médicos que lucha contra la peste que
ha invadido Orán, un pueblo argelino. «Imagina mi ánimo y com-
prenderás muchas cosas», le escribe a su amigo. «Por cierto, en estos
días estoy releyendo *La Peste*. ¿Por qué no la relees tú también»
(3/7/1963). Esta novela clásica del siglo XX –que pondera muchas
cuestiones relacionadas a la naturaleza del destino y de la condición
humana– y que Piñera leyó varias veces (según comentarios que hace
en las cartas), debía de haber ejercido cierta influencia en sus escritos
de los años '50 y '60, especialmente en términos de su propia explo-
ración de las múltiples reacciones humanas a las crisis existenciales y
al mundo regido por el absurdo. Parecería que Humberto demoró en
tomar los consejos de Virgilio, pues en octubre de 1963, Virgilio urge
de nuevo a su amigo que relea la novela francesa: «Querida, vuelve a
releer *La Peste*, es necesario que lo hagas» (10/02/1963).

Entre muchas otras obras contemporáneas que se encuentran en
la lista de lecturas de Virgilio, y que merecieron sus elogios, encon-
tramos *Las dos mitades del Vizconde*, del italiano, Italo Calvino; la
novela *Journal de voleur* (1949) y la obra de teatro *Les Negres* (1955)
del francés Jean Genet; varias obras de autores suizos como *La Pro-
messe* (1958) y *La Panne* (1956) [5/18/1960] de Friedrich Dürrenmatt,
y *Je ne suis pas Stiller* (1954) [12/14/1960] de Max Frisch (1911-1991).
Piñera hace elogio también de obras por varios autores alemanes tales
come el *Tercer libro sobre Ajim* (1961), por Uwe Johnson (6/19/1964),

y *Persecución y asesinato* de Jean-Paul Marat, representado por el grupo teatral de la casa de la salud de Charenton, bajo la dirección del señor de Sade –más bien conocida por su título abreviado *Marat-Sade* (1963)– de Peter Weiss. Partiendo de la versión francesa, desde luego, Piñera tradujo *Marat-Sade* –que denomina «una obra magnífica»– para las ediciones de la Editora Nacional en 1965 (11/30/1965).

En términos de su discusión de sus lecturas, las cartas de Virgilio también son importantes por lo que no contienen. Por ejemplo, aunque el autor cubano menciona brevemente a varios autores importantes de América Latina (en gran parte Argentinos) –Julio Cortázar, Jorge Luis Borges, Ernesto Sábato, José Bianco, Silvia y Victoria Ocampo– es interesante notar que en las 86 cartas que le mandó a Humberto entre 1960-1977 sólo se refiere a dos obras latinoamericanas que ha leído. Esto no quiere decir, desde luego, que Virgilio no leía la literatura latinoamericana, pero resulta interesante y revelador que la menciona muy infrecuentemente en sus cartas a su mejor amigo y colaborador intelectual.

Una referencia de particular interés se encuentra en una carta de junio 1962 en la cual Piñera menciona al autor mexicano Juan Rulfo, cuya única novela y obra clave de los años «pre-boom» Piñera aparentemente no había leído todavía: «Si tienes la oportunidad», le escribe a Humberto, «busca una novela titulada *Pedro Páramo* (Juan Rulfo mexicano) y dime qué te parece. Acá lo ponderan mucho, y a la verdad que yo leí unos cuentos de él y me resultaron un paquetico» (6/12/1962). Esta breve evaluación del gran autor mexicano y de su colección de cuentos, *El llano en llamas* (1953), sugiere que Piñera no tenía prisa para leer *Pedro Páramo* –novela brevísima comparada con los mamotretos europeos que solía leer– y que prefería esperar a ver lo que pensaba Humberto de la obra. La única otra obra latinoamericana que Piñera admite haber leído en una carta a Humberto es *Paradiso*, la gran novela de Lezama.

Sabemos que a Piñera la obra maestra de Lezama le impresionó: en el poema «El hechizado» –texto que le dedica a Lezama después de su muerte– se refiere a la gran novela como «Golpe maestro, jaque mate al hado» (*La isla en peso* 214). Pero en su carta a Humberto sus comentarios sobre la novela son muy breves y no tan laudatorios

–«No sé con quien enviarte *Paradiso*», escribe en una carta fechada 24 de agosto de 1966, «es un gran libro, a pesar de su desorden».

En cuanto a autores estadounidenses, Piñera sólo menciona a uno: Edward Albee (1928), el gran proponente del teatro del absurdo cuyas obras admiraba mucho, según indica en unas cuantas cartas. En una de noviembre de 1965, por ejemplo, dice que había visto puestas en escena en la Habana de sus dos primeras obras –*El cuento del zoológico* (1958) y *La muerte de Bessie Smith* (1959)– pero añade que todavía no se había estrenado su obra más famosa: *¿Quién le teme a Virginia Woolf?* Sobre la posible influencia de la obra de Albee en la de Piñera se ha escrito muy poco, y creo que hay suficiente conexión entre la obra dramática de los dos autores para un ensayo muy revelador. Pero ese proyecto lo dejo para otro momento u otro crítico.

Piñera Escritor: «Me parece que es una pieza perfecta»

Además de sus frecuentes referencias a sus lecturas eclécticas, Virgilio también escribe con frecuencia sobre sus propios empeños literarios, muchos de los cuales se caracterizaron por demoras y frustraciones. El primer proyecto que merece mucha atención en su correspondencia con Humberto es su *Teatro completo*, una colección de ocho piezas escritas entre 1941-1960, y uno de sus primeros proyectos con Ediciones R. Hay referencias a este libro en más de una docena de cartas, y se menciona por primera en una carta con fecha de 18 mayo de 1960. En ésta Virgilio anuncia con cierto aire de triunfo que el tomo estará en las librerías habaneras para el mes de junio del mismo año. Sin embargo, el proyecto se complicó mucho, y no salió hasta marzo del año siguiente. En casi todas las cartas escritas entre mayo de 1960 y marzo de 1961 Piñera hace una referencia al libro, y ya para enero de 1961 estaba bien frustrado con las demoras que, según le explica a Humberto, se debían en gran parte a su decisión de incluir fotos en blanco y negro al final del volumen.

Reflejando cómicamente su cambiante actitud hacia el libro –que vacilaba entre lo sublime y lo ridículo– le declaró a Humberto en enero de 1961 que «Sí, mi libro es el parto de los montes. Ahora no estará para enero sino febrero» (1/18/1961). Dos meses después escribe, con un aire palpable de alivio: «¡por fin salió mi teatro!» (3/6/1961). A pesar de su complicada historia editorial, *Teatro completo* salió en un momento oportuno, pues ya para 1961 Piñera era figura de gran importancia en el teatro cubano. Desde su regreso definitivo a la isla en septiembre 1958 —después de más de una década en el exilio en Buenos Aires— había terminado tres obras nuevas: *Aire frío*, *El flaco y el gordo*, y *El filántropo*. Por su parte *Electra Garrigó*, cuyo estreno en octubre de 1948 no fue bien recibido por la crítica, se convirtió en los años '60 en una suerte de clásica cubana, y las audiencias y críticos respondieron por lo general con grandes elogios.[6]

En sus cartas a Humberto, Virgilio escribe con frecuencia sobre las puestas en escena de *Electra* —de los teatros llenos, de las ovaciones, de las reseñas elogiosas— y expresa su gran satisfacción con su creciente fama entre el público. En una con fecha del 18 de marzo de 1960, por ejemplo, le cometa a Humberto que «El domingo pasado se llenó de tal modo que pusieron sillas de tijera [...] Mañana sábado irá [Jean Paul] Sartre a verla». En la misma carta le informa a Humberto que Sartre tiene el plan de llevar la obra a París, y que Fidel Castro va ver la obra el próximo fin de semana. Desafortunadamente, Sartre nunca llevó *Electra* a París, y Fidel no asistió a una puesta en escena de la obra, pero en esos breves momentos de éxito profesional tales detalles fueron de poca importancia.

Otro proyecto en que trabajaba Virgilio en el año '61, según cuenta en sus cartas a Humberto, fue su autobiografía, que había empezado hacía muchos años y que nunca iba a terminar. Resulta claro al leer los comentarios en sus cartas que Humberto lo había animado mucho a seguir adelante con el proyecto. «Tendrás una gran alegría», escribe Virgilio en diciembre de 1961, «cuando te diga que he vuelto a la Autobiografía. El otro día me reí mucho yo solo, pues me volví a ver a la tierna edad de siete años tocando de oído aquel famoso tango: La Hija del Penal me llaman siempre a mí [...] Me acuerdo que lo tocaba con el dedo y Luisa me regañaba por mis equivocaciones» (12/8/1961).

Durante esta misma época también escribió varios cuentos, y compiló otros que no se habían publicado en libro para una colección

---

6   Como cuenta Lezama en una carta a José Rodríguez Feo, «la crítica idiota y burguesa le ha sido tremendamente hostil».

que para abril de 1962 llevaba el título provisional *El caramelo* (4/8/1962). Al mismo tiempo trabajaba en un libro de poemas sobre el cual escribe, en una carta del 8 de abril de 1962, que «al decir de los lectores que ha tenido [el libro], es una verdadera revelación en la poesía cubana. Veremos». Se refiere de nuevo a los dos libros en una carta de junio de 1962, y en agosto anuncia que la colección de cuentos –que todavía llama *El caramelo*– y sus novela *Pequeñas maniobras* están por salir. Como se sabe, la novela salió en mayo del año siguiente, pero el público tendría que esperar más de dos años para la salida del libro de cuentos, que no apareció en las librerías hasta finales de 1964, y más de siete para la colección de poesía. *La vida entera* salió en 1969, y fue el último libro que Virgilio publicó durante su vida.

En sus cartas a Humberto, Piñera se refiere con frecuencia a su tercera novela, *Presiones y diamantes*. Según le cuenta a su amigo, había empezado la obra en Buenos Aires, y llevaba como título original *La conspiración*. Este último detalle lo encontramos en una nota escrita a mano en el margen de una carta fechada junio 29, 1960: «[te incluyo] el primer capítulo de mi novela '*La conspiración*'».[7] En una carta de febrero de 1961 Virgilio informa a Humberto que ha terminado *Presiones y diamantes*, pero como se sabe esta obra también tuvo que esperar buen tiempo –seis años en este caso– para ser publicada. Aunque no fue su obra preferida ni más bien lograda, Piñera tenía bastante confianza en *Presiones y diamantes* para entregarla al concurso Biblioteca Breve de la Editorial Seix Barral en España.[8]

Poco después de entregarla en persona mientras se encontraba en España, sin embargo, le expresó a Humberto en una carta con fecha del 10 de diciembre de 1964 que no esperaba ganar el premio. Según le cuenta a su amigo, su inseguridad no se debía a la cuestionable calidad de la novela sino al hecho de que no cumplió con uno de los requisitos del premio: «[el ganador del premio recibe] seis mil pesetas [pero] no tengo grandes esperanzas. Una de las bases dice que el manuscrito deberá tener no menos de trecientas páginas; mi novela apenas pasa las cien. Además, mi clásica mala suerte para ganar concursos» (12/10/64).

---

7   Aunque Piñera no da en su carta información sobre el capítulo incluido, podemos asumir que es el mismo que salió en el número de *Lunes de Revolución* correspondiente al 23 de octubre de 1961 (16-20).

8   Este premio prestigioso había sido otorgado tres años seguidos a autores hispanoamericanos: el peruano Mario Vargas Llosa (1962), por *La ciudad y los perros*; el mexicano Vicente Leñero (1963), por *Los albañiles*; y el cubano Guillermo Cabrera Infante (1964), por *Tres tristes tigres*.

No tuvo que esperar mucho para un respuesta, pues el mismo Carlos Barral le aconsejó en una carta poco halagadora del 14 de diciembre que debiera retirar la novela del concurso ya que él opinaba que no tenía posibilidad de ganar: «Mi querido amigo», escribe Barral, «los primeros cambios de impresiones con los miembros del jurado me dan la más que probable impresión que tu novela no obtendrá el premio. Considero que a tu libro le favorecería muy poco, y tampoco sería un crédito de escritor, el merecer un lugar entre las novelas votadas. En el mismo caso están otros libros [...] y ante ellos como ante tu novela tomo la misma determinación: retirarlos del concurso» (*Virgilio Piñera* 238). Piñera no retiró el libro, pero tampoco ganó el premio.

Tendría que esperar Virgilio unos tres años para recibir su primer y único premio literario, el prestigioso premio Casa de las Américas, que se le fue otorgado por su obra dramática Dos viejos pánicos en marzo de 1968. La primera vez que Piñera se refiere a esta pieza en una carta a Humberto es en julio de 1967. Aunque no reconozcamos el título y los nombres de los personajes, fácilmente podemos identificar la obra en la siguiente descripción que da Piñera en su carta:

> De teatro te diré que, además de «*El no*» ... tengo *La Niñita querida* (dos actos) y *Los Rinranistas* (dos actos). Se llama así por los dos únicos personajes en la pieza –Rin y Ran– dos viejos que, presos del miedo que todas sus vidas han tenido, juegan a hacerse los muertos para así realizar actos temerarios. (7/18/1967)

Es de notar que no es hasta marzo el 21 de marzo de 1968 –casi un año después de su primera referencia a la obra que hoy conocemos como Dos viejos pánicos– que Virgilio la menciona de nuevo. En su carta Piñera comparte con su amigo entrañable raras buenas noticias:

> Pues gané el premio de teatro de la Casa de las América. Competí contra ochenta y nueve obras, cubanas y latinoamericanas. La pieza tiene solo dos personajes –Tota y Tabo– marido y mujer de sesenta años de edad. Estos viejos se han dedicado a jugar el juego de hacerse los muertos, pues se han pasado la vida teniendo miedo, y si se hacen los muertos pueden decir y hacer lo que quieren sin temor de las consecuencias. Esta libertad de acción les permite matar a los produc-

tores de su miedo, es decir, los mismos Tota y Tabo: también juegan a matar al miedo mismo, pero nunca logran atraparlo y, en cambio, él le mete más miedo. Otra fase de la pieza es cuando Tabo acusa a Tota y a Tabo (haciendo de juez) de ser los asesinos de ambos, pero Tota descubre el juego y a sus vez acusa a Tabo de ser, con Tota, los asesinos de ambos. Al final de la pieza ellos quieren regresar, mediante la transfiguración, a la infancia para así recomenzar la vida y que exista la posibilidad de que el miedo no los domine, pero ya el círculo se ha cerrado y advierten que están en un callejón sin salida. Vuelven a sus camas hablando como niños, pero Tota, mediante lo que en teatro se llama «un rompimiento» saca a Tabo de su ilusión infantil. Este entonces le dice: «Tota, qué vamos a comer mañana? Y ella le responde; Carne con miedo, mi amor, carne con miedo». Esto es en pocas palabras el fondo de la obra. No sé cómo hacer para mandártela, tengo un gran interés y curiosidad de que la conozcas. Me parece que es una pieza perfecta, tan bueno como lo mejor que pueda escribir Beckett o quien sea. Sólo son dos actos, pero de una acción y violencia increíbles. (3/21/1968)

En sus cartas Virgilio no solía dar resúmenes detallados de sus obras, y éste de *Dos viejos pánicos* es, desde luego, el más largo que encontramos en su correspondencia con Humberto. Su descripción de su pieza da fe no sólo del gran orgullo que tenía después de haber ganado un premio tan prestigioso, sino que también subraya la afición que sentía hacía esta obra en particular.

Otra pieza teatral hacia la cual Piñera sentía gran afición fue *El no*, obra que, según comentarios que hace en sus cartas a Humberto, empezó a escribir en enero de 1965 (10/21/1966) y había terminado en mayo del año siguiente (5/8/1965). La primera vez que Piñera se refiere a la obra es en una carta del 8 de mayo de 1965, presumiblemente un par de días después de que terminara el primer borrador: «Acabo de terminar una obra de teatro en un prólogo y cinco actos. Es la historia de novios que nunca se casan. Creo que es INTERESANTOTA,» le escribe a Humberto (5/8/1966). Parecería que Piñera seguía trabajando en la obra por varios meses, y le informa a Humbeto en más de una ocasión que los que habían leído versiones tempranas de la pieza se quedaban muy impresionados. Por ejemplo, según Virgilio, al periodista y activista francés Morvan Lebesque (1911-1970),[9] quien había

---

9 Lebesque fue co-fundador de la revista Théatre Populaire en 1953 con Roland Barthes y Guy Dumur.

visitado La Habana en julio de 1965, le encantó la obra y quería llevarla a Francia. En agosto de 1965 le escribe lo siguiente a Humberto:

> acabo de terminar mi obra en un prólogo y cinco actos titulada «*No*» (historia de dos novios que nunca llegan a casarse porque así lo han decidido). Ha estado aquí M. Lébesque (Morvan), del Teatro de Naciones, leyó la obra y se ha quedado chocho. Dice que es absolutamente original y que en París será un éxito. La compara con las mejores obras de [Johan August] Strindberg y [Antón] Chékoj. La estoy haciendo copiar para enviar una copia a París para la traducción. (8/10/1965)

Tres meses más tarde, Virgilio le informa a Humberto sobre la posibilidad de una puesta en escena de *El no* en París: «Espero nuevas noticias de Lébesque (director de la revista *Teatre [Populaire]*) que cuando estuvo aquí [en julio] leyó mi nueva pieza (No, se titula y es la historia de una pareja que nunca llega a casarse y pasan cuarenta años) y tanto se entusiasmó que llevó la pieza para ponerla allá» (11/30/65). Desafortunadamente, como tantos proyectos y sueños suyos, éste no se llevó a buen término. En agosto de 1966 Virgilio comparte –en una carta particularmente deprimente– las siguientes malas noticias:

> De mi estreno en París, nada. El que sería el director de la pieza (la que te mandé) Morvan Lébesque, dice que no hay actrices en París para hacerla. Eso es excusa, y no me explico pues él vino a la Habana [en julio], leyó la pieza (que yo no le di), me dijo que el teatro no conocía nada más importante desde hacía (sic) diez años y después se lo dijo en París a Juan Arcocha.[10] Algún día o nunca desentrañaré este misterio. Ahora la traducen en Polonia. (8/24/66)

Dos meses más tarde, Piñera revisita el asunto de *El no*, obra que llama en esa ocasión «la pieza de teatro que más trabajo me ha dado y de la que hice más versiones» (10/22/66). Como para justificar una más de tantas desilusiones que plagaron los últimos años de su vida, Virgilio le explica a Humberto –con cierto aire de ingenuidad– que Morvan Lébesque estaba trabajando mucho para montar la puesta en escena en París, pero que no podía levantar suficiente dinero para la

---

10   Juan Arcocha (1927-1910), autor, periodista e intelectual cubano. Arcocha trabajó como corresponsal de *Revolución* en Moscú y después desempeñó el papel de attaché cultural en la embajada cubana en París.

producción. En la misma carta Virgilio habla del próximo estreno de *El no* en La Habana, supuestamente programado para abril del '67. Pero en una carta escrita en julio le dice que el estreno se ha aplazado para noviembre.[11] Como sabemos, esto fue otro de los muchos proyectos que nunca se materializaron: la obra no se publica hasta 1993, y el estreno habanero se da en el año 95.

Un comentario particularmente interesante que Virgilio hace sobre su obra se encuentra en una nota escrita a mano en el margen de una carta del 10 de abril de 1970. Aquí menciona por primera vez su colección de cuentos, *Muecas para escribientes*, que en su versión original contaba con cuatro textos largos: «Averíguame con Pepe B[ianco]», le escribe a Humberto, «si él sabe algo del libro de cuentos –*Muecas para escribientes*– que le entregué hace un año y medio a Ángel Ramas [sic] el crítico uruguayo. Que averigüe. El libro lo forman 4 cuentos largos: *Concilio y Discurso*, *La Risa*, *El Caso Baldomero*, *Un jesuita de la literatura*». En la misma carta Piñera añade que acaba de empezar otra novela, *Tierra Incognita*, pero no da más información, y no la menciona más en otras cartas a Humberto.[12] Pero lo que más llama la atención en esta carta es la referencia a *Muecas para escribientes*, libro que, según informa, Piñera había entregado a Rama para la Editorial Arca, la casa editorial en Montevideo que el escritor y crítico uruguayo había fundado en 1962.[13]

Después de casi tres años y medio sin tener noticias de Bianco sobre el asunto, Piñera le escribe a Humberto el 28 de febrero de 1972, y le pide una vez más que trate de convencer al autor argentino de actuar como intermediario:

> Dile a Pepe Bianco que si él podría hablarle o escribirle a Ángel Ramas [sic] (creo que está en Puerto Rico, al menos esto es lo último que supe de él) pidiéndole el manuscrito de mi libro de cuentos

---

11   Es de notar que un programa de teatro correspondiente a una producción de *Aire frío* en el Teatro Sótano en la Habana en abril de 1967 anuncia que el estreno de *El no* tendrá lugar en el Teatro Estudio en noviembre.

12   En sus cartas Piñera menciona varias obras desaparecidas, que nunca terminó, o cuyos títulos no reconocemos. En una carta de octubre 21 de 1966, por ejemplo, se refiere a una pieza teatral, *Objetos perdidos*, que está por terminar, y *El deslizamiento*, una novela corta «que trata del deslizamiento hacia la muerte». Además, en una carta de octubre de 1969 menciona otra nueva pieza teatral, *El Cristo sexual*, pero no da información sobre su contenido.

13   Un cuento de Piñera –«*El caramelo*»– apareció en una de las primeras publicaciones de Editorial Arca, el libro *Aquí once autores cubanos cuentan* (1964). Se cuenta que Rama había salido también con el manuscrito de *Con los ojos cerrados*, la primera colección de cuentos. Aunque el libro fue publicado por Arca en septiembre de 1972, Arenas no supo de su existencia hasta muchos años después.

(cuatro cuentos extensos) titulado *Muecas para ecribientes*. Que lo ofrezca a [Editorial] Sudamericana.

No queda claro lo que le pasó al manuscrito que Rama llevó consigo al salir de Cuba en 1968, pero lo más seguro es que su desaparición representó para Piñera otra desilusión, y como sabemos, los cuentos en cuestión nunca salieron en edición uruguaya y no salieron en libro hasta casi una década después de la muerte del autor.[14]

Durante los últimos años de su vida, la correspondencia entre Virgilio y Humberto se hacía cada ves más infrecuente –a veces pasaron muchos meses entre cartas– y en las últimas cartas hay muy pocas referencias a sus escritos. Entre las obras que menciona son *La vida entera* (la reciente publicación de la cual menciona en una carta de octubre de 1969) (10/2/1969) –*Handle with Care* (una pieza breve que terminó, según le dice a Humberto, en abril de 1970, y no en 1969 como dicen muchas fuentes), y su primera novela, *La carne de René*. Como le informa a Humberto en febrero de 1972, había empezado a reescribir *La carne de René* –novela que estimaba mucho, pero siempre había considerado imperfecta– con el plan de mandarla a la casa editorial francesa Denoël, la cual que había publicado una traducción de sus *Cuentos fríos* en 1971.[15] Esta fue una de muchas traducciones que nunca se materializaron –de hecho, *La carne de René* no apareció en francés hasta 2005.[16]

Piñera menciona su colección de cuentos *El que vino a salvarme* varias veces, y, como es el caso de muchos de sus empeños editoriales, expresa mucha frustración con las demoras y complicaciones del proyecto. Un momento raro de satisfacción viene en abril de 1970 cuando comparte con Humberto sus impresiones del ensayo «Piñera narrador» –que José Bianco escribió para el prólogo de esta edición argentina de sus cuentos. Aparentemente Bianco, quien califica a Piñera como autor neo-barroco con Carpentier y Lezama, temía que a Virgilio no le fuera a gustar el ensayo. Pero Virgilio le asegura a Humberto que le había encantado: «Después de meses y de anuncios llegó [...] el Prólogo de Pepe. No sé por qué dice que no me iba a gustar, pues se equivocó, me gusta muchísimo, y ya le escribí» (4/10/1970).

En varias cartas a Humberto, Piñera hace comentarios intere-

---

14   *Muecas para escribientes*. La Habana: Letras Cubanas, 1987.

15   *Contes froids*. Trad. Françoise-Marie Rosset. Paris: Denoël, 1971. La revisión de *La carne de René* es la versión que en que se basa la primera edición española de la novela: Madrid: Alfaguara, 1985.

16   *La chair de René*. Trans. Liliane Hasson. Paris: Calmann-Lévy, 2005.

santes sobre *Una caja de zapatos vacía*, una de sus últimas obras de teatro. Aunque Luis González Cruz nota que la pieza fue terminada en 1968, y que Piñera se la mandó clandestinamente en ese año, me parece significativo que Virgilio no menciona la obra en una carta a Humberto hasta octubre de 1969, y que en esa ocasión la llama «una nueva obra» (10/02/1969). En abril de 1970, Piñera menciona la obra (que Humberto no había leído todavía) otra vez, y hace referencia a una traducción al inglés que supuestamente iba a ser publicada en Estados Unidos: «Cuando tenga oportunidad te mandaré mi pieza *Una caja de zapatos vacía*. Ya ha sido traducida por José Yglesias (novelista norteamericano) y saldrá, junto a *La noche de los asesinos*[17] en un tomo» (4/10/1970).

No he podido determinar qué pasó con la traducción hecha por Yglesias – pero supongo que sufrió una suerte parecida a la de un manuscrito de Arenas que Yglesias sacó del país, y que pasó más de veinte años en su armario hasta ser descubierto por la esposa de Yglesias después de su muerte en 1995.[18] De todos modos, *Una caja de zapatos vacía* no salió en su versión original hasta 1986 y una traducción al inglés, hecha por Luis González Cruz, por fin salió en una edición muy limitada en 2005.[19]

«Te juro que tengo una suerte de perro»: Traducciones fracasadas

Los 35 años que pasaron entre el año en que Virgilio terminó *Una caja de zapatos vacía* y el de la publicación de su traducción al inglés son emblemáticos de las múltiples batallas que enfrentó el autor cubano para ver sus obras publicadas en traducción a los idiomas europeos más importantes. Por cierto, la mayoría de las traducciones existentes de obras de Virgilio salieron muchos años después de su primera publicación. Pasaron, por ejemplo, casi 70 años entre la fecha en que Virgilio terminó su obra de teatro *Electra Garrigó* y su publicación en inglés en Estados Unidos en 2008. La primera edición de

---

17 Piñera se refiere aquí a la célebre pieza teatral de su compatriota José Triana.

18 Se trata de otro manuscrito del libro *Con los ojos cerrados*, el cual se encuentra ahora en el Departamento de Colecciones Especiales de la Biblioteca Hesburgh de la Universidad de Notre Dame (Indiana, EEUU).

19 *An Empty Shoebox. Three Masterpieces of Cuban Literature*. Ed. y trad. Luis F. González Cruz. Los Angeles: Green Integer, 2000. 191-246. Las otras dos traducciones incluidas en este tomo son *Deviations* de Julio Matas y *The Chinaman* de Carlos Felipe.

La carne de René salió en 1952, pero las traducciones a los idiomas europeos más hablados se publicaron décadas después: la versión en inglés salió en 1989, en italiano en 1988, en portugués en 1990, y en francés en 2005. La traducción al francés de *Cuentos fríos* apareció con bastante rapidez en términos relativos: salió en 1971, 15 años después de la publicación de la primera edición por Editorial Sudamericana en 1956. La versión al inglés, sin embargo, no sale hasta 1987, y la portuguesa dos años más tarde. Una traducción al italiano no ha salido todavía, aunque Piñera firmó un contrato con Feltrinelli Editore en 1964.

A pesar de todas las demoras, estas traducciones representan éxitos en comparación a los numerosos proyectos de traducción que Piñera discute en sus cartas a Humberto, pero que nunca se han llevado a cabo. Aunque Virgilio habla extensamente sobre planes para muchas traducciones y de proyectos ya en vía de cumplirse, la gran mayoría de estos nunca se llevaron a cabo. El primer proyecto de traducción que menciona Virgilio en sus cartas es la versión francesa de *Aire frío*. Según una nota escrita a mano al final de una carta de marzo de 1960, la traducción estaba por aparecer en la prestigiosa revista cultural francesa *Les Tempes Modernes*, en ese momento bajo la dirección de Jean Paul Sartre. Sartre había visitado La Habana ese mismo mes, y asistió a una puesta en escena de *Electra Garrigó* –hecho que Virgilio menciona con orgullo en una carta del mismo mes: «Ahí te mando la foto de la asistencia de Sartre a *Electra*. Él quiere llevarla a París. Está chocho con la obra» (3/18/1960). Según cuenta Virgilio, Sartre estaba tan impresionado con *Electra* que, además de prometer la coordinación de su puesta en escena en París, también llevó consigo el manuscrito de *Aire frío* para encargar una traducción y después publicarla en su revista. Ninguno de los dos proyectos se cumplió a pesar de la aparente buena fe de Sartre y el gran deseo que tenía Piñera de verlos hechos realidad.

Según Piñera, otra oportunidad de ver *Aire frío* traducida al francés se presentó unos tres años después cuando el crítico y traductor francés, Claude Couffon, asistió a una representación de la obra durante su visita a La Habana en enero de 1963. Con entusiasmo palpable Virgilio le informa a Humberto que «Anoche fue a ver la pieza Claude Couffon (el traductor de Gallimard) y está encantado; dice que es el teatro más importante que ha visto en América, que la obra está en la misma línea de Ionesco y Beckett» (1/28/63). Piñera informa que durante la visita de Couffon, se reunió con él para discutir las traducciones de *Aire frío* y *El Flaco y el Gordo* –la segunda de las cuales Couffon ostensiblemente pensaba publicar en un número de la revista francesa, *Europe*, correspondiente a abril de 1963 (1/28/1963). En julio del mismo año, sin embargo, Piñera divulga que después de meses de espera, había recibido la revista indicada sólo para descubrir que no incluía la pieza, sino unos cuantos poemas que había traducido Couffon sin haberle pedido permiso. En la misma carta, que lleva la fecha del 16 de julio, Piñera anuncia varias otras traducciones en preparación –todas las cuales fracasarían a su debido tiempo. Por ejemplo, a pesar de las malas noticias acerca de *El Flaco y el Gordo*, Virgilio seguía soñando con las traducciones de sus obras. Pues, le informa a Humberto en una carta de un «semi-compromiso con Claude Couffon para editar los cuentos en Gallimard». Y, lo que es más, le deja saber que una casa editorial en New York (desafortunadamente no da el nombre) quiere los derechos para publicar traducciones al inglés de tres de sus obras de teatro:

> Hace unos quince días recibí una carta de N. York pidiéndome autorización para editar en inglés *Electra*, *Jesús* y *Aire Frío*, mediante pago naturalmente, y con contrato. Volando contesté que aceptaba, y ahora espero las condiciones del contrato. Ojalá no quede en sal y agua como otras tantas ilusiones. (7/16/1963)

Estas últimas palabras fueron, desde luego, proféticas, ya que estas traducciones nunca se materializaron como otros proyectos del pasado y muchos más del futuro.[20] A pesar del interés que comunicaron varios traductores y casas editoriales norteamericanas e inglesas a lo largo de su carrera literaria, que yo sepa, sólo cuatro obras de Piñera aparecieron en inglés durante su vida (y una de éstas, la traducción

---

20   Que yo sepa, *Jesús* todavía no ha sido traducido al inglés. *Aire Frío*, por su parte, apareció en inglés en una pequeña edición en 1985 (*Cold Air*. Trans. María Irene Fornes. New York: Theatre Communications Group, 1985), y *Electra*, a pesar de ser una de sus obras más conocidas, tuvo que esperar hasta 2008 para ser publicada en inglés (*Electra Garrigó*. Trad. Margaret Carson. *Staged Conflicts: A Critical Anthology of Latin American Theater and Performance*. Ann Arbor: University of Michigan Press, 2008. 173-196). En años recientes, varias obras teatrales de Piñera han sido publicadas en traducciones al inglés (la mayoría por la inglesa Kate Eaton), aunque no han tenido buena circulación.

del cuento «*El filántropo*,» salió en Cuba en una publicación del Instituto Cubano del Libro).[21] Las otras tres obras salieron en el extranjero. La pieza teatral *Los siervos* (1955) y el cuento «El gran Baro» aparecieron en diciembre de 1962 en la revista cultural norteamericana *Odyssey Review*.[22] Por su parte, el cuento «El caramelo» –traducido por J.M. Cohen un poco antes de servir como jurado para el premio Julián del Casal que ganó Heberto Padilla por su libro *Fuera del juego*– formó parte de una compilación de nueva literatura cubana.[23]

Las circunstancias particulares de *Los siervos* y «El gran Baro» son muy interesantes por varias razones que merecen una breve digresión. Los comentarios que Virgilio le hace a Humberto sugieren que no sabía cuáles obras de sus habían sido traducidas para *Odyssey Review* hasta varios meses después de su publicación. Pues, en una carta de diciembre de 1962 Piñera le urge a Humberto que localice el número más reciente de *Odyssey Review*, en el cual, como le dice Piñera, «aparecen unos cuentos míos» (12/13/1962). Pero lo que es más, nadie pudo haber sabido en el año 1962 que el traductor de *Los siervos*, Gregory Rabassa, sería conocido dentro de poco tiempo como uno de los mejores traductores del mundo. Después de que Rabassa hiciera las traducciones al inglés de algunas de las obras más importantes del Boom en América Latina –*Rayuela*, *La casa verde*, *Cien años de soledad*– el legendario editor americano Alfred A. Knopf solía llamarlo «El Papa de la traducción». Se dice que Rabassa ganó su primer trabajo de traducción importante –*Rayuela* de Julio Cortázar en 1962– porque los editores de Pantheon Books estuvieron muy impresionados con las traducciones que había hecho para *Odyssey Review*. No creo que exagero al decir que muy pocos de sus lectores y críticos están conscientes de que Virgilio Piñera fue uno de los primeros autores a los que tradujo Rabassa. Es verdaderamente difícil imaginar el gran impacto que hubiera tenido en la carrera de Piñera una traducción de *Cuentos fríos* o del *Teatro completo* por Rabassa en los años 60.

Casi un año después de la publicación de sus obras en *Odyssey Review*, Piñera le escribe a Humberto sobre otra posible traducción al inglés –esta vez con Calder Publications, una prestigiosa casa edi-

---

21   «The Philanthropist». *Cuban Short Stories* 59/66. Havana: Book Institute, 1967. 19-32.
22   Tanto *Los siervos* como «El gran Baro» fueron publicados en diferentes números de *Ciclón*: 1.1 (1955): 4-8, y 1.6 (1955): 9-29, respectivamente. Es probable que llegaron a sus traductores por vía de esta revista.
23   «The Dragée.» *Writers of the New Cuba*. Ed. Trad. J.M. Cohen. Baltimore: Penguin, 1967. 60-85.

torial de Gran Bretaña, que había expresado interés en *Cuentos fríos* (10/2/1963). Y en una carta del 10 de diciembre de 1964 que le mandó mientras estaba en Italia negociando la traducción con Feltrinelli Editore de *Cuentos fríos*, *La carne de René*, *Teatro completo* y *Pequeñas Maniobras* (todas las cuales fracasaron, como veremos), escribe con gran emoción sobre un posible contrato con una de las más prestigiosas casas editoriales de los EEUU: «El editor [Alfred A.] Knopf de New York me escribió a Milán desde París interesándose por una opción de mis libros. Feltrinelli se ocupa de hacer los arreglos». Parecería, ya que Virgilio no menciona ni a Calder ni a Knopf en futuras cartas, que estos dos proyectos potenciales fracasaron después de poco tiempo.

Otros proyectos terminan en desilusión después de meses y hasta años de falsas esperanzas. Juzgando por la cantidad de comentarios que hace sobre sus negocios con Feltrinelli Editore y su agente y cofundador Valerio Riva, parece que éste fue el proyecto que más frustró y desilusionó al autor cubano. Piñera menciona su comunicación con Feltrinelli un par de veces en 1963, pero no es hasta el mes de abril de 1964 que discute en detalle sus negociaciones con esta prestigiosa casa editorial italiana:

> la firma del contrato con Feltrinelli ... no se ha producido –escribe Virgilio–. Ahora su agente –Valerio Riva– ha vuelto a Italia; y me dice su secretaria (aquí en La Habana) que volverá, probablemente, en junio, o no volverá. De acuerdo con lo convenido verbalmente, Feltrinelli compraría *C. Fríos*, *La Carne de René* y *Las Pequeñas Maniobras*. Empezarían editando los C.F. La edición aparecería en enero o febrero del año entrante. Me pagarían unos dos mil dólares por los C. F. Ahora bien, te repito, aún no he firmado el contrato. ¿Por qué? No lo sé.

Este pasaje es particularmente revelador ya que sugiere que la indecisión, y quizás cierta ingenuidad, del mismo Virgilio contribuyó, por lo menos en parte, al fracaso de algunas de las traducciones. Lo que es más, se puede inferir al leer algunos comentarios que hace Piñera que éste se sentía un poco inseguro con la idea de traducciones de su obras hechas por las importantes casas editoriales de Europa, ya que conllevarían más lectores y más críticos para un autor cuya obra había circulado, por lo general, en ediciones relativamente pequeñas en Cuba y Argentina. En la misma carta Virgilio justifica su vacilación de la siguiente manera:

> Cuando Valerio regresó de Italia hace cosa de dos meses, me dijo que había pasado por París, que estuvo en [Éditions] Julliard y que allí le dijeron que ellos (Julliard) no traducirían mi libro pues de hacerlo los franceses pensarían que estaban leyendo a Alphonse Allais. Valerio les hizo ver que C.F. nada tiene que ver con Allais, pero ellos le dijeron que esa era la opinión del lector de Julliard para América Latina. Ese señor pasó por encima del consejo de Sartre, que aconsejó vivamente la traducción al francés de C. Fríos. ¿Qué te parece? Entonces Valerio les dijo que ellos (Fletrinelli) sí editarían en italiano C. F. y que sería un éxito editorial, y que Julliard al ver sus decisión ... reconsideraría el asunto. Te juro que tengo una suerte de perro. A los 52 años debo seguir haciendo la figura de niñito a quien se recomienda. Bueno, que estoy harto y dispuesto a colgar el sable. Ahora me escriben de Praga para que firme un contrato por los C.F. para traducir al checo. He pasado esta carta a la secretaria de Valerio pues de acuerdo con el contrato verbal que hicimos ellos (Feltrinelli) son los corredores de mis traducciones para toda Europa. Veremos qué hacen, y qué deciden.

Como tantas otras, esta traducción al checo nunca se dio, pero en septiembre de 1964 Piñera viajó a Europa con la intensión de arreglar en persona las traducciones de varias de sus obras. En Italia firmó el contrato con Feltrinelli, noticia que compartió de inmediato con Humberto en una carta escrita a mano y fechada el 18 de septiembre:

> Por fin en Milán. Ya te hube de avisar por cable que había firmado contrato con Feltrinelli por toda la obra, es decir C. f. La C. de René, Pequeñas M. y Teatro Completo. Por todo esto me hicieron un adelanto de 800 dólares ... El trad. para italiano de C. F. será Álvar González-Palacios (tú lo conoces, iba a Guanabo, amigo de Eva).[24] Ya empezamos a trabajar. El libro aparecerá entre febrero y marzo del '65.

El tono positivo de esta carta sugiere que Virgilio creía que por fin

---

24 Nacido en Santiago de Cuba en 1936, González Palacios se mudó a Italia poco después del triunfo de la Revolución Cubana.

su famosa «suerte de perro» había cambiado. Después de resumir sus planes con Feltrinelli explica que en octubre va a viajar a París para reunirse con el escritor español Juan Goytisolo, quien en esa época estaba trabajando como lector para Éditions Gallimard, para discutir una traducción al francés de sus *Cuentos fríos*. También habla de planes para negociar con un representante de Éditions du Seuil la traducción de *Pequeñas maniobras*.

Desafortunadamente no pudo cumplir con estos planes tampoco. Pues, le explica a Humberto que después de recibir una carta urgente de su hermana Luisa en la cual le rogaba que volviera a Cuba para ayudarla con varios asuntos familiares, se sintió obligado a volver. Justo antes de su partida a La Habana, Virgilio trató de justificar su decisión de regresar:

> llegaron desde la Habana noticias que me obligan a regresar, como siempre, cosas familiares. Luisa me escribió con dos noticias «bombas»: que se divorcia de Pablo ... y que no tiene dinero para los gastos de papá ... Decidí regresar. Yo sé que me acusarás de vacilación y de pensar demasiado en la familia, pero así soy y además estoy cansado de tanto luchar. (10/26/64)

Explica, además, en la misma carta, que había considerado las posibilidades de quedarse en Europa o exiliarse de nuevo en la Argentina. Tentadora como era, sin embargo, otro exilio argentino no le parecía una opción viable: pues Piñera creía (y a lo mejor con razón) que tal decisión hubiera resultado en la cancelación de los proyectos con Feltrinelli y Gallimard debido a que apoyaban la Revolución. En noviembre de 1964 Piñera volvió a Cuba, sin saber, desde luego, que no saldría más de su país –pues habla en muchas cartas futuras de posibles viajes a Europa y América Latina.

Desde La Habana Virgilio mantenía a Humberto al tanto de sus negocios con Feltrinelli y Gallimard, y parece que la noticia de sus supuestos contratos con las dos casas editoriales se había diseminado en La Habana. En una cronología de la vida literaria del autor que sale en un programa para la puesta en escena de *Aire frío* en el Teatro Sótano en la Habana en 1967, por ejemplo, se lee el siguiente detalle: «1965: FELTRINELLI y GALLIMARD, dos de las más prestigiosas editoriales europeas recogen la obra de Virgilio para la exclusiva traducción y edición, asegurando su posición dentro del público lector italiano y francés y por tanto, su reconocimiento internacional». El autor de estas palabras apreciaba el gran impacto que tales traducciones tendrían en la trayectoria profesional de Virgilio, pero parece que no sabía que ya para esa fecha el autor tenía muchas razones para suponer que los proyectos se iban a malograr como tantas otros.

En mayo de 1965, a pesar de que ya habían pasado más de dos meses desde la fecha que Feltrinelli había designado para la publicación de la edición de Cuentos fríos, Piñera da la impresión de no haber perdido la esperanza. Por cierto, le hace saber a Humberto que todavía tenía planes de viajar a Milán para dar publicidad al libro: «*Cuentos fríos* aparecen ya en italiano para junio», le escribe a Humberto. «El lunes 10 [de mayo] llegan [a La Habana] Feltrinelli y Valerio Riva. Si no voy [a Italia] con ellos lo haré a mediados de junio. Pienso pasar en Europa unos seis meses. Desde allí te escribiré in extenso» (5/8/1965).

En su próxima carta a Humberto, ésta de agosto 10, menciona de nuevo la elusiva edición italiana. Todavía seguro de su próxima publicación, da la siguiente explicación para su demora: «Ya *Cuentos F.* está al salir en edición italiana. Se ha demorado porque añadí todos los cuentos que aparecen en la edición de Unión» (8/10/1965). Pasan siete meses antes de que Piñera se refiera de nuevo al proyecto que ya se había convertido en una verdadera pesadilla. En marzo de 1966 anuncia prematuramente que el libro por fin ha salido: «Ahora me acaba de llamar Carlos [Franqui] para decirme que Valerio [Riva] le envió la portada de mi libro. Por fin salió ... Creo que aparece bajo el título Racconti Freddi.» Otra falsa alarma, pero no iba a ser la última, desde luego. El libro, como bien sabemos, no salió en marzo como anuncia Piñera en su carta.

Pasa más de un año, y Piñera vuelve a la saga de la edición italiana en una carta con fecha del 18 de julio de 1967: «Parece que por fin saldrá mi libro en italiano, al cabo de tres años. Llevará el título *La Caramella Nera*, pues Valerio [Riva] dice que *Cuentos Fríos* no es un título vendible y además aparecerá en una colección de «horror», cuyo primer libro ha sido de Pierre de Mandiargues».[25] Como en muchas

---

25   André Pieyre de Mandiargues (1909-1991), escritor fancés.

cartas, y bajo circunstancias igualmente tentativas, Virgilio habla de nuevo sobre sus planes de viajar a Italia para celebrar la publicación de un libro que todavía no existía: «Si sale en agosto», escribe, «iré a Italia para la propaganda [...] Ahora mismo iría a París [...] pero todo se ha ido al diablo por no poder obtener sitio en el avión debido a la congestión en los aviones» (7/18/1967).

En marzo de 1968, después de más de 4 años de espera, Virgilio –ya desalentado– vuelve al asunto. El tono de sus comentarios refleja bien la creciente desilusión que iba a dominar la última década de su vida:

> Estas son las horas que mi libro de cuentos traducidos al italiano no ha aparecido. Durante el Congreso Cultural [de la Habana],[26] Valerio me aseguró que a fines de marzo saldría, que me avisaría con un mes de anticipación para hacer mis preparativos de viaje (pues me dijo que yo debería estar en Milán para la salida del libro) y ya ves, aún no me ha avisado. (3/21/1968)

En la misma carta habla de otra traducción que nunca habría de realizarse: le cuenta a Humberto que Julliard, una de las mejores casas editoriales de Francia, había pedido los derechos para que su obra completa fuera publicada como parte de su serie *Les Lettres Nouvelles*. Sin embargo, añade que todavía no había recibido un contrato, y podemos presumir que después de tantos fracasos, tenía suficiente razón para pensar que este plan tampoco tendría un fin feliz. Y como era de esperar, no salió ninguna obra suya con Julliard.

La última vez que Piñera menciona la edición italiana de *Cuentos fríos* es también su último planteamiento del tema de la traducción de su obra en sus cartas a Humberto. En una carta escrita a mano en octubre de 1969 Piñera cuenta que por fin, después de seis años, ha perdido toda esperanza de ver sus cuentos en italiano: «De Feltrinelli nada», le escribe a Humberto en una carta particularmente deprimente. «Valerio Riva se separó de él y esto le dio el golpe definitivo a la posibilidad de que se editaran [los cuentos] en italiano. Ya estoy hecho a tales reveses» (10/02/1969).

Después de tantos esfuerzos y tantas ilusiones vacías, todo se quedó en nada. Según comentarios en las cartas a Humberto, más de 40 cuentos fueron traducidos para la edición italiana, pero, que yo

---

26 Congreso Cultural de la Habana, enero 1968.

sepa, ninguna colección de sus cuentos ha aparecido en Italia y ninguna obra suya ha llegado a los preciados catálogos de Feltrinelli. Todo esto nos deja preguntándonos: ¿Qué ha pasado con estas y tantas otras traducciones de las obras de Piñera? ¿Veremos el día en que salgan a la luz y que lleguen a los lectores que tanto tiempo han tenido que esperar para leer la obra de uno de los maestros de la literatura latinoamericana contemporánea?

Conclusiones

Aunque no he podido enfocarme en todas las facetas fascinantes de la voluminosa correspondencia entre Virgilio Piñera y Humberto Rodríguez Tomeu, vale la pena añadir –a fin de conclusión– que estas 86 cartas ofrecen, especialmente para los extranjeros y los que no tuvieron el privilegio de conocer a Piñera personalmente, una vía única a través de la cual se pueden vislumbrar detalles claves tanto de la vida diaria en la Cuba revolucionaria, como de las circunstancias particulares del autor durante los últimos veinte años de su vida.

Como hemos visto, son fascinantes e iluminadores sus comentarios sobre sus lecturas y sus diversos empeños profesionales como autor. Pero el que lea las cartas verá que son igualmente reveladores los detalles que ofrecen sobre su vida personal y su manera tan particular, tan mundana de pensar y de entender su propia circunstancia humana. Sirven de buen ejemplo de esto sus frecuentes observaciones tragicómicas sobre todo lo que le falta en la vida – desde la comida, el dinero, la pasta de dientes y la crema de afeitar, hasta cosas más trascendentales como la suerte, la fama y el amor. Tales detalles no solamente dan fe de muchas circunstancias históricas, sino que también reflejan importantes aspectos del cambiante estado de ánimo del autor durante sus últimos veinte años de vida. Para parafrasear lo que se dice sobre la correspondencia de Virgilio en la reciente compilación de misivas que se publicó en celebración de los cien años de su natalicio, tenemos que ubicar estas cartas a Humberto «dentro de la suma de su obra. Tenemos que reconocer que gran parte de la mejor literatura es algo común. Estas cartas son todo lo atronadamente comunes para pertenecer a la mejor literatura ... Son la confirmación de una personalidad literaria que tendrá siempre el estrépito de lo callejero, lo común, donde habita la buena literatura»(9).

Obras citadas

Piñera, Virgilio. Cartas a Humberto Rodríguez Tomeu. Manuscripts Division, Department of Rare Books and Special Collections, Princeton University Firestone Library

___________. *La isla en peso: obra poética*. Barcelona: Tusquets. 2000.

___________. *Virgilio Piñera de vuelta a vuelta: correspondencia 1932-1978*. La Habana: Unión, 2011.

Piñera, crítico de poesía (1941-1955)

Jesús Jambrina
Viterbo University

Ese ser irritante

Entre finales de los años treinta y mediados de los cuarenta podemos ubicar el período de despegue intelectual de Virgilio Piñera (1912-1979). Revisando la bibliografía de estos años, encontramos varios ensayos y reseñas dedicados al estudio exclusivo de la poesía y sus autores, entre ellos: «Plástica de la expresión poética ovidiana» (1940) y «Dos poemas, dos poetas, dos modos de poesía» (1941). En esta etapa inicial el Piñera crítico parece concentrar su agudeza en este género, por demás privilegiado dentro de la tradición literaria nacional y en especial a partir de los años cuarenta del siglo XX cuando se convierte en el centro epistemológico de lo que, siguiendo al propio Piñera, pudiera llamarse «la excepcional generación del 36» (*Poesía y crítica* 170).[1] En ese punto, no se diferencia de otros escritores como José Lezama Lima (1910-1976) y Gastón Baquero (1914-1997), quienes potenciaron en la escritura poética y su estudio erudito las capacidades expresivas de dicha generación.[2] Como ellos, el autor de *La isla en peso* (1943) también sintetizó en la figura del poeta los poderes de la creación artística.

En su carpeta personal de aquellos años, Piñera anotó: «Aquí se supone que el poeta guarde sus inapreciables documentos. ¿Se llenarán algún día? El poeta espera que sí. ¿Tendrán razón? Nosotros también lo esperamos. Si no cómo se justificaría la existencia del

---

1 Para ello toma como referencia a la *La poesía cubana en 1936* (Institución Hispanocubana de Cultura, La Habana, 1937), antología realizada por Juan Ramón Jiménez, quien había llegado a la ciudad ese mismo año exiliado de España.

2 Esta era la forma en que la nueva hornada de entonces (José Lezama Lima, Gastón Baquero, Justo Rodríguez Santos, Guy Pérez Cisneros, Ángel Gaztelu, Cintio Vitier, y Eliseo Diego, entre otros) se deslindaba de la anterior, conocida como vanguardista, a la que consideraban desgastada en el ensayismo y los malos usos de la política. Ni siquiera con los mejores frutos de esa generación –la poesía pura y social–según Cintio Vitier se mantuvo una polémica, lo cual, siempre según Vitier, hubiese significado una relación que en verdad nunca existió. Sin embargo, poetas como Emilio Ballagas, Mariano Brull, Eugenio Florit terminaron publicando en las revistas del ciclo lezamiano: *Espuela de Plata* y *Orígenes* principalmente. (Lezama, *Fascinación* 309).

poeta que reclama el tratamiento de poeta» (Espinosa 76). Una rápida lectura de esta nota nos muestra que Piñera asume «lo poético» de forma diferenciada con respecto a «los asuntos literarios en general», así como que se extraña a sí mismo de «el poeta», es decir, se posesiona fuera de esta figura en términos prácticos al tiempo que se ubica dentro de él en cuanto a aspiraciones trascendentes.

Este juego de dobles o confluencia entre el autor real y su *alter ego* será una de las características perennes de la obra que nos ocupa. Piñera se mueve indistintamente entre uno y otro *locus* enunciativo, destilando contrapuntísticamente, pudiera decirse –y no sólo en la poesía– sus obsesiones como sujeto hablante. En la dedicatoria que dirige a José Lezama Lima a propósito de *Las Furias* (1941), su primer libro de poemas, le dice: «No van contra tu poesía estas Furias; sí van contra todo lo que se puede ir y contra todo lo que no se deba ir. Bajo este aspecto van contra tu poesía, van contra la mía; contra el yo de mi persona y contra el tú de la tuya y el de todos...» (citado en Lezama, *Fascinación* 273).[3]

¿Qué tipo de sujeto se nos describe en este tipo de aporías? A primera vista uno inconforme, irritable, autodestructivo si se quiere. Pero, simultáneamente, de entre los pliegues de esa agresividad emerge, o mejor, se percibe, un *yo* que se define en tensión con el mundo circundante, un (meta)sujeto cuya extensión se nos revela, como diría María Zambrano, ausente (112-13), yuxtapuesta, anunciando su deseo de diferenciarse de resto del mundo, incluido él mismo, mediante la integración total con (o desaparición en) el medio circundante.

El *es* y el *no es* típicos de la dialéctica del absurdo que Piñera desarrollará en toda su obra literaria (Redonet 71). Desde esta perspectiva, siempre en conflicto con el ambiente, así como desde la solución creativa del mismo, es que este autor valorará el horizonte poético heredado en su época, no sólo como presente y actualidad para él, sino como pasado problemático que lo afecta y, por derivación, como futuro que lo estimula. El poeta arquetípico para él deberá ser entonces aquel que transforma su medio a través de la expresión de

---

3   Piñera se refiere aquí al texto-manifiesto titulado «Razón que sea», que Lezama publicó en la primera página del primer número de *Espuela de Plata* (agosto-septiembre, 1939, 1) en el que en uno de los fragmentos se lee: «Cosas que nos interesan; Teseo, la Resurrección, Proserpina, el hambre, la Doctrina de la Gracia, el hilo, los ángeles, las furias, los espermatozoides, la lengua de pájaro, la garganta del ciego, llamar o gritar, la diestra del Padre, los tres días pasados en el Infierno».

una sensibilidad en conflicto: ir «contra todo lo que se puede ir y contra todo lo que no se deba ir» (Lezama, *Fascinación* 273).

Cuando en 1938 Virgilio Piñera se presenta en el Lyceum de La Habana,[4] el campo intelectual recibía un nuevo impulso cuyo centro de gravedad estético, como dijimos antes, estaría localizado precisamente en la poesía y su investigación. Los protagonistas principales de este momento se comenzaban a agrupar entonces, en los predios de la Universidad de La Habana –a donde llega Piñera a estudiar Filosofía y Letras en 1937–, alrededor de José Lezama Lima, quien sería el líder natural de la generación y que por esos años, junto al crítico de arte Guy Pérez Cisneros, ya había iniciado una intensa labor como promotor de revistas literarias con *Verbum* (1936). A esta última siguió *Espuela de Plata* (1939-1941), *Nadie Parecía* (1942-1943) y finalmente *Orígenes* (1944-1956), nombre con el que se conocería también la tendencia filosófica y cultural de Lezama y otros escritore/as importantes de la misma época como Cintio Vitier, Eliseo Diego y Fina García Marruz. A este grupo es al que se afilia Piñera desde el primer momento, aunque poco a poco se irá distanciando estéticamente de él sin perder, no obstante, el diálogo intelectual y artístico con sus miembros.

En el presente ensayo me propongo explorar los conceptos principales a partir de los cuales el autor de *Las Furias* (1941) estableció sus criterios de valoración sobre la poesía y los poetas. Para ello me detendré en varios de sus textos, comenzando con dos poco conocidos: «Poesía y crimen» (*Espuela* 1940), «*Terribilia Meditans*» (*Poeta* 1942-1943) y más adelante tres de los ensayos donde el autor aborda concretamente la obra de tres diferentes poetas: «Gertrudis Gómez de Avellaneda: revisión de su poesía» (1941), «Erística de Valery» (*Poeta* 1942) y «Ballagas en persona» (*Ciclón* 1955). También haré referencia a otros textos que son igualmente de interés para el propósito aquí.[5]

---

4   En esa primera ocasión fue presentado por José Antonio Portuondo: «El toro de Falaris. El poeta en su universo, aprisionado» (revista *Lyceum*, La Habana,1938). El texto de Portuondo reseña lo que puede ser considerada la primera etapa de la obra poética de Piñera (1935-1941), la cual él mismo desterró de su primera antología personal (*La vida entera*, 1969). El crítico destaca la angustia y la soledad presente en sus poemas de esa época. Para algunos ejemplos de este período de la poesía piñeriana, véase: «El grito mundo», en Juan Ramón Jiménez: *La poesía cubana de 1936*. La Habana: Institución Hispano-Cubana de Cultura (1937) 211. También Virgilio Piñera.»Amor». *Espuela de Plata*. La Habana: No 2, Oct-Nov (1939) y «Poemas» No 3 (1940) 22-24.

5   A comienzos de los años sesenta cuando Piñera fungió como crítico literario, primero en el periódico *Revolución* (1959-1961) y más tarde en *Lunes de Revolución*, el suplemento cultural de la misma publicación, y bajo el influjo de su entusiasmo inicial con el triunfo de los guerrilleros, llevó a cabo una intensa revisión de la poesía cubana desde el siglo XIX hasta el presente de entonces.

La lectura de «Poesía y crimen» (1940) puede servirnos de base para entender tanto la disposición mental de Piñera en los años posteriores a su llegada a La Habana,[6] como el sentido metamórfico de su escritura, algo que se convertirá en una constante en su obra, casi hasta llegar al paroxismo, especialmente en sus cuentos. Se trata de una prosa poética que avanza a la manera casi fantástica de algunos de los relatos postrománticos españoles donde el hablante relata a sus lectores su encuentro con una entidad del más allá o fantasma. En «Poesía y crimen» se trata más que de una persona concreta, de una experiencia diferente: gaseosa, aérea, invisible, reconocida sólo por el Señor[7] –léase el espíritu– y que al final será develada como la esencia poética misma.

La descripción contiene elementos topográficos similares a, por ejemplo, «La noche de las máscaras» o «El ánima de mi madre» (1841), del escritor español Antonio Ros de Olano (1808-1886) o algunos pasajes del *El estudiante de Salamanca* (1840), de José de Espronceda (1810-1842), es decir, sucede en un espacio físico ambiguo, confuso, donde las leyes de la lógica habitual están alteradas, lo cual le permite al narrador o al poeta dialogar críticamente con su tema y cuestionar las normas discursivas de su momento histórico. Ese espacio puede ser o la mente o las sensaciones de los personajes, como en «La noche de las máscaras», o un sitio apartado de la vista pública, en la soledad, posiblemente en la noche, como en *El estudiante de Salamanca*.

En el texto piñeriano «la presencia», por llamarle de alguna manera, no se muestra por completo, sino que *sucede* en la psiquis del hablante; su sustancia son las palabras mismas, el conocimiento no se absorbe en un diálogo físico propiamente dicho, sino a través del lenguaje literario, la lectura misma. Incluso, en el momento más corporal del texto, al desmoronarse la visión, aparece «un hombre ausente de ojos, lengua y manos». Y agrega: «Sólo añadiré que era el poeta, ese ser irritante» (144).

---

6   Piñera viajó a La Habana desde Camaguey en 1937 para estudiar Filosofía y Letras en la universidad. Para una descripción autobiográfica de ese recorrido ver Revista *Unión* 26-29.

7   Piñera ironiza con esta última idea: «Ahora estaba –el alma– en ese punto donde los pies son sólo bellas actitudes y las manos eterna escritura de aire; en esa congregación de puntos que no existen, que existen y a los que rayo de la más breve luz no podría entrar y sí únicamente la majestad del Señor (todavía no ha fusilado al hombre que me enseñó esta frase hecha desencadenada por la retórica, pero la tengo que poner, ¿no veis que de lo contrario saltaría mi sangre en pedazos? Para eso recibí una educación sentimental resuelta en un compás de cuatro por cuatro: la abuela leía mis frases finales para regular mejor sus palpitaciones)»(*Espuela de Plata*, 143).

Piñera entrega aquí lo que pudiera considerarse un *relato de iden-tificación* en el cual el sujeto hablante visualiza su propio destino. El alma pena el crimen de «haber querido robar el más preciado enigma de los ángeles, ese enigma tan pequeñito encerrado en la cáscara de las palabras» (*Espuela* 142). La búsqueda de la expresión poética en tanto lenguaje cifrado, así como la certeza de encontrarla contradictoriamente sólo a través del esfuerzo silencioso, será una de las obsesiones de la poesía del autor. Desde sus primeros textos hasta los últimos, este fue el objeto de algunos de ellos. Uno de los más elocuentes en este sentido es «Naturalmente en 1930»:

> Como un pájaro ciego
> que vuela en la luminosidad de la imagen
> mecido por la noche del poeta,
> una cualquiera entre tantas insondables
> vi a Casal
> arañar un cuerpo liso, bruñido.
> Arañándolo con tal vehemencia
> que sus uñas se rompían,
> y a mi pregunta ansiosa respondió
> que adentro estaba el poema. (*La isla* 198)

Este «arañar un cuerpo bruñido» es el que Piñera destaca en Julián del Casal (1863-1873) y por lo que lo considera el poeta cubano más importante en el siglo XIX después de José Martí (1853-1895). Fue su trabajo (ansioso) con las palabras el que le permitió —según el autor, enajenado de su realidad, pero concentrado en su plan poético— fijar el camino para una obra coherente frente a, según Piñera, la falta de concentración de sus compatriotas: José María Heredia, Gabriel de la Concepción Valdés (Plácido), Gertrudis Gómez de Avellaneda, Rafael María de Mendive, José Jacinto Milanés, Juan Clemente Zenea y otros (*Poesía y crítica* 186-91).

«Poesía y crimen» puede ser leído entonces como la *metáfora de la lectura* que el joven poeta hace de sus predecesores nacionales, pero también internacionales. De hecho, estos son los años de pleno aprendizaje en la medida en que, más allá de la enciclopedia *El tesoro de la juventud*, tan recurrente en su infancia y adolescencia, y uno que otro contacto con la poesía de Emilio Ballagas, Piñera no tuvo mayor conocimiento de los poetas modernos hasta su llegada a La Habana. Él mismo ha contado cómo fue en este momento que conoció a Apollinaire, Breton y Peret, y cómo, ante su total desconocimiento en tal dirección, cayó inevitablemente en la órbita de José Lezama Lima, quien ya por esos años, después de la publicación de *Muerte de Narciso* (1937), se había convertido en el guía de su promoción literaria («Cada cosa en su lugar» 11-12).

El ensayo que comentamos termina con una metamorfosis:

> Como obedeciendo a ordenadas mutaciones aquel vasto friso comenzó a diluirse en musical vapor que calaba todas la potencias tornándolas en raros sones silenciosos; pero mi corazón, avergonzado por su miseria; trémulo ante su pequeñez, huyó de la dulce lluvia prometida: se había transformado en una palabra más sobre la Tierra (144).

Así, el hablante-lector se ha integrado, como palabra él mismo, al torrente sanguíneo de la lectura, convirtiéndose en sustancia poética. Este aspecto es también el que, para Piñera, marca la diferencia entre Julián del Casal y José Martí: allí donde el primero «no logra llevarnos más allá de la persona del propio poeta», el segundo «rompe la barrera interpuesta entre el poeta y el lector, nos introduce de lo particular en lo general; del episodio en la historia» (*Poesía y crítica* 190-91). Y concluye: «Esta es la hazaña, parcialmente realizada por él (Martí), y es también el puente mágico que podría unir la orilla poética de nuestro siglo XIX con la orilla poética de nuestro tiempo»(*Poesía y crítica* 191).

Al final de «Poesía y crimen» la barrera igualmente cae y la poesía, el poeta y el lector se han hecho uno en las palabras.

La patada de elefante

En 1941 se produce una ruptura personal entre los miembros de la revista *Espuela de Plata* (1939-1941), dando lugar al surgimiento de varias publicaciones efímeras sobre poesía —apenas duraron unos meses—, en las cuales se expresaron las distintas tendencias que hasta ese momento habían convivido en el proyecto iniciado por *Espuela*. Siguiendo un orden cronológico, Cintio Vitier, Eliseo Diego y Justo Rodríguez Santos fundan *Clavileño. Revista Para la Amistad*; el padre Ángel Gaztelu y José Lezama Lima, *Nadie Parecía. Cuaderno de lo Bello con Dios*, y Virgilio Piñera, *Poeta*. Refiriéndose a dichas publicaciones, Gastón Baquero escribió lo siguiente:

> Observábase en todas, por encima de sus diferencias específicas, un cierto aire familiar, una cierta luz de la misma angustia y esperanza. Todas, más o menos intensamente, mostraban una ardiente voluntad de hallar expresión espiritual, respuesta para un conflicto. Dentro de una pareja órbita, errando cada una por su sendero, como estrellas enemigas condenadas a convivencia e idéntico destino, iban desde lo más estricto religioso hasta lo meramente literario romántico. Por sus contadas páginas desfilaban traducciones de los autores más opuestos, evocaciones de clásicos junto a las siempre trepidantes obras de los poetas más jóvenes del país, asentimientos y disentimientos, tanteos, aciertos, entrada y salida de la sombra. Eran la inquietud, la reducida expresión de rebeldía, la constatación de que aún el sol no se ha puesto. (*Ensayos* 299)

Si por una parte el «idéntico destino» que la cita anterior menciona se cumplió en el mismo año de 1944 con la fundación de la revista *Orígenes*, dirigida por Lezama y José Rodríguez Feo, por otro también subsistieron, en algunos casos visceralmente, las enemistades. Algunas de estas —como las de Cintio Vitier y Piñera— propugnaban una visión radicalmente distinta de la realidad y de los sujetos mismos. Un momento definitorio con respecto al curso que tomarían los poetas de *Espuela de Plata* se produjo con la publicación de «*Terribilia Meditans*», texto que pudiera considerarse el manifiesto personal de Virgilio Piñera, aunque este no fue su objetivo declarado e incluso es uno de los puntos que él mismo señala como negativo en otros proyectos poético, en particular el de *Nadie Parecía, Cuaderno de lo Bello con Dios* (*Poesía y crítica* 171).

Más que anunciar un futuro, este panfleto —en su sentido vanguardista, es decir esclarecer conceptos e ideas artísticas frente a un público interesado— valora el presente de la poesía cubana de entonces en función de lo que se había hecho desde Regino Boti (1878-1958) hasta los poetas de *Espuela de Plata*. En el número 1 de *Poeta*, Piñera publica «Una nota para Ulises», en la que ofrece un cuadro del género en el que clasifica a los creadores según el grado de actividad que, de acuerdo con él, estaban desempeñando en 1942. Así, por ejemplo:

> Regino Boti: ha trabajado. Actualmente duerme un profundísimo sueño hiberbal.
>
> José Manuel Poveda: trabajó hasta su muerte.
>
> Felipe Pichardo Moya: ha trabajado. Ya solo le queda dormir.
>
> Mariano Brull: ha trabajado hasta Canto Redondo. Actualmente dormita.
>
> Rubén Martínez Villena: Trabajó. Después la política dispersó a la poesía.
>
> Dulce María Loynaz: ha trabajado. No se sabe nunca bien si esta mujer vigila o duerme.
>
> Eugenio Florit: ha trabajado hasta Doble Acento. Lo posterior es pura repetición.
>
> Emilio Ballagas: ha trabajado. Actualmente duerme.
>
> Gastón Baquero, Ángel Gaztelu, José Lezama Lima, Virgilio Piñera, Justo Rodríguez Santos, Cintio Vitier: trabajan. («Noticias para Ulises»)

De esta forma, el autor despeja el campo poético y establece uno nuevo –al menos para él– en el que el mérito no sólo llega del prestigio alcanzado previamente, sino de la capacidad creadora constante. Varios de los poetas incluidos en la lista estaban en plana madurez intelectual –Brull, Ballagas, Florit, Loynaz– y su inclusión crítica demuestra que Piñera no quería participar del juego de las complacencias que los poetas de su generación venían practicando con respecto a su status intelectual luego de su dominio de las formas y su relativo reconocimiento público (entre los letrados).

Esta especie de impulso tanático del autor de *Las furias* (1941) no debe asociarse sólo con su carácter personal, criterio que como le escribió a Lezama en 1944, refiriéndose a un incidente con la revista *Orígenes*, promovió alrededor de él «ese otro gran chantaje que es el silencio organizado» (Jambrina, *Mucho Virgilio* 7), sino también con una mirada radical del sistema de relaciones sociales de su época, las cuales se filtraba más o menos subrepticiamente en el mundo de la cultura y en el de sus propios amigos, a lo cual Piñera se oponía con tanta vehemencia como lo hacía en el plano de los debates teóricos sobre el arte y la literatura.

Para él, «el artista es una persona privada que pasa a ser pública en virtud de una universalización» (*Poesía y crítica* 140), por lo tanto en su sistema de valores morales, Piñera no concebía que el poeta en privado practicase aquello que repudiaba en público y viceversa. Este precisamente sería el motivo de dos cartas cruzadas con Gastón Baquero cuando en 1943, este último publica un artículo sobre Shelley en el periódico *Información*:

> Tu artículo sobre Shelley para los lectores de *Información* y realizado estratégicamente para no despertar por parte del señor Claret contra ti las sospechas de «precioso» —es un ejemplo clarísimo. Y yo no me refiero a la parte conceptual del artículo pues yo sé que tú escribes esas columnas sin poner nada de pensamiento ni de tu verdadero pensamiento. Sino que aludo al aspecto de la técnica requerida, del metier empleado. Te veo ante la máquina de escribir, la mente en blanco expulsando como un seudópodo palabra tras palabra, y después, Gastón, el terror que te sobreviene al pensar (ya otra vez el que tú eres) que un día se hará un libro con tus artículos [...] Si tú mismo has escrito el Vejamen del orador no olvides que no debes —no te debes— *El Vejamen del escritor*. (Jambrina, *Mucho Virgilio* 4-5)

Este tipo de actitud, es decir, la entrada en el mundo seriado de la producción capitalista es la que Virgilio Piñera considera la muerte en la medida en que obliga al sujeto a la mutilación de sus capacidades creativas para complacer los rigores del mercado, en esta oportunidad de noticias. «Y tú más que ninguno de nosotros», continúa más adelante, «debes huir de lo fácil. Aun un ensayo tan acabado como 'Los enemigos del poeta'[8] (para mí el mejor ensayo crítico entre nosotros) se deja ver un tanto esa facilidad que mata como río crecido» (4-5). Seis meses después de esta primera carta, en febrero de 1944, con motivo de un importante premio de periodismo otorgado a Gastón Baquero, Piñera esclarecerá más sus ideas sobre el amigo, pero también sobre el accionar de la maquinaria institucional:

> ¿Cómo escribir a un personaje muerto? ¿Cómo moverle? ¿Cómo interrogarle? Por la prensa supe de tu muerte. El periódico Infor-

---

8   Publicado en el primer número de *Poeta*, noviembre, 1942.

mación rezaba: –»El Premio Justo de Lara adjudicado a Gastón Ba-
quero, etc. etc.» La noticia no me tomó de sorpresa: ya se rumoraba
días antes la gravedad de tu estado, consecuencia fatal de un terrible
mal contraído meses atrás.

Y es una muerte más pavorosa que todas las muertes, por razón del
corto número que somos contra el largo número «que está». El mo-
mento cubano es terrible en todos los órdenes. Cada día la conspiración
contra la inteligencia gana nuevas posiciones; cada día sus conspira-
dores ganan un neófito más. El ganado de hoy eres tú [...] ¿A quién le
tocará mañana?. Y recuerda que esta gente no concede nada gratui-
tamente; que tampoco se es ganador de un Justo de Lara, o de cual-
quier sucedáneo, impunemente. No quiero decir que hayas tenido que
pactar para que te lo confiriesen: ningún periodista de Cuba te podría
ganar, como se dice, –en buena lid– ese galardón. Sino que tu entrada
al mundo de las concesiones, de los paños calientes, de las aguas
mansas te hizo criatura amorosa de toda esa ralea intelectual. (5)

Lo que quisiera dejar establecido antes de avanzar en los
«*Terribilia Meditans*» es que la inconformidad existencial de Virgilio
Piñera con su realidad es global en el sentido de que no reconoce inde-
pendencia o jerarquía en los tópicos que expresa, sino que estos están
interrelacionados simultáneamente; su exposición no debe conducir-
nos en una sola dirección, aunque sea en una sola dirección en la que
se manifieste literariamente, sino a un sistema de representaciones
mucho más amplio y complejo que, en consecuencia, nos va revelan-
do los resortes de una (inter)subjetividad capaz de accionarse a dife-
rentes niveles del discurso de la realidad a la que el mismo se refiere.

La crítica a la poesía de su generación que Piñera articula en los tex-
tos que veremos a continuación, no sólo los «*Terribilia Meditans*», debe
leerse también como una crítica de los propios actos cotidianos de los
poetas a los que alude, las capitulaciones líricas como las capitulaciones
vitales de estos y los estancamientos estilísticos como sus estancamien-
tos existenciales. En los términos de Piñera, para quien «el arte no es
adoración sino acto» (*Poesía y crítica* 138) no existen distancias entre
vida y escritura. La historia personal y pública, en su caso, se transfi-
guran en lenguaje creativo, ya sea este poético, narrativo o teatral.

La primera parte del «*Terribilia Meditans*» (*Poesía y crítica* 170-
74), publicada en la portada del número 1 de *Poeta*, noviembre de

1942, es una descripción de las ganancias de «esa excepcional generación de 1936» (170) en alusión a *La poesía cubana de 1936*, antología realizada por Juan Ramón Jiménez en la que se dieron a conocer los jóvenes poetas del momento –de Piñera fue incluido «El grito mudo» (211-12), texto que luego rechazó y con él la mayoría de sus estudiosos y editores, sin que nunca se explicase el por qué de esta decisión crítica.[9] Como parte de su objetivo, *«Terribilia»* hace una valoración de *Espuela de Plata* por ser en esta revista donde se produjo un trabajo sostenido en el conocimiento de la poesía a la par de promover una nueva sensibilidad después del renacimiento republicano (Regino Boti y José Manuel Poveda) y el vanguardismo (Ballagas, Guillén, Florit, Brull).[10]

A diferencia de Cintio Vitier, quien rechaza cualquier conexión de *Espuela* y *Orígenes* con la poesía inmediatamente anterior (Lezama, *Fascinación* 309), Piñera deja siempre claro una continuidad con los poetas precedentes, en su caso particular, a través de Emilio Ballagas, cuyo trabajo él conocía hasta al detalle. De la revista mencionada dice el autor:

> La suerte, la lujosa fortuna de *Espuela* debióse a que sus mezclas, por distintas, no permitían acoplamientos, funciones más o menos transigentes. La eternidad de *Espuela* procede de esa misteriosa contradicción que surge de los espíritus afines. Abrir sus páginas es re-

---

9   El poema en cuestión es el siguiente: Espectro,/ no te interpongas/ delante de mi vacío./ Dame la sangre de tu grito./ Apretuja mi garganta,/ ánfora de verdes tintas,/ con tus troncos nudosos/ e fatal agonía.// ¡Algarabía! Fantasma/ negro de imposibles.../ Corre al cementerio/ y pide al muerto/ un grito, dos,/ mil gritos.// ¡Úrgeme, espectro!/ ¡Tengo sed de alaridos!/ Fauces las mías secas,/ ¡tremantes del gran sonido!// Roba los ecos graves/ de las campanas roídas;/ arráncales el secreto/ de tu vida y la mía. // ¡Escarba! ¡Araña!/ Petrifica el ruido; / entiérralo aquí en el alma/ infinita, transida...// ¡Que cuando lance/ mi rugido de siglos/ callados y dormidos,/ la humanidad vencida/ andará de rodillas! (211-12). Este es un poema que pertenece a la etapa inicial de la poesía del autor, pero en él ya se perciben elementos temáticos y metafóricos comunes en su trabajo posterior. Por ejemplo, la tensión del «secreto a voces», el deseo de mantener el secreto, pero que, a su vez, este se sepa. También, el afán de conocimiento íntimo, el uso de verbos indagadores como «escarba», «araña» tan frecuentes luego en toda su poesía, igualmente los símbolos del «fantasma» y del «muerto» que en Piñera remite a aquel sujeto que ha sido excluido o se ha autoexcluido de la participación en el espacio público, ya sea debido a una «deformidad» como el personaje de «Vida de Flora» (1944), o porque practica una sexualidad diferente, como los travestís de «La gran puta» (1960) . En «El grito mudo», se aprecia además la ansiedad del hablante por convertirse no sólo en voz de sí mismo, sino de aquellos que están en su misma situación existencial, este aspecto será uno de los que verifican, primero el subrayado humanista de la poesía piñeriana y luego, especialmente a partir de 1959, su vocación civil, de preocupación por los asuntos de la polis. Esto lo veremos más detalladamente en el capítulo III.

10   Para un estudio general de la poesía cubana en los primeros años de la república, véase Juan Marinello, «Veinticinco años de poesía cubana», en Rafael Hernández y Rafael Rojas (113-39).

cibir una lección de dinámica. *Espuela* está ya dentro del movimiento perpetuo. (170)

Y prosigue Piñera con un pase de cuenta a las revistas que vinieron después a las que, en general, considera demasiado imbuidas de sus propios programas estéticos, ya sean estos de corte católico –*Nadie Parecía. Cuaderno de lo Bello con Dios*– o humanista en el sentido tradicional –*Clavileño. Revista Para la Amistad*. Lo que no acepta el director de *Poeta* no es el programa en sí, que en todo caso puede producir obras serias, sino «cierto *deus ex machina*, muy inteligente, de mucho efecto, y muy falso también. Superar este *deux* sería la literatura, que al fin dirá la última palabra, de mayor beneficio que la amistad o el catolicismo expresamente declarados» (171).

Aquí sería productivo insertar algunas ideas de Piñera, un poco posteriores, pues son de 1947, pero ilustrativas de cómo y bajo qué categorías él pensaba el arte y la literatura entonces.

En su ensayo «El país del arte» (*Poesía y crítica* 135-40), establece una distinción entre arte y religión, ambos conceptos considerados por él mitos modernos, pero bajo reglas de funcionamiento distintas en cuanto al lugar y el protagonismo de los sujetos en ellos. En su opinión, expresada irónicamente, como es costumbre en él, el arte ha perdido casi totalmente su autonomía. En otras palabras: su comprensión, uso e institucionalización como producto mercantil, pero también como factor político, le han anulado su condición esencialmente humana:

> [N]uestros desvelos por el arte lo han convertido en algo personal y manejable; hoy el arte es una persona más en el mundo de las personas, una potencia en el mundo de las potencias; con el hay que pactar, discutir; le hemos erigido sus palacios, creado su lengua propia, su telégrafo de señales, y levantado capillas de la que somos sus oficiantes. (136)

Este tipo de comportamiento, según el autor, se relaciona más con la adoración de un Dios que con las posibilidades creativas de los individuos mismos:

> La religión es un dios que exige creciente adoración; ahora bien, toda adoración es ciega, abismal y pasiva. Pero lo contrario del arte es ser

lo menos adorable: allí donde se le erige un altar, donde se le rinde culto, se presenta como todo menos arte. Él no quiere que se le adore –esto lo convertiría automáticamente en sujeto pasivo- sino que quiere adorar, esto es, devenir sujeto activo, mediante, podría decirse, una hipóstasis. Porque el que adora olvida que pierde soberanía. (138)[11]

De esta forma, el autor estableció definitivamente su posicionamiento en el campo cultural cubano y por extensión latinoamericano. «El país del arte» fue publicado en la revista *Orígenes* al año siguiente de que Piñera, huyendo de la pobreza y del ambiente intelectual habanero, se «exiliara» en Buenos Aires, donde Jorge Luis Borges le publicó otro ensayo, «Nota a la literatura argentina de hoy» (175-81), en la revista *Anales de Buenos Aires* (1947), en el que retoma más específicamente estas ideas con respecto a la producción literaria del país sureño. En ambos textos el autor sella su compromiso con una literatura telúrica, vital, de resistencia, cuya aspiración es expresar el conflicto humano frente al *deus ex machina* social, sea este simbólico (el arte, la religión) o real (la política).[12]

Volviendo a la primera parte del «Terribilia Meditans», después de revisar los conceptos sobre los que se fundan las otras dos revistas hijas de *Espuela*, el autor procede a declarar su propio programa, el cual se caracteriza por lo que Piñera llama la salvación por «el disentimiento, la enemistad, por las contradicciones, por la patada de elefante» (*Poesía y crítica* 171). Sin embargo –y esto es necesario puntualizarlo en la medida en que es declaración común de la crítica sobre Piñera el subrayar en este autor sólo la pulsión de muerte en su actitud y su obra, sin señalar el aspecto erótico, entendido este en su deseo constructivo o lo que bien pudiera llamarse una pulsión de vida– junto a la destrucción que supone una patada de elefante, el autor propone la unificación de los fragmentos: «Gran patada de

---

11   Las referencias sexuales –el uso del binarismo activo/pasivo- en este párrafo, nos conduce a otras interpretaciones. Con esta fórmula, Piñera reta a nivel epistemológico el catolicismo (Arcos 16) de algunos de los miembros más prominentes de su generación –Lezama, Vitier, Eliseo Diego- quienes, a pesar de las contradicciones evidentes, respetaban la verticalidad patriarcal del cristianismo. Al igualar adoración y pasividad, Piñera invierte el esquema discursivo hegemónico, haciendo del servicio a cualquier metarrelato un apto de subordinación. Por extensión y conociendo la vocación nacionalista de la mayoría de sus contemporáneos, el autor además reflexiona sobre el proyecto de nación de estos últimos al revelar que allí donde ellos ven independencia (adoración), él ve sumisión (pasividad). Como veremos en *La isla en peso* (1943), lo teleológico en Piñera requiere la perforación de los elementos naturales del país, teniendo a los cuerpos y sus deseos y a la diversidad étnica y cultural de los mismos como la base de cualquier epistemología.

12   Piñera arribó a Buenos Aires el mismo día y año en que fue electo Perón, 24 de Febrero de 1946.

elefante, a ese cristal hecho para el anhelito de los ángeles. Después de la patada, *la reconstrucción del cristal*, gránulo a gránulo, proclamar que sólo es posible la cordura por la demencia o la suma por la división» (138, subrayado mío).

En la segunda parte, dada a conocer también en la portada, pero del segundo y último número de *Poeta*, mayo de 1943, radica la médula conceptual de «*Terribilia Meditans*» en la medida en que, de lo particular, pasa a lo general, implicando aspectos más directos del debate, por ejemplo, las capacidades de la poesía como instrumento expresivo de la realidad cubana, así como las relaciones de este instrumento con la tradición europea y con las generaciones inmediatamente anteriores –todos estos aspectos serán abordados poéticamente en *La isla en peso* (1943).

Como veremos en el resto de los ensayos que analizaremos más adelante en estas páginas, estos eran temas en los que Piñera meditaba durante los años cuarenta, pues en la definición de los mismos, según él, descansaba tanto la eficacia literaria, léase trascendencia, de su generación, como la responsabilidad ética. Es por eso que puede decirse que el autor siente pánico frente al estancamiento en que, a la altura de 1943, él consideraba se encontraba la poesía cubana. Para él toda conquista engendra su propio peligro y si bien hasta ese momento el desarrollo del género en el país había sido consecuente, en el presente, en particular los poetas de *Espuela*, no estaban más que disfrutando de «una morosa delectación» y de «una repetida masticación» (*Poesía y crítica* 172).

Esta situación se debía básicamente a la incapacidad para resolver un problema mayor: definir las categorías de instrumento y realidad frente a lo cual la visión se les enturbiaba (172). Piñera conecta aquí la habilidad personal del creador, su posible genialidad, en el sentido romántico del término, con un vector de sensibilidad más amplio en el cual la poesía –y la literatura en general como actividad creativa– no depende en lo absoluto de la maestría o erudición del poeta, sino de su capacidad para entrar en la corriente sanguínea de su tiempo histórico. O lo que es igual, afinar su instrumento de expresión de acuerdo a las necesidades del mismo y no simplemente resonar en él la escenografía heredada de la tradición clásica:

> No haber situado estas categorías (instrumento y realidad) en su or-
> denación convincente, planteaba la existencia de un agudo conflicto.
> Por parte nuestra, lo era aún más, a causa de una lúcida conciencia del
> mismo. Lo que sí resultaba evidente era nuestra asombrosa disposición
> para dotarnos de un instrumento de decir. Pero que, contra toda tra-
> bazón lógica, proponía el «cómo decir» antes del «qué decir». (172)

Y aquí entonces Piñera gira, ubicando el conflicto anterior en la historia de las relaciones entre la cultura nacional y la europea, conflicto que no sería tal en el contexto del viejo continente. Y ejemplifica entonces con el caso de Julián del Casal, quien «vio claramente los peligros del 'saber hacer' y las malas pasadas que le jugaba su demonio» (172) y continúa:

> La historia de la poesía en Cuba es la de una sostenida resonancia,
> y la de un gran sueño. La resonancia es Europa; el gran sueño, lo
> que se ha operado oníricamente, olfatoriamente, al faltarnos el
> punto de apoyo inevitable de una cultura tradicional [...] Lo que en
> Casal era sólo instrumento, devenía en Baudelaire realidad mani-
> festada. Es por eso que Casal no nos interesa como precursor, sino
> que nos interesa como frustrador. (172)

Piñera hace un paralelo entre la imitación alienada que se adueñó de la labor creativa de Casal con la repetición de las conquistas poéticas de su propia generación en relación a la tradición europea, es decir, no terminar de definirse con respecto al discurso metropolitano. Este dilema sería el que, en su conocido ensayo «Nuestra América» (1892), refiriéndose al desarrollo intelectual americano, José Martí llamó la guerra entre «la falsa erudición y la naturaleza» (28). Sin embargo, *Terribilia* constituye sólo una llamada de alerta en el sentido que se limita a señalar que la situación a la que se ha llegado es el resultado «de varios factores asaz peligrosos: autodidactismo, verbalismo, imitación, resonancias, y finalmente, el subjetivismo deletéreo que ha padecido la Europa de posguerra» (173).

O lo que es lo mismo, era hora de que los poetas –y los artistas en general– decidieran por fin qué tipo de relación llevar con el discurso europeo, fijándose en las realidades inmediatas de su contexto y no intentando asimilar el imaginario de los mitos «civilizados». Sin dudas un tema que, como veremos en el estudio sobre *La isla en peso*, creó pánico entre el sector hegemónico de la intelectualidad cubana en tanto dicha realidad ofrecía más preguntas que respuestas a este problema.

En la última sección del «*Terribilia Meditans*», el autor se dedica a reflexionar sobre la tarea principal de su generación que, frente al detenimiento de la anterior (la vanguardista), imponían «echar andar la máquina poética y la de la crítica» (173). Estás páginas revelan dos líneas centrales en la estética del autor: por una parte la simbiosis que en todo momento se dará en él en cuanto a lo estrictamente creativo y la observación (auto) crítica, es decir, la escritura como un suplemento de la lectura de la naturaleza circundante –naturaleza equivale aquí no sólo a lo físico, sino también a lo psíquico– en una operación que arrastra e incorpora, como veremos en su análisis de Gertrudis Gómez de Avellaneda, «la geografía del poeta» (*Poesía y crítica* 148). Y por otra, que dicha acción, en la que debe implicarse todo el ser del artista, no conoce el acomodo de las formas o la repetición para lo cual el creador debe mantener el ojo siempre abierto en todas las direcciones de la realidad a su alcance. Ante la tentación de las «fatales delectaciones» es preferible que el poeta se acoja al «sustantivo silencio del Valéry de *La joven parca*» (*Poesía y crítica* 173).

Para estas conclusiones, Piñera toma como referencia la obra de José Lezama Lima, quien, según él, había comenzado la liberación, pero también el vasallaje, a través de *Muerte de Narciso* (1937) (Lezama, *El reino* 3-6), en lo poético y el *Coloquio con Juan Ramón Jiménez* (1938) (Lezama, *El reino* 207-17) en lo crítico. El primero había sido la publicación inicial de su autor en la que se subvertía el lenguaje poético utilizado hasta ese momento en la poesía y la literatura cubanas. Después de ese poema, quedó claro que el cambio, lo mismo de lenguaje como de signo cultural en general, era un hecho consumado y que las poéticas «realistas» (o descriptivas) ya no se correspondían con el nivel alcanzado por la nueva generación que se daba a conocer a mediados y finales de los años treinta del siglo XX.

El poema de Lezama, apegado al barroco clásico español, especialmente Góngora, mezclaba tradiciones antiguas y modernas, produciendo un *tempo* imaginario y escritural –»fábula grecolatina» lo llama Vitier (Lezama, *Fascinación* 315)– completamente ajeno a lo visto hasta entonces en la poesía cubana y puede decirse que latino-americana en su conjunto.

El *Coloquio* por su parte, constituye una disertación entre Lezama y Juan Ramón Jiménez en la que se abordan, entre otros temas, la poesía como género esencial a la cultura occidental, así como el concepto de isla como espacio utópico de la misma. De la famosa conversación, Lezama dijo posteriormente: «me creí obligado a levantar el mito de la insularidad» («Interrogando a Lezama Lima» 15), devenido el objetivo de su obra literaria, pero también en tarea declarada de la mayoría de los miembros del grupo *Orígenes*: «Que nuestra demoníaca voluntad para lo desconocido tenga el tamaño suficiente para crear la necesidad de unas islas y su fruición para llegar hasta ellas» (Lezama, *El reino* 217). Este fue el punto de partida de lo que en su primera carta a Cintio Vitier el autor de *Paradiso* llamó «La teleología insular» (Lezama, *Fascinación* 319) y que con el tiempo se transformó en lo que muy bien puede ser calificado como los postulados del grupo y la revista *Orígenes*.

Entonces, ya en 1942, Piñera visualiza el liderazgo ascendente de Lezama y la importancia inaugural de sus planteamientos, pero al mismo tiempo, acorde con su temperamento crítico, observa los peligros del estancamiento creativo y le exige al poeta- y por extensión a sus seguidores –que ya iban siendo varios– superar sus propios logros anteriores:

> Lezama, tras haber obtenido un instrumento de decir, se instala cómodamente en el mismo y comienza a devorar su propia conquista. Después de *Enemigo rumor* –testimonio rotundo de la liberación– era ineludible haber dejado atrás ciertas cosas que él no ha dejado. Era absolutamente preciso no proseguir en la utilización de su técnica usual; hacer un verso más con lo ya sabido y descubierto por él mismo, significaba repetirse genialmente pero repetirse al fin y al cabo. Era preciso no haber escrito una página más como ésas, cierto es, muy deliciosas, de Los Directores,[13] ni un poema más como ese arcaicamente dogmático de «Sacra, Católica Majestad». (173)[14]

De esta forma, Piñera se está adelantando no sólo a señalar el

---

13   Se refiere a los editoriales que aparecían en la portada de *Nadie Parecía, Cuaderno de lo Bello con Dios* firmado por Los Directores, pero que eran escritos por José Lezama Lima.

14   Se trata de un poema de Lezama aparecido en *Nadie Parecía, Cuaderno de lo Bello con Dios*, No. V, La Habana, 1943.

impasse en que venía cayendo la obra en sí de quien era considerado desde el principio el guía de su generación, sino las consecuencias epistemológicas que dicho estatismo traía aparejadas y que pueden ser reconocidas en su ensayo «El país del arte», comentado parcialmente arriba. Específicamente aquellas que se refieren al paralelismo entre arte y religión llevado a cabo por algunas tendencias estéticas modernas y que, en opinión de Piñera, al transferir al primero el sentimiento de adoración de la segunda, lo deshumanizaban. Es decir, mutilaban el contenido profundamente existencial del arte para rendirle culto como a un Dios que tendría por función salvar la incapacidad del artista para obrar ante una situación que se le resiste (138). Este ensayo, publicado en *Orígenes* en 1947, puede ser leído como un rechazo a los rumbos que, definitivamente, había tomado el arte de los miembros del grupo con quienes, a pesar de sus diferencias, Piñera se identificaba en términos de necesidad y trascendencia de la obra literaria.

En todo caso al final de su «*Terribilia Meditans*», el autor no era tan categórico con respecto a este futuro que, tal vez sospechaba, teniendo como experiencia el «detenimiento de la generación anterior» (137), pero que él veía como parte de lo que no debía ser repetido:

> Todos nos sentíamos satisfechos porque «estábamos bien», porque comenzábamos a «ser discretos», porque nuestra obra entraba en una discreción que muy bien podía significar esterilidad. Conocíamos ya entre qué límites movernos, a fin de no perder pie; sabíamos ya hacer la poesía. Operábamos con seguridades; parecía, por fin, que la obra se iba a poner en marcha. Pero en verdad, nada parecía, pues todos los jinetes habían desmontado. ¿Se atrevería, acaso, alguno a tomar pie de nuevo? (174)

Con su acostumbrado sarcasmo, que muchas veces impidió a sus destinatarios descubrir su sentido constructivo, Piñera retó a los miembros de su generación, Lezama el primero, a dar un paso más allá de la discreción y buscar nuevos caminos. Hay que aclarar que para el crítico Piñera, esto no representaba sólo una prueba de las capacidades creativas del escritor, sino la necesidad de la literatura en un país que «no sabe definir» y donde, como dirá en *La isla en peso*, había que cavar para encontrar ídolos y hacer una historia (*La isla* 37). Frente a cualquier viso de acomodo, el autor exorcizaba su propio terror ante la creación deconstruyendo en otros autores el lado meramente reproductivo de sus trabajos, lo cual, a su vez, lo obligaba a mantenerse él mismo en alerta continua contra su propia producción artística.[15]

EL POETA Y SU GEOGRAFÍA

Partiendo del punto anterior, es decir, el ejercicio del criterio sobre los otros como una forma de disciplinarse frente a las inconsecuencias de la actividad creadora, es que propongo analizar los siguientes ensayos: «Gertrudis Gómez de Avellaneda: revisión de su poesía» (1941), «Erística de Paul Valery» (1942) y «Ballagas en persona» (1955). En ellos Piñera no sólo estará poniendo en evidencia los intríngulis de la obra estudiada, sino que él mismo se estará formando en el análisis al verse reflejado, en tanto poeta, en la labor de los otros. Este es un proceso que es reconocible en todo el trabajo crítico del autor, especialmente en aquellos a quienes hasta cierto punto podemos decir consideró sus precursores inmediatos: Ballagas y Lezama, a quienes dedicó varios textos a lo largo de toda su carrera.

En este sentido, los ensayos de estos años, incluidos los que veremos a continuación, son también un mapa del aprendizaje piñeriano, no sólo en Cuba, sino en Buenos Aires, donde participó activamente en la vida cultural de esa ciudad («La vida tal cual» 32-35). Como en su país natal, Piñera sostuvo en Argentina sus guerras estéticas para las cuales encontró compañeros de viaje como el escritor polaco Witold Gombrowicz (1904-1969), con quien colaboró en la traducción de *Ferdydurke*, y escribió panfletos antipoéticos en las revistas *Victrola* y *Aurora* (1947)[16].

---

15   Antón Arrufat se ha referido al procedimiento crítico de Piñera de la siguiente manera: «Era una de las constantes de la superación crítica de Piñera, el encontrar el defecto esencial de un escritor o de una obra. Es curioso –y esto constituye una de sus claves– cómo él veía el defecto del otro a través del suyo, pues en su producción literaria podemos hallar idéntica dispersión: escribió poesía, muy abundante, teatro (alrededor de 20 piezas), tres novelas, varios libros de cuentos, y si se consideran sus artículos y ensayos integrarían varios volúmenes. Quizá al hallarle idéntica dispersión a Borges, la entendía mediante o por intermedio de la suya. Esta es una impresión, tal vez superficial, que nos deja su obra. Día llegará, como ha ocurrido ya con Borges, que todo eso, cuento, novela, poesía, crítica, ensayo, se integre y lo veamos en todo su esplendor como un cosmos» (Espinosa 139).

16   Estas dos revistas merecen un estudio independiente en la medida en que, sin estar de ninguna manera desligados de un impulso iconoclasta común, necesitarían, sin embargo, de un trabajo de investigación mayor en cuanto a las referencias culturales directas a las que está aludiendo. Sabemos que se trata de las tendencias consideradas canónicas en

Desde el país sureño, Piñera continuó sus batallas en La Habana, donde, como se vio en «El país del arte», siguió pensando el momento intelectual, ahora, con la experiencia sostenida de una lejanía, sin dudas beneficiosa para sus valoraciones sobre «Cuba y su literatura»,[17] título de una conferencia que, invitado por Jorge Luis Borges, ofreció en la Sociedad Argentina de Escritores en 1952 a propósito del cincuentenario de la república cubana (Espinosa 138). Todo esto es pertinente recordarlo porque, además de subrayar «el procedimiento de superación crítica de Piñera» –como le llama Antón Arrufat al espejearse del autor en la obra de los otros (Espinosa 139)–, los dos primeros ensayos que estudiaremos fueron escritos sin haber salido Piñera de su país natal, pero el último, de 1955, lo escribió en plena estancia porteña bajo el influjo de una mirada sobre la literatura que, luego de varios años fuera, parecía confirmar en él la necesidad de otra «patada de elefante», como la que diera en 1942 con sus dos textos «*Terribilia Meditans*» en la revista *Poeta*. Es decir entre el primero de estos ensayos y el último transcurrieron catorce años de intensa experiencia internacional que se hizo sentir no sólo en el ensanchamiento –entiéndase radicalización– del ojo del crítico, sino en los presupuestos mismos de la revista *Ciclón*, donde se publicó el texto sobre Emilio Ballagas.

Entonces la cronología de estos textos, junto a su temática particular sobre la poesía, tiene un rol que jugar en su significado. Si bien el primero sobre la Avellaneda se ocupa de una autora cubana que al mismo tiempo se va a España y adopta los modos literarios vigentes en la metrópolis, en el segundo se abordan los criterios estéticos de un poeta francés de amplia repercusión en América Latina. En el último se habla de un cubano, radicado en la isla, pero cuyo trabajo es iluminado por los aportes crítico-teóricos en otras partes del mundo. Luego, aunque el asunto de la ubicación espacial misma del autor no sea la preocupación específica de mi aproximación, el lector de mi ensayo debe tener en cuenta estos elementos a la hora de

---

Argentina por esa época, pero dado el arraigo fuertemente contextual de todo el trabajo piñeriano, sería necesario explorar más el horizonte discursivo general donde él llevo acabo su intervención. Ello, en este momento, nos desviaría de nuestro objetivo inmediato, aunque para una mejor comprensión de lo que digamos más adelante hay que tener en mente que la movilidad territorial y discursiva de Piñera es parte importante de su escritura, es decir sus viajes, en particular su estancia en Buenos Aires, influirá fuertemente en sus percepciones de la realidad en la isla y la su propia (ver las cartas a su hermana Luisa Joaquina).

17   Con este mismo nombre se publicó en la revista *Ciclón* en 1956.

reconstruir críticamente el mismo en su propia mente. Es decir, creo que estos aspectos de una u otra forma se cruzan también en los criterios de Piñera, aunque no nos dediquemos aquí a esclarecerlos completamente.

El análisis sobre Gertrudis Gómez de Avellaneda (1814-1873) constituye un punto importante en la definición de Piñera dentro del campo cultural de su época. Fue la segunda conferencia ofrecida en el Lyceum de La Habana, esta vez como parte de un ciclo organizado bajo el título de «Los poetas de ayer vistos por los poetas de hoy»:

> Elegí a la Avellaneda, la puse en su lugar. El señor [José María] Chacón [y Calvo] enrojeció hasta la raíz del cabello; tronó contra mí, me acusó de irrespetuoso, y fui puesto en el Index. Desde entonces soy un escritor irrespetuoso. Pero me siento feliz con mi falta de respeto. Es lo que me ha impedido en todo momento frecuentar la Embajada de España. (Pérez León 56)

La posición de la autora de *Sab* (1841) es ambigua dentro del canon de la literatura cubana (Méndez Rodenas 26-27). Si bien gran parte de su obra es de clara referencia a su país natal, a donde siempre se le reconoció y hasta laureó a su regreso temporal para vivir con su esposo entre 1859 y 1863, su vida transcurrió casi por completo en Madrid. Allí la Avellaneda frecuentó los salones literarios, estrenó sus piezas dramáticas y recibió la acogida casi unánime de la crítica que la llegó a considerar una escritora peninsular. La mirada de Piñera repasa la obra poética de esta escritora en función del movimiento romántico español o, lo que es lo mismo, parte del hecho de que ella se desempeñó en el contexto de la cultura ibérica y asumió completamente los métodos y estilos vigentes en ese territorio justo al final de la década de 1830, particularmente a partir de 1836, que fue el año en que abandonó Cuba con su familia.

Puede decirse, no obstante, que para Piñera esta autora constituye quizá un punto vago de identificación en cuanto a su versatilidad y vitalismo: publicó poesía, teatro, novelas, cartas y, especialmente, la autobiografía, en la cual describe su temperamento apasionado en un contexto colonial y de clase alta. Para ser una mujer de mediados del siglo XIX, su vida estuvo llena de irregularidades amorosas abiertas y fue conocida por el tratamiento literario de estos temas, especialmente en sus cartas de amor a Ignacio Cepeda, lo cual la convierte en pionera del discurso amoroso femenino (Méndez Rodenas 18, 28). Otro aspecto común con Piñera es que la Avellaneda se desenvolvió en un momento de transición histórica entre el neoclasicismo y el romanticismo, lo cual la situó en una posición de crisis entre dos épocas, algo de lo que nuestro autor tomaría conciencia para sí mismo a lo largo de su carrera literaria, en especial después de 1959.[18]

El ensayo está organizado en tres niveles básicos: uno donde su autor describe el ambiente romántico en pugna con el neoclasicismo, otro donde articula su opinión sobre la obra en cuestión y un tercero, en el cual define lo que entiende por poeta y poesía y sobre lo cual elabora su juicio. Estas últimas definiciones son las que más interesan al propósito de este capítulo por lo que me concentraré en ellas. Si tuviéramos que reducir el argumento del crítico podría decirse que, básicamente, considera a la Avellaneda una imitadora de las formas y la sensibilidad de algunos de los poetas españoles más conocidos del período de los cuales, por demás, era amiga personal y quienes a su vez aplaudieron sus versos en más de una ocasión:

> Porque la Avellaneda no seguía sino el tono peculiar de la poesía española de ese momento: bisoño romanticismo que arrastraba un pesado lastre de neoclasicismo —vale decir, poesía didáctica, pedagógica; vale decir Jovellanos y Meléndez Valdés—; que arrastraba igualmente las últimas resonancias de este neoclasicismo, desbordado en enfatismo, en retórica hinchazón —vale decir Quintana, Gallego, Lista [...]
>
> La Avellaneda era esencialmente esta gran versificadora. Si algún secreto encierra su expresión poética sólo sería descubierto estudiando su obra como resultado de una brillante versificación, que toma la palabra en lo que tiene de música verbal [...] He aquí su secreto: adornarlo todo con las galas orientales de las palabras y de las frases más escogidas y melodiosas. Hablar mucho sin decir nada o casi nada. (162, 164)

---

18 Cuando triunfa la revolución en 1959, Piñera, como la mayoría de la población y los intelectuales del momento, inmediatamente reconoce que en lo adelante habría un antes y un después de ese hecho y que, si bien su obra y él mismo estaban insertos en ese proceso contradictorio, la lógica histórica indicaba que por edad y por la transformación social llevada a cabo, su trabajo mediaba entre dos épocas completamente distintas. Ver la cita de Piñera que hace Rine Leal en su prólogo al *Teatro Inconcluso* (Piñera, 38, 1990) y también el testimonio de Abilio Estévez (Espinosa, 254).

Como en un espejo, Piñera ve en la autora cubana los peligros que él y su generación enfrentaban en la medida en que recién en los finales de los treinta y principios de los cuarenta todos salían de un período de efervescencia cultural nacional –lo que se conoce por vanguardia– frente a la cual buscaban definirse.

Para Piñera, acorde con el texto sobre la Avellaneda, el poeta no es sólo un «versificador» sino un lector crítico tanto de la realidad como de las formas en que esta puede ser expresada u/o representada:

> La geografía del poeta es ser isla rodeada de palabras por todas partes; una isla donde tocan numerosos barcos lastrados de influjos, después dispersados por la furiosa resaca de sus costas. Pero conviene añadir que no siempre tales influjos son conjurados; a veces las defensas del poeta desmayan, con resultados metamórficos de isla en informe atolón coralino o alargada península que conduzca a fáciles soluciones o viciosas alianzas. Así, la poesía a sus poetas ofrece en la misma mano la gracia o la condenación: gracia que procura creación; imitación procurada que condena. (148)

Es decir, el poeta como un ecosistema que procesa los flujos lingüísticos del ambiente y los devuelve transformados al mismo. Desde este punto de vista el sujeto creador está atrapado en un ciclo de combinaciones que le permiten metamorfosearse constantemente, pero que en última instancia lo reduce a una masticación infinita de la misma sustancia que lo circunda. Así, pudiera decirse que, como consecuencia de su eterno rumiar, el poeta agota o trasciende su atmósfera lingüística accediendo a un cosmos distinto e imaginado sólo por él. Esto es lo que en carta a Lezama, a propósito de *Las Furias* (1941), Piñera llamará su *teoría de las destrucciones* –lo único que realmente le interesa (Lezama, *Fascinación* 273)– y que en un ensayo más filosófico de aproximadamente la misma fecha (el inédito no conserva la fecha) titulado, precisamente, «De la destrucción», el propio autor explicitaría de la siguiente manera: «Todo hombre debe, para salvarse, ir trascendiendo su naturaleza original hacia otra naturaleza de su propia y exclusiva invención» (Jambrina, *Mucho Virgilio* 11).

Cabe pensar que ya desde este momento en su carrera, el poeta

Piñera posee un concepto del género como mecanismo de convulsión –»La belleza será convulsa o no será», le cita a Lezama de Breton en la carta mencionada (272)–, de reacción contra las repeticiones «geniales, pero repeticiones al fin y al cabo» (*Poesía y prosa* 173), pero a la vez bajo el signo del uso de una materia dada de antemano, es decir un mundo que ya ha sido construido para el poeta y del cual es imposible salir de manera directa. Esto es lo que, pudiera decirse, lleva a Piñera a provocar y sabotear el discurso hegemónico cubano, pero no a subvertirlo, como ha dicho Emma Álvarez-Tabío Albo: «a pesar de sus apariencias, esta escritura negativa de la identidad no subvierte el discurso de la cubanidad positiva, sino que se limita a provocarlo y sabotearlo. El ser nacional en el texto de Piñera [se refiere a 'Piñera teatral', el ensayo del autor que sirve de prólogo a su *Teatro completo*] es agredido y mortificado, pero conserva su prestigio» (269).

El adentro y el afuera que notamos más arriba queda definido entonces en el marco de un cosmos combinado, cuyas formaciones ideales se yuxtaponen, pero no se anulan radicalmente. No hay que olvidar que, como dice el propio autor, su generación creyó que la realidad se podía transformar con meros símbolos, sin darse cuenta de que ello sólo ayudaba a la perpetuación de la misma realidad (Pérez León 52-53) –él se refería al contexto político post revolucionario de 1933.

En esta creencia original tiene su raíz el uso del absurdo como estrategia básica de representación en la obra piñeriana toda. Tanto para Piñera como para Lezama y el resto de los miembros del grupo *Orígenes*, la figura del poeta se erige como resistencia heroica contra el medio circundante, aunque sus versiones de cómo transformar el último disten en cuanto a objetivos finales. La Avellaneda, en última instancia, parece enfatizar Piñera, se asimiló a un medio y unas tendencias que nada tenían que ver con el impulso de su temperamento poético, lo cual terminó condenando a este último por encima de sus propias posibilidades creativas.

La enfermedad Valéry

Paul Valéry era, quizá, el poeta-crítico más influyente en su época: el propio Piñera tradujo fragmentos de *La joven parca* (*Albur* XXII) y en general la obra del francés marcó el debate sobre la llamada poesía pura. Él también había escrito el Prefacio a los *Poemas* de Mariano Brull que fue publicado en *Espuela de Plata* (125). Para Piñera hacer la crítica de Valéry era entonces saldar una deuda doble: por una parte con los poetas cubanos que, como Brull, se habían adherido a la corriente purista desde los años veinte y treinta, y por otra, hasta cierto punto, definir su posición frente al conocimiento metropolitano. Se ha comentado poco la angustia piñeriana frente a este último asunto. Muchas veces se le acusó de demasiado apego a la cultura francófona –por ejemplo, una de las críticas más recurrentes en contra de *La isla en peso* (1943) fue su «parecido» con *Cahier d'un retour au pays natal* (1939), de Aimé Césaire (Baquero, *Ensayos* 307-10). Cuando apareció la revista *Ciclón* a mediados de los años cincuenta, tanto él como José Rodríguez Feo fueron asociados con la *beat generation* norteamericana y los *angry young men* ingleses. José Antonio Portuondo lo planteo de la siguiente manera:

> Lo que ocurre es que la posición del grupo de jóvenes que hacían *Ciclón* era indudablemente peleadora, rebelde, aunque no de enfrentamiento al gobierno ni mucho menos. Era una especie de ruptura con lo que se estimaba la evasión de *Orígenes. Ciclón* planteaba romper las estructuras culturales. En alguna parte yo me he referido a eso y he dicho, y lo repito, esa es mi opinión, que era una actitud muy semejante a la de la *beat generation* norteamericana y a la de los *angry young men* ingleses, es decir, una actitud rebelde contra todo y contra todos, contra la burguesía y sus hipocresías, y sobre todo una manera de molestar, de destrozar toda la farsa burguesa, atacando incluso las cosas que la burguesía guardaba con supuesto respeto, por ejemplo, las cuestiones sexuales. (Pérez León 86-91)

Pero lo cierto es que más allá de ese tipo de comentario de ocasión, la crítica no ha hecho las preguntas pertinentes acerca de cuál es y cómo se articula la relación de Virgilio Piñera con la tradición europea en su conjunto. Al interior de su obra existe una tensión cognitiva que mueve gran parte de las opiniones del autor con respecto a los temas culturales de su época. Este tipo de preocupación se hizo clara en una entrevista con Witold Gombrowicz a propósito de la salida de *Ferdydurke* en Argentina: «*Ferdydurke* nos abre el camino para conseguir la independencia, la soberanía espiritual, frente a las culturas mayores que nos convierten en eternos alumnos. Mi trabajo literario persigue el mismo fin y creo que aquí nos encontramos –Polonia, la Argentina y Cuba– unidos por la misma necesidad de espíritu» (*Poesía y crítica* 256).

Lo puntual de este aspecto de la obra rebasa el tema específico de este ensayo; pero sería útil mantener en mente que el mismo ocupa un espacio importante en la escritura piñeriana y que en ello también se asemeja a muchos de sus contemporáneos, especialmente cuando la discusión toma como referencia la influencia norteamericana en la vida cotidiana de América Latina, algo que en el caso de Cuba es muy evidente en textos de autores de casi todas las posiciones estéticas e ideológicas.

«Erística de Paul Valéry» (1942) fue publicado, precisamente, en la revista *Poeta*, dirigida por el propio Piñera luego de la disolución de *Espuela de Plata* en 1941. El autor comienza definiendo al poeta francés como un hecho consumado tanto para sí mismo como para sus lectores-poetas y de ahí que sea útil conocer sus logros. Se subraya el aspecto contradictorio del método de Valéry: si bien por una parte este propone hacer consciente el acto poético, por otro niega esta posibilidad en la realidad. Piñera cita al poeta francés cuando dice que «ni el objeto propio de la poesía ni los métodos para alcanzarla se hayan dilucidados, y como quienes los conocen se callan y quienes los ignoran disertan...» y entonces comenta: «¿Queréis burla más donosa? Valéry calla lo que conoce, y el efecto de su silencio hace disertar a los que ignoran lo que él sabe» (*Poesía y crítica* 142).

Al autor del ensayo le interesa poner en evidencia que «todos los matraces, las retortas y todas las mezclas, se estrellarían frente a esa última impunidad fatal que es la poesía o la llama» y que los poemas de Valéry exigieron una hermenéutica, una disección que mostró cómo puede ser desmontado un cuerpo de poesía, «sólo para comprobar, al concluir la operación, que la poesía resiste esa prueba por nueve, esas vivisecciones. *Que ella no podrá ser aislada o desmontada»* (*Poesía y crítica* 143, subrayado mío). Y este último es el punto que definirá el campo de acción poética de Piñera en la medida en que ataca sistemáticamente toda posible metodología poética, ya sea desde el punto de vista estrictamente teórico, como, digamos, de su efecto racional, a través de la repetición de una estética determinada.

Frente a la *idée fixe* de Valéry, Piñera establecerá una valoración del género en la que será necesario el riesgo y la movilidad constante. Pero, como reconoce al final del ensayo, la etapa de Valéry, es decir la compresión de la contradicción apuntada antes, será necesaria como parte del proceso de aprendizaje del poeta: «se procederá bien comenzando necesariamente por ser valeryano» (*Poesía y crítica* 144).

Luego, este ensayo de Piñera nos permite agrupar dos de los puntos importantes de la comprensión poética de su autor mediante la lectura crítica de otro: primero, reconoce la imposibilidad de definir la poesía, pero a la vez establece su posibilidad a partir de la ejecución, esto es, el acto de la escritura misma como el territorio único donde reconocer lo poético, ese territorio o geografía –como Piñera la llamó en el ensayo sobre la Avellaneda– está habitada de palabras, pudiéramos agregar, en busca de un sentido que se escapa a todo razonamiento práctico o instrumental. La poesía entonces como un impulso expresivo que toma forma no en su deseo de ser, sino en su ser mismo, «como la metáfora que escapa de la boca de un salvaje» (142). Segundo, la revelación del otro-sujeto-leído permite la (auto)iluminación del sujeto-lector –Piñera usa de exergo un texto de Nietzsche sobre Wagner: «El mayor acontecimiento de mi vida fue una curación. Wagner era una de mis enfermedades» (141).

Los términos del filósofo alemán implican una física del cuerpo que el escritor cubano incrementará en sí paulatinamente en la medida en que se adentra en la actividad literaria. Y es precisamente este aspecto corporal el que Piñera pondrá en escena en el próximo ensayo que analizaremos.

En lucha con el ángel

Piñera conoció a Emilio Ballagas (1908-1954) en 1936 durante una visita de este último a Camagüey. Desde entonces siguieron una cercana amistad hasta el fallecimiento del segundo. Piñera recuerda así los primeros encuentros:

> Una noche, después de cenar en casa, yo le mostré un poema, tal vez muy alambicado, muy hecho. Dando golpes en su pierna con el papel, me dijo con inesperada vehemencia: «Pero, aquí ¿dónde estás tú, Virgilio?» Entonces me habló de su poema «Elegía sin nombre», insistiendo todo el tiempo en que él había puesto su cuerpo y su alma. De pronto citó, muy emocionado, el verso final de un soneto de Sor Juana: «Mi corazón deshecho entre tus manos...»
> Pasó un año y medio. Yo me fui a vivir a La Habana para empezar mis estudios universitarios. Un día nos encontramos, y cuando volvimos a vernos fue para entregarme «Elegía sin nombre». Entonces me dijo, mientras me lo dedicaba: «Ahora estoy bien metido en el sufrimiento». Y añadió: «Si cuando ya no exista a alguien se le ocurre escribir sobre mí por lo menos no me echarán en cara el sufrimiento». (*Poesía y crítica* 227)

Bajo el signo de esta confesión, Piñera escribió en 1955 «Ballagas en persona», tal vez su texto ensayístico más polémico e influyente entre los escritores de su misma sensibilidad, pero también entre aquellos que no en tanto sus propuestas causaron debates más o menos velados, especialmente entre los críticos de su país (Pérez León 86-91).

A diferencia del anterior sobre Paul Valéry, centrado en un solo aspecto de la comprensión teórica de la poesía, en este el autor abre el espectro de su análisis a otros elementos extraliterarios para, por un lado, poner en evidencia (o deconstruir) cómo la crítica tradicional puede silenciar los factores problemáticos en el trabajo de un autor y por otro, estimular (o construir) la necesidad de un tipo de análisis más realista –en el sentido de la experiencia– en sus valoraciones de la producción literaria en general.[19]

19　El texto de Piñera se publicó originalmente en la revista *Ciclón*, la cual tuvo entre sus tareas modernizar las perspectivas críticas acerca de la literatura y el arte cubano en general. El ensayo sobre Ballagas se incluyó en la sección titulada «Reevaluaciones» en la que también se publicaron textos sobre Whitman y Wilde, por sólo citar autores salpicados por el «escándalo» de la homosexualidad. Para un estudio amplio sobre la revista, ver: Pérez León, Roberto: *Tiempo de* Ciclón, La Habana, Ediciones Unión, 1995.

En el primer nivel de su argumento, Piñera escribe contra las opiniones de Cintio Vitier, quien en el mismo año 1955 prologó la edición póstuma de la obra poética de Ballagas, sin nombrar los conflictos de este autor con respecto a su homosexualidad:

> Ahora bien, lo que ellos (los amigos del poeta) no nos dicen es cómo Ballagas, además de artista, pudo llegar a ser esposo ejemplar, padre amantísimo, buen católico, en fin ese sólido pilar de nuestra sociedad. Visto así, parecería que Ballagas tomaba tales decisiones con suma facilidad, con plena soberanía; ahora me caso, ahora tengo un hijo, ahora soy católico fervoroso, ahora soy un sólido pilar... Lo que costaron esas decisiones, las noches en vela, los días pugnando con los días, las luchas con el Ángel, las caídas y recaídas, el sentimiento de culpabilidad, las tremendas frustraciones, no, nada de eso tuvieron en cuenta sus amigos. Entonces, ¿se luchó como un león en la vida para terminar como carnero en la muerte? (193)

Si bien el subrayado de la influencia de la sexualidad del poeta en su labor creativa es un elemento importante en este estudio, no puede decirse, sin embargo, que destacarla sea lo que más interesa al crítico: el argumento, sin dudas moral, de Piñera se basa en el derecho del texto —y a través de él de su autor— a hablar claramente por sí mismo y no a que «los amigos» lo blanqueen a favor de un punto de vista que anula el contenido problemático del individuo que lo creó.

Más allá de la anécdota de si Ballagas fue o no homosexual, este ensayo defiende la idea de la obra literaria, y en particular la poesía, como un espacio de confluencias existenciales que testimonia a un sujeto comprometido con su escritura, que hace de ella un tatuaje artístico, una marca, más o menos codificada en el discurso, pero imposible de borrar, en primer lugar porque, en este caso, al poeta mismo no le interesa anularla, sino todo lo contrario, quiere dejarla inscrita en su obra: «Si cuando ya no exista a alguien se le ocurre escribir sobre mí por lo menos no me echarán en cara el sufrimiento», le había dicho Ballagas a Piñera refiriéndose a «Elegía sin nombre» (1937), tal vez el único texto donde celebra eufóricamente su pasión homosexual.

Como el título del ensayo lo anuncia, lo que pretende destacarse aquí es al individuo mismo y en, última instancia, no se emite un criterio sobre si los determinantes sociales —matrimonio, paternidad, catolicismo— de Ballagas fueron mejores o peores desde el punto de vista moral, sino que estos tomaron forma en un contexto psicológico específico:

> La lucha de Ballagas no era contra la sociedad sino consigo mismo. Su error —y por él luchó a brazo partido— fue estimarse él mismo como un ser, no al margen de esa sociedad, no como un *hors-la-loi*, sino al margen de sí mismo, fuera de la ley de sí mismo. Y aquí el problema entronca con su religiosidad: Ballagas no podía dormir el sueño del justo en tanto pecador. Su inversión sexual se le presentaba siempre y únicamente a título de pecado, de «pecado nefando» [...] no tuvo tiempo para fijarse en los demás. Hasta que la muerte lo sorprende [...] sólo existe para él una persona interesante, un ser problemático: Ballagas. El resto —como dice Hamlet— es silencio... (195)

Partiendo de estos criterios, Piñera entonces analiza algunos de los poemas, según él, representativos de ese conflicto. A estas alturas se ha escrito lo suficiente sobre cómo Emilio Ballagas articuló el deseo sexual en su poesía y no creo que sea necesario reseñar aquí el despliegue crítico-literario que aparece en el ensayo que comentamos.[20] Baste sólo aclarar que su exposición describe al detalle la genealogía del sentimiento de ambigüedad y angustia con el que vivió el autor a lo largo de su vida y que, según Piñera, estaba en vías de solucionar al momento de su fallecimiento.

Lo que sí es pertinente recordar a modo de conclusión de acuerdo al objetivo de este ensayo —es decir, indagar en las categorías y la dinámica con la que Piñera piensa la poesía— es notar que para el crítico, entre el *yo* poético (o el sujeto que habla) y el *yo* biográfico (o individuo histórico), existe una interrelación productiva, es decir el poeta *es* su poesía, ella lo representa en la medida en que el crítico se acerca incisivamente a ella para leerla en la complejidad de la experiencia expresada.

Piñera es hostil al concepto de que uno y otro polo —poeta/poe-

---

20 Ver «Outing silence as code: Virgilio Piñera» en José Quiroga: *Tropics of desire. Interventions from queer Latino America*, New York and London, New York University Press, 2000, pp. 115-118. También el fragmento dedicado a este poeta en la disertación de Wilfredo José Hernández: Cartografía del deseo: representaciones de homosexualidad masculina en la literatura hispanoamericana (1880-2000). Universidad de Conneticut, 2002.

sía– funcionan de manera separada, así como a que el trabajo del crítico sea una ejecución paliativa de la obra en estudio. Para él lo cultural –esto es la religión, los valores familiares burgueses, la propia idea de literatura y sus usos políticos– no son más que barreras interpuestas entre el sujeto y sus posibilidades imaginativas. De ahí que la crítica pueda, desde el compromiso y la responsabilidad ética, esclarecer el proceso creativo de un texto, haciéndolo visible a los lectores en general.[21]

Lo cultural para él responde a una lógica de tortura que ata y fija simbólicamente a los sujetos a una mecánica de reproducción del *status quo* de la realidad: una realidad, valga la redundancia, con la que él y la mayoría de los miembros de su generación, fuesen de una u otra posición estético o ideológica, coincidían en criticar y hasta en cambiar en lo referente a las políticas económicas, educacionales e institucionales, pero que en cuanto a temas como la sexualidad, los estilos literarios o la función de la literatura, tenían profundos desacuerdos.[22]

A Piñera por su parte, como demuestra también el resto de su trabajo literario –narrativa y teatro–, le interesa operar no sólo desde su imaginación literaria, sino que a través de ella busca despertar la de sus lectores, provocando en los mismos un cambio a nivel subjetivo y no sólo hacer la crítica de la realidad (Foster, *Latin American Writers* 323).

---

21 En los últimos cincuenta años, este tipo de crítica se ha practicado poco, por no decir nada, entre los críticos literarios cubanos. Recientemente, sin embargo, se han venido publicando algunos estudios como el de Gustavo Pérez Firmat sobre Eugenio Florit («El amante») donde el investigador devela el contenido homosexual de «El martirio de San Sebastián», sin dudas el poema más comentado de Florit.

22 Además de los miembros de *Orígenes*, de fuerte tradición clásica y católica, y a los cuales Piñera es asociado comúnmente, existían también los escritores de *Nuestro Tiempo*, vinculados al Partido Socialista Popular (PSP), de abierta tendencia marxista, e incluso algunos de ellos pro soviéticos. Este último, al cual pertenecían, por ejemplo, José Antonio Portuondo y Mirta Aguirre, entre otros, fueron los que a principios de los años sesenta lograron desplazar de las posiciones dirigentes a los intelectuales considerados liberales en las nuevas circunstancias revolucionarias, entre ellos a muchos de los que se habían dado a conocer en la revista *Ciclón* y que luego se agruparon alrededor del semanario *Lunes de Revolución*. Virgilio Piñera entonces se convirtió en uno de los blancos favorito de la línea dura y poco a poco él y la mayoría de sus seguidores –junto a muchos otros que no– fueron apartados de las instituciones culturales, hasta que, aprovechando el caso Padilla, fueron completamente censurados en medio de un proceso de radicalización revolucionaria que alcanzó plena legalidad en el Congreso de Educación y Cultura celebrado en el mes de abril de 1971. Las diferencias y similitudes entre estos grupos y subgrupos que operaban en el campo intelectual cubanos en esos años no han sido estudiadas detenidamente, pero en ellas se pueden encontrar respuestas a muchas de las contradicciones que afloraron en los años sesentas, pero que ya existían desde los treinta y cuarenta. Ver también «El fantasma de Virgilio» en Enrico Mario Santí: *Bienes del siglo. Sobre cultura cubana*, México, FCE, 2002, 239-43.

Texto, autor, vida

Como resumen a este capítulo, puede decirse que el Piñera crítico de poesía descentra gradualmente el significado mitológico del género, ampliando sus ejes de comprensión, entiéndase condicionamientos públicos y privados que sólo pueden ser rastreados en la practica poética misma. El texto, su autor y la vida de este último como punto de partida para una comprensión de la obra en su conjunto y en un contexto sociocultural específico.

En el caso de la Avellaneda, hace un recorrido por el período histórico y la responsabilidad del creador hacia este. Es decir, el poeta no sólo habita un espacio determinado, sino que en tanto trabajador del lenguaje puede modificarlo y extraerle nuevas resonancias antes que sólo dejarse seducir por el facilismo técnico y los elogios de los contemporáneos que en definitiva, en su opinión, fueron los elementos que no le permitieron a la Avellaneda superar algunos de sus mejores poemas como, en su opinión, el «Soneto a Cuba» y «La pesca en el mar» (*Poesía y crítica* 167-68).

En Valéry, Piñera reconoce al poeta artífice de su propio secreto artístico, el creador demiurgo que, no obstante, genera cortinas de humo alrededor de su propio trabajo a la vez que, en lo personal, padece la imposibilidad de definirlo completamente. Estos dos ensayos pueden considerarse de aprendizaje en la medida en que aunque bajo la impronta del estilo inquisitivo del autor, todavía su ojo crítico habla del poeta en tanto otro, es decir, alguien a quien la tradición le ha otorgado un aura de la que hay que extraer una enseñanza, una esencia al mismo tiempo vital y poética. Esto se aprecia en el tono grandielocuente de algunas frases, lo cual no les quita peso conceptual, pero reconocen en la figura del poeta los poderes de toda creación artística.

En cambio, en «Ballagas en persona» (1955), nuestro autor no sólo explora al poeta y su aura mítica, sino, y puede decirse que al mismo nivel, a la función de la crítica. Este es un texto donde Piñera apela a la capacidad creadora del crítico frente al objeto de estudio, observado en la práctica del análisis un diálogo intenso entre ambos. Este concepto del trabajo crítico lo ubica a la vanguardia en América

Latina de un tipo de mirada que, en general, reinterpreta la forma de acercarse a los textos literarios, usando como referencia pertinente no sólo los recursos retóricos de los mismos, sino la relación sanguínea de estos con el autor y su circunstancia (Balderston *El deseo* 23-24, 31).

Piñera ve en la homosexualidad de Emilio Ballagas un factor activo en su escritura y se dispone a detallar en el texto las marcas de esa diferencia. Con este ensayo, el autor sella entonces una visión de la poesía y del poeta que desde los años cuarenta lo venía interpelado a él mismo como creador y este hecho tendrá repercusiones en su propia crítica y en su poesía.

Obras Citadas

Fuentes primarias

Piñera, Virgilio. «Cada cosa en su lugar». *Lunes de Revolución*, 14 de diciembre, 1959: 11-12.

__________. «Carta a Cintio Vitier». 2 de diciembre de 1943. Archivos privados de la familia Ibáñez Gómez, Calzada de Managua # 65, La Habana.

__________. «Carta a Luisa Joaquina». Junio de 1958. Archivos privados de la familia Ibáñez Gómez, Calzada de Managua # 65, La Habana.

__________. «Cuba y la literatura». *Ciclón* (1956): 51-55.

__________. *Cuentos completos*. Madrid: Alfaguara, 1999.

__________. *Cuentos fríos*. Buenos Aires: Editorial Losada, 1956.

__________. «La inundación». *Ciclón*, La Habana, 1959.

__________. *La isla en peso*. La Habana: Ediciones Unión, 1998.

__________. «Noticias para Ulises». *Poeta* 1 (1942): sp.

__________. *Poeta* 1 (1942) y 2 (1943).

__________. «Poesía y Crimen». *Espuela de Plata*. Edición facsimilar. Sevilla: Editorial Renacimiento, 2002.

_______________. *Poesía y crítica*. Selección y prólogo de Antón Arrufat. México D.F.: Consejo Nacional para la Cultura y las Artes, 1994.

_______________. *Poesía y prosa*. La Habana, Edición de Autor, 1944.

_______________. «Una crónica del primero de Mayo». *Casa de las Américas* 1 (1959).

_______________. *Teatro completo*. La Habana: Ediciones R, 1960.

_______________. «La vida tal cual». *Unión* (1990): 22-35.

_______________. «Votos y vates». *Lunes de Revolución*, No. 47, 15 de febrero, 1960, 9.

FUENTES SECUNDARIAS

Álvarez-Tabío Albo, Emma. *Invención de La Habana*. Barcelona: Editorial Casiopea, 2000.

Arrufat, Antón. *Virgilio Piñera: entre él y yo*. La Habana: Ediciones Unión, 1994.

Balderston, Daniel. *El deseo, enorme cicatriz luminosa. Ensayos sobre homosexualidades latinoamericanas*. Rosario: Beatriz Viterbo Editora, 2004.

_______________. «Narración fría en los cuentos de Piñera». *En torno a la obra de Virgilio Piñera*. Ed. Jean-Pierre Clément y Fernando Moreno. Poitiers: Centre de Recherches Latino-Américaines de l'Université de Poitiers, 1996. 87-92.

Baquero, Gastón. *Ensayos*. Salamanca: Fundación Central Hispano, 1995.

_______________. *La fuente inagotable*. Valencia: Editorial Pre-textos, 1995.

Espinosa Domínguez. Carlos. *Virgilio Piñera en persona*. Denver: Editorial Término, Colección Ideas, 2003.

Espuela de Plata. Cuaderno Bimestral de Arte y Poesía (La Habana, 1939-1941). Edición Facsimilar. Ed. Gema Areta. Sevilla: Editorial Renacimiento, 2000.

Foster, David William. *Sexual Textualities: Essays on Queer/ing Latin American Writing*, Austin: University of Texas Press, 1997.

_______________. ed. *Latin American Writers on Gay and Lesbian Themes. A Bio-Critical Sourcebook*. Westport: Greenwood Press, 1994.

__________. *Cuban Literature. A Research Guide*. New York: Garland Publishing, INC, 1985.

Gombrowicz, Witold. *Ferdydurke*. Traducción hecha por un Comité de traducción presidido por Virgilio Piñera. Buenos Aires: Editorial Argos, 1947.

Jambrina, Jesús, ed. «La galaxia Virgilio». *La Gaceta de Cuba* 5 (1999): 8-14.

__________. « Mucho Virgilio». *La Gaceta de Cuba* 5 (2001): 2-16.

__________ «Del yo al nosotros en *La isla en peso* de Virgilio Piñera», La Habana Elegante # 46, Otoño-Invierno, 2009, disponible online: http://www.habanaelegante.com/Fall_Winter _2009/Invitation_Jambrina.html

Jiménez, Juan Ramón. *La poesía cubana en 1936*. La Habana: Institución Hispanocubana de Cultura, 1937.

Lezama Lima, José. *Fascinación de la memoria. Textos inéditos de José Lezama Lima*, La Habana: Editorial Letras Cubanas, 1993.

__________. *Imagen y posibilidad*. La Habana: Editorial. Letras Cubanas, 1981.

__________. «Interrogando a Lezama Lima». *Valoración Múltiple*. La Habana: Editorial Casa de las Américas, 1970. 11-40.

__________. *Paradiso*. La Habana: Fondo Editorial Casa de las Américas, 2000.

__________. *La posibilidad infinita. Archivo de José Lezama Lima*. Madrid: Editorial Verbum, 2000.

__________. *El reino de la imagen*. Caracas: Biblioteca Ayacucho, 1981.

Martí, José. *Nuestra América*. Barcelona: Biblioteca Ayacucho, 1985.

Méndez Rodenas, Adriana. *Cuba en su imagen: Historia e identidad en la literatura cubana*. Madrid: Editorial Verbum, 2002.

Molinero, Rita, ed. *Virgilio Piñera: la memoria del cuerpo*. San Juan: Editorial Plaza Mayor, 2002.

Pérez León, Roberto. *Tiempo de* Ciclón. La Habana: Ediciones Unión, 1995.

Portuondo, José Antonio. «El toro de Falaris. El poeta en su universo aprisionado». *Lyceum* 11-12 (1938): 52-55.

Redonet, Salvador. *Entre dos Origenistas y un eterno disidente. La cuentística de José Lezama Lima, Eliseo Diego y Virgilio Piñera*. Cienfuegos: Ediciones Mecenas, 2001.

Revista *Verbum*. Ed. Gema Areta. Edición facsimilar. Sevilla: Editorial Renacimiento, 2001.

Saínz, Enrique. *La poesía de Virgilio Piñera: ensayo de aproximación*. La Habana: Editorial Letras Cubas, 2001.

Vitier, Cintio. «Carta a Virgilio Piñera». 21 de agosto de 1944. Archivos privados de la familia Ibáñez Gómez, Calzada de Managua # 65, La Habana.

__________. «Carta a Virgilio Piñera». 7 de diciembre de 1942. *Vitral* (1997): 88.

__________. «Carta a Virgilio Piñera». Noviembre de 1943. *Vitral* (1997): 87-88.

__________. *Cincuenta años de poesía cubana (1902-1952)*. La Habana: Dirección de Cultura del Ministerio de Educación, 1952.

__________. *Crítica 1*. La Habana: Editorial Letras Cubanas, 2000.

__________. *Crítica 2*. La Habana: Editorial Letras Cubanas, 2001.

__________. *Diez poetas cubanos (1937-1947)*. La Habana: Ediciones Orígenes, 1948.

__________. *Lo cubano en la poesía*. Santa Clara: Universidad Central de Las Villas, 1958.

__________. *Poesía*. La Habana: Ediciones Unión, 1997.

__________. «Virgilio Piñera. *Poesía y Prosa*. La Habana, 1944». *Orígenes* 5 (1945): 47-50.

Zambrano, María. «Carta a Virgilio Piñera». 5 de noviembre de 1941. *Vitral* (1997): 85.

__________. «Carta a Virgilio Piñera». Sin fecha. *Vitral* (1997): 86.

__________. *La Cuba secreta y otros ensayos*. Madrid: Editorial Endymión, 1996.

Gombrowicz y Piñera, jefes del *Ferdydurkismo* Sudamericano

Milda Zilinskaite
University of California-San Diego

«Sería más razonable de mi parte no meterme en temas drásticos porque me encuentro en desventaja. Mi castellano es un niño de pocos años que apenas sabe hablar. No puedo hacer frases potentes ni ágiles, ni distinguidas, ni finas, pero ¿quién sabe si esta dieta obligatoria no resultará buena para la salud? A veces me gustaría mandar a todos los escritores del mundo al extranjero, fuera de su propio idioma y fuera de todo ornamento y filigranas verbales, para comprobar qué quedará de ellos entonces.»

Estas son palabras extraídas de una lectura pública hecha por el escritor polaco Witold Gombrowicz en Buenos Aires en agosto de 1947, y unos años después publicada en *Ciclón* bajo el nombre «Contra los poetas». Meses antes de la presentación, en el verano austral de 1947, Gombrowicz mandó el texto a Virgilio Piñera y Humberto Rodríguez Tomeu para que ellos, citando su carta, «lo pongan en buen castellano», tal como ya lo habían hecho antes con la célebre *Ferdydurke* y las cartas a distintas editoriales argentinas para promover aquella novela.[1]

El largo proceso de la traducción de *Ferdydurke* dejó como resultado una interacción intelectual entre Piñera y Gombrowicz que iba más allá de las correcciones gramaticales y de estilo. En junio de 1947, el escritor cubano declaró, durante una entrevista con Gombrowicz transmitida por una radio difusora de Buenos Aires, que los trabajos literarios de ambos persiguen el mismo fin. Una muestra de ello son los panfletos *Aurora* y *Victrola,* un ataque directo a Victoria Ocampo, *Sur* y el mundo literario argentino. Además, si leemos «Contra los poetas» de Gombrowicz en paralelo a los ensayos «Nota

---

1   La mencionada carta de Gombrowicz se encuentra en «Gombrowicz por él mismo,» *Poesía y crítica* (1994). Para más detalle sobre el proceso de la traducción de *Ferdydurke* veáse Gasparini 135-76 y Suchanow 104-26.

sobre literatura argentina de hoy» y «El país del arte» de Piñera, po-
demos observar que los tres textos están completamente infusionados
con los voces de cada uno de los dos autores: se destacan por un estilo
sarcástico e irreverente, formando un triangulo de crítica cultural
(ataque contra los poetas, contra los escritores, y contra los pintores).

Esta colaboración, relativamente corta pero intensa entre ambos
autores –no hay mejor manera de llamarla que por el nombre in-
ventado por ellos mismos, la *batalla ferdydurkista*– resultó en una
fuente de teorías compartidas, de la cual los dos nutrieron su posterior
producción literaria, y que se ve reflejada en las novelas *Trans-
Atlántico* (de Gombrowicz, escrita entre 1948 y 1950) y *La carne de
René* (de Piñera, 1950-1952), [2] e incluso –aunque inesperadamente–
en algunos de los ensayos individuales de la década de 1950 (en *Ciclón*
de Piñera, y *Kultura* de Gombrowicz). La *batalla ferdydurkista* es pre-
cisamente el tema principal de este ensayo, que tiene como objetivo
acercar al lector a los textos escritos por Gombrowicz y Piñera en 1947
como un conjunto de obra interconectada. Después de una breve pre-
sentación sobre los textos primarios, la discusión se aborda desde un
enfoque particular en Argentina, como el espacio de exilio atípico, re-
firiéndose a las circunstancias que hicieron posible convertir éste sitio
local en el campo metafórico de una batalla con sabor internacional.
La segunda parte de la discusión presenta el objetivo y el método del
ataque compartido, usado por los dos autores tanto en 1947, como en
su producción literaria posterior. Finalmente, la última parte del pre-
sente ensayo saca la *batalla ferdydurkista* fuera de su contexto histórico
y la usa como evidencia para cuestionar la imagen incompleta de
Piñera que durante los años se ha formado erróneamente entre los
lectores y críticos gombrowiczianos.

---

2   Las tramas de las ambas novelas se basan en un triangulo dramático compuesto del padre
     (el representante de la ley moral del estado, macho par excellence, héroe y víctima de los
     valores imaginarios nacionales), el hijo (un adolescente al punto de convertirse en un
     adulto, el objeto del deseo de todos otros personajes), y un seductor adinerado (en las
     dos novelas un extranjero –en *Trans-Atlántico*, un homosexual de raíces mezcladas, en
     La carne de René una viuda– alguien supuestamente perverso y impuro, cuyo compor-
     tamiento es opuesto al ley del padre). El innegable paralelismo de las relaciones entre el
     padre e hijo, y la «nación menor» y un escritor *banalizador* –estos dos conceptos se reto-
     marán más adelante en el presente ensayo– no son casuales y pueden ser leídos como una
     encarnación ficcional de los argumentos teóricos avanzados durante la *batalla ferdydur-
     kista.*

Sobre las publicaciones de 1947

«Estamos dando la batalla.»
Piñera, carta a Lezama, nov. 17, 1947

Antes de entrar en la discusión sobre la batalla literaria de 1947, hay que dar unas notas contextuales de los textos publicados o leídos al público hispanohablante en aquel año. Como se mencionó anteriormente, se trata de tres ensayos de crítica cultural: «Nota sobre literatura argentina de hoy» y «El País del Arte» de Virgilio Piñera, y «Contra los poetas» de Witold Gombrowicz. Los otros tres textos fueron producidos por Piñera y Gombrowicz en colaboración, e incluyen el manuscrito de una entrevista y dos panfletos literarios: *Aurora: Revista de la Resistencia* y *Victrola: Revista de la Insistencia*.

Las fechas de las publicaciones de los ensayos críticos de Piñera no se tratan en este trabajo con mucho detalle, ya que son bien conocidas entre los lectores piñerianos.

Como es sabido, «Nota sobre literatura argentina de hoy» fue publicado en *Los Anales de Buenos Aires* –la revista mensual dirigida por Jorge Luis Borges– en febrero de 1947, y simultáneamente apareció en *Orígenes*. El único desacuerdo que existe entre los críticos y biógrafos contemporáneos es acerca de cómo y cuándo el editor poco convencional, Borges, consiguió aquel ensayo. «El País del Arte» fue publicado a finales del mismo año, en la edición de invierno de *Orígenes*.

Poco tiempo antes de que el primer ensayo de Piñera fuera presentado en *Los Anales*, Gombrowicz terminó de escribir el borrador de su polémico ensayo «Contra los poetas». Sabemos sobre la existencia de la primera versión de este texto gracias a la anteriormente mencionada carta que el escritor polaco mandó a Piñera y Rodríguez Tomeu el 25 de enero de1947, en la cual les informa que ha enviado un extracto de *Ferdydurke* a la revista *Sur*, y donde también menciona otro trabajo que quiere enviar, titulado «Nota contra los poetas». La contemporaneidad del texto de Gombrowicz con el ensayo de Piñera es en gran parte ignorada en los estudios gombrowiczianos, lo que es una de las razones principales por las que «Contra los poetas» es frecuentemente tratado como un monólogo provocador de un escritor polaco expatriado y casi ermitaño, en lugar de como una forma de crítica nacida de un diálogo transnacional con varios intelectuales latinoamericanos.

Igual que la «Nota sobre literatura», el ensayo de Gombrowicz estaba destinado a servir como una provocación cultural. Sin embargo, el texto polémico del autor polaco no solamente fue completamente rechazado por el consejo editorial de *Sur*, sino también por otras revistas literarias argentinas. Así que no fue hasta el 28 de agosto, meses después de haber sido escrito, que en la librería Fray Mocho en Buenos Aires fue leído y presentado por el propio Gombrowicz, en su castellano imperfecto. En otras palabras, fue escuchado por poca gente y pronto olvidado (Suchanow apunta que a aquel evento habrían asistido menos de cuarenta personas). Como ya se mencionó, su única publicación en el mundo hispanohablante durante la vida del autor es la de *Ciclón* en 1955, la cual ocurrió debido a los esfuerzos del colaborador más influente de aquella revista cubana, Virgilio Piñera.[3]

Además de estos tres ensayos críticos que Gombrowicz y Piñera escribieron de forma individual, se conocen otros dos proyectos que los escritores realizaron en colaboración, los que en este trabajo cobran una gran importancia. El primero es un breve diálogo amistoso entre Gombrowicz y Piñera, que fue trasmitido por la radio difusora El Mundo en Buenos Aires unos meses después de la publicación de *Ferdydurke*. La transcripción de esta conversación fue preservada por Piñera.[4] El segundo se trata de un «juego hiperliterario», que resultó en dos «parodias panfletarias» (ambos epítetos fueron muy apropiados propuestos por Nancy Calomarde), *Aurora* y *Victrola*. Estos panfletos fueron distribuidos por los propios autores, Gombrowicz y Piñera, en los círculos literarios de Buenos Aires a principios de octubre de 1947. En esos dos textos cortos, los autores reafirman sus ideas ya presentadas en «Nota sobre literatura», «El País del Arte» y «Contra los poetas», sin embargo el estilo de los dos panfletos es visiblemente diferente, ya que además de ser parodias de una revista literaria, en su expresión lapidaria y emotiva, contienen un ataque contra todo lo establecido parecido a los manifiestos

---

3   Con la ayuda de Piñera, Rodríguez-Tomeu y el escritor argentino Ezequiel Martínez Estrada, Gombrowicz había organizado tres conferencias de literatura en *Fray Mocho*, una pequeña librería en el centro de Buenos Aires. La versión original de «Contra los poetas», el texto que fue leído por el autor durante la segunda de estas conferencias, difiere significativamente de la versión conocida entre los lectores no-hispanohablantes, que fue publicada en la revista literaria polaca *Kultura* (Paris, 1951). En este trabajo usamos el manuscrito del texto original, conservado por Nicolás Espino, y luego donado a la Beinecke Rare Book Library de la Universidad de Yale por Rita Gombrowicz.

4   En «Gombrowicz por él mismo». Suchanow identifica que la fecha de la lectura pública de dicha entrevista fue el 29 de junio de 1947.

avant-garde de las primeras décadas del siglo veinte. La idea de reciclar ese tipo de escritura, que en ese momento en Europa occidental fue básicamente olvidada, es curiosa, y –como estará insinuado más adelante en este ensayo– no casual (tiene que ver con la intención de *banalizar*).

Tanto dentro de los estudios gombrowiczianos como en los piñerianos domina la suposición, basada principalmente en los testimonios de Rodríguez Tomeu y Alejandro Russovich, que *Aurora* fue una obra redactada enteramente por el autor polaco (con la excepción de las cuestiones gramaticales), mientras que *Victrola* es una obra de Piñera, escrita en secreto como una respuesta juguetona a la primera, «para mortificar al polaco»*Virgilio Piñera,* 86, n°. 70. Recién en el año 2010 Nancy Calomarde expresó sus dudas acerca de tales «operaciones de 'autorización' del sujeto escritor», afirmando que ambos textos eran el resultado de una colaboración mutua entre ambos autores.

> La idea de separar las autorías no se sostiene en la lógica de los panfletos por dos razones fundamentales: no solamente porque ninguno de ellos aparece con firma, sino porque ambos fijan el mismo centro editor en el barrio porteño de Once y reproducen casi idéntica tipografía, formato, diseño, y temática; y porque –además– las condiciones de enunciación del texto permite unirlas más que distanciarlas; fueron publicadas con un día de diferencia, lo que posibilita suponer un trabajo en colaboración, aunque haya sido diseñado en el enunciado como un juego paralelo, que le hacía Piñera a la escritura del polaco. (197-98) [5]

Apoyando el argumento de Calomarde acerca de las condiciones de enunciación de ambos textos, se puede añadir que en ellos se perciben elementos característicos de los estilos literarios de cada escritor: los ocho pseudo-anuncios en *Aurora* sobre la venta, compra e intercambio de perros –que interrumpen completamente el flujo de la discusión y distraen la atención del lector– poseen los rasgos del absurdismo piñeriano más que del modernismo polaco tardío propio de Gombrowicz. Ciertos párrafos del panfleto se encuentran saturados del uso enfático de mayúsculas y de signos de exclamación, asemejándose al alarido emocional expresado en la introducción de «El País del Arte», mientras

---

5   Además de los puntos citados arriba, Calomarde acentúa la importancia de una carta de Piñera datada 17 de noviembre, 1947 –en cual le había enviado a Lezama ejemplares de *Aurora* y *Victrola*– como una prueba de que ambos panfletos primero: «eran parte de una activa contienda que ambos –Piñera y el conde apócrifo– pretendían librar de la literatura argentina,» y segundo: «que [Gombrowicz y Piñera] consideraban a su experimento el fruto de un mismo esfuerzo» 199.

que los similares comentarios polémicos en «Contra los poetas» están presentados en forma de oraciones largas y sintácticamente completas. Otros ejemplos semejantes que aparecen en *Victrola* demuestran que la discusión acerca de la autoría de los dos panfletos debería transcurrir al menos al nivel de pasajes separados en cada uno de ellos.

La necesidad de continuar la discusión acerca del hecho que la colaboración en esos casos fue más cercana de lo supuesto, se basa en dos motivos prácticos. Primero, es importante plantear un asunto de negligencia en los estudios gombrowiczianos de *Victrola*: hasta ahora, solamente *Aurora* ha sido traducida al polaco y al francés, y aparece en la colección más inclusiva de los textos críticos y biográficos de Gombrowicz (*La Varia I y II*, primera publicación 1973; edición nueva, extendida por *Varia III*, en 2004). Segundo, al concebir los dos panfletos como parte del trabajo colectivo, la *batalla ferdydurkista* adquiere aún más relevancia como una provocación sistemática. En retrospectiva, se puede observar que el tono menospreciante y deliberadamente intolerable, perceptible en cada uno de los seis textos redactados en 1947, es en realidad el vínculo que crea coherencia entre ellos, permitiéndonos leerlos como una invitación premeditada a un duelo literario.

ARGENTINA COMO EL CAMPO DE LA *batalla ferdydurkista*: NOSOTROS, LAS NACIONES MENORES

> «Y permitidme deciros que desde la perspectiva de la Europa central y oriental la realidad argentina se ve de distinta manera.»
>
> GOMBROWICZ, *Diario Argentino*

Una de las principales circunstancias que brindó a los dos escritores la oportunidad de generar una fuente de argumentos compartidos fue el hecho de que en aquel momento los dos estuvieran viviendo y escribiendo lejos de sus países natales. El campo metafórico de la *batalla ferdydurkista* estuvo basado, obviamente, en un espacio real, es decir Argentina: un país que ofrecía un espacio de exilio muy diferente del que un escritor europeo del centro-este o un escritor caribeño pudiera haber encontrado en una de las destinaciones migratorias más tradicionales, p. e.: Estados Unidos, Francia o Inglaterra.

En el caso de Gombrowicz, es sabido que cuando desembarcó en el puerto de la capital Argentina, en la víspera de la Segunda Guerra Mundial –agosto de 1939– no sabía ni una palabra de español (de hecho, como él mismo nota en el prefacio de *Ferdydurke*, ni siquiera existía un diccionario polaco-español en aquel entonces), ni tampoco tenía contacto con ningún intelectual argentino contemporáneo que perteneciera a la comunidad literaria de Buenos Aires.[6] Sin embargo, la misma falta de contacto con la literatura como una institución social y académica, la cual duró muchos años, le ofreció al escritor polaco un distanciamiento positivo, junto con una perspectiva nueva y algo inesperada; lo que en turno hizo posible la libertad de inventar su propia Argentina.

La autenticidad de tal re-invención de la Argentina gombrowicziana radica en el hecho de que sus textos asemejan a la Argentina de su presente con la Polonia de su pasado, a pesar de que el mundo literario polaco, en el cual él participó durante sus años de juventud, fue dispersado durante la guerra y ya no existía. Según el escritor, la producción literaria que él conocía de los dos países estaba marcada por exactamente la misma paradoja; por un lado uno sentía en ella la presencia de la cultura europea occidental más fuerte que en Europa occidental misma –se trata especialmente de los europeizados círculos intelectuales elitistas tanto de Buenos Aires como de Varsovia– mientras que por otro lado los dos países eran, como nota sarcásticamente en su *Diario*, naciones «de vacas, donde no había suficiente apreciación de la literatura.» (*A Kind* 84, mi traducción).[7] Estas palabras deliberadamente provocativas expresan una opinión en que la admiración sentida en sus dos «patrias» por las tendencias literarias y filosóficas importadas de la Europa occidental no era considerada por el escritor como una señal de madurez sino, por el contrario, una falta de patrimonio literario propio y auténtico de estas dos naciones.

---

6   Pablo Gasparini acertadamente nota que tan diferente era el caso de Gombrowicz en comparación a los otros intelectuales exiliados europeos de su generación. Por ejemplo, el francés Roger Caillois, que fue a Argentina invitado y financiado por Victoria Ocampo, o el compatriota de Gombrowicz, Chezław Miłosz, que al emigrar a los EEUU en los años sesenta encontró en la universidad de Berkley una posición académica estable dentro del Departamento de lenguas eslavas; en otras palabras, tuvo –al igual como Caillois– un gran apoyo institucional, lo cual le faltó completamente a Gombrowicz. Como sabemos, la meta original del viaje de Gombrowicz a Sudamérica no era la emigración. Fue invitado a participar en el viaje de inauguración del barco polaco *Chrobry* como uno de los representantes de la cultura polaca (Suchanow argumenta que, al llegar a Buenos Aires, Gombrowicz ya tenía planeado quedarse fuera de Europa, pero esto no se lo había comunicado a nadie y no había sido preparado de antemano).

7   Hay más referencias a la misma idea en sus otras obras: los *Diarios* (1953-1968), *Peregrinaciones argentinas* (publicado póstumamente) y *Recuerdos polacos* (también póstumo).

Piñera, al llegar al final del proceso de traducción de *Ferdy-durke*, añadió a Cuba a la misma ecuación, proclamando que, según él, los tres países: Polonia, Argentina y Cuba estaban «unidos por la misma necesidad de espíritu» («Gombrowicz» 256). Si consideramos los contextos históricos de los tres países, tal propuesta resulta inesperada: ¿cómo se puede hablar de la misma necesidad de espíritu de la cultura argentina durante la cúspide del peronismo, de la cubana durante la presidencia de Ramón Grau San Martín –y de la polaca durante los primeros años de la censura estalinista? Sin embargo, la crítica de Piñera claramente señalaba la presencia de los síntomas de la misma enfermedad: aunque los mundos literarios contemporáneos de estos tres países parecieran suficientemente dinámicos (hay que recordar aquí que el año en que Piñera se fue para Argentina, tanto la influencia cultural de *Sur*, como la de *Orígenes* ya estaba bien en marcha), les faltaba autenticidad, madurez y especialmente, citando al escritor: «la independencia y la soberanía espiritual, frente a las culturas mayores que nos convierten en eternos alumnos». («Gombrowicz» 256).

Evidentemente, hablar sobre la inferioridad cultural de ciertas naciones no es un discurso nuevo: Piñera mismo en la «Nota sobre literatura» menciona la vieja sentencia hegeliana según la cual América es un continente cuya cultura sigue en pie. Lo que es nuevo de su proposición, es el enlace algo insólito que hace entre los países natales y el lugar del exilio, percibida tan claramente por los dos escritores. Esta conexión –«la misma necesidad de espíritu»– hizo posible pensar en una nueva táctica para la lucha por la soberanía cultural en los tres países, lo cual nunca fue efectivamente realizada más allá de la efímera batalla *ferdydurkista*, pero que es interesante como una posibilidad en sí misma. Está conexión estuvo basada en una idea que se refleja en la declaración de Gombrowicz pronunciada en 1947 durante la mencionada entrevista con Piñera: «Nosotros, *las naciones menores*, debemos dejar la tutela de París y tratar de *comprendernos directamente*»(«Gombrowicz» 255). Sabemos que la frase «comprendernos directamente» aquí tiene dos significados: comprendernos a cada uno de nosotros, separados (cada uno se comprende a sí mismo, sin importarnos lo que diga París– lo cual es obviamente lo más importante

de la frase), o comprendernos a todos nosotros como un todo (sin importarnos lo que diga París). Teniendo en cuenta que: primero, en la misma entrevista Gombrowicz se queja a Piñera de que en Sudamérica cualquier escritor europeo occidental recibiría más atención que hasta el mejor escritor de Europeo del este; segundo, que en el panfleto *Aurora*, el Comité de Resistencia declara que su «política intercontinental» implica la lucha compartida de las «naciones menores»; y tercero, que una gran parte de la originalidad del proceso de la traducción de *Ferdydurke* fue justamente el hecho de que el proyecto entero fuera realizado por los participantes latinoamericanos y de Europa del este (sin la intervención de ningún intelectual europeo occidental, norteamericano o de la Unión Soviética), podemos proponer que la frase «comprendernos directamente», efectivamente exige más interacción cultural directa entre las «naciones menores». Tal interpretación abre un espacio de análisis comparativo, todavía apenas explorado, de examinar los discursos literarios de una región históricamente considerada como periférica (en ese caso América Latina) ni desde «el centro» hegemónico (Europa Occidental), ni tampoco exclusivamente desde el interior, sino desde la perspectiva de otra región periférica (en este caso Europa Centro-Oriental) cuya cultura literaria fue también históricamente marginalizada.

Los banalizadores

Al haber aceptado el concepto «las naciones menores» como una pieza de la identidad literaria, se ha formado en las obras tanto de Gombrowicz como de Piñera cierta relación con la cultura canónica europea occidental. A través de la crítica y los consejos que los ambos autores en sus textos de 1947 dan a escritores argentinos y compatriotas, surge una actitud inconformista y beligerante frente a las definiciones convencionales de la Literatura, Poesía y Arte de «estatura europea». Los ejemplos característicos aquí incluyen el discurso acerca del *tantalismo* latinoamericano en «Nota sobre literatura», el discurso acerca de la *esclavitud al instrumento* en «Contra los poetas», y acerca de la *adoración del Arte* en «El país del Arte», ya que los tres casos expresan el mismo intento de convencer al lector que el uso y perfeccionamiento de ciertas formas literarias y artísticas preconcebidas no es ninguna señal de la madurez, seriedad, erudición, ni superioridad cultural.

La solución al complejo de la *inmadurez cultural* (la expresión preferida por Gombrowicz) que los dos jefes de la *batalla ferdydurkista* sugieren a sus lectores es un método de desmitificación, a lo cual podemos llamar por el mismo nombre que Piñera iba a dar a la novela que estaba escribiendo en 1947, *El Banalizador*. *Banalizar* significa trivializar, hacer que ciertas ideas preconcebidas parezcan menos importantes y más prosaicas. Según Piñera y Gombrowicz, el trabajo de un escritor latinoamericano o europeo del centro-este no debería estar basado en el deseo de alcanzar las modas literarias y culturales europeas, sino en el deseo de *banalizarlas*: sacar a la luz su subjetividad histórica, rajarlas, burlarse de ellas, y manejarlas sin superstición.[8] Como reclaman de su lector los dos escritores en la introducción de *Aurora*:

> *¿Te inspiraba siempre el mayor respeto la Poesía, el Arte, la Literatura, la Filología, la Ideología, Europa, la Ciudad Luz, la Erudición y todas demás mayúsculas? Puedes, para cambiar un poco, olvidarte de las mayúsculas y empezar a hablar con minúsculas. Con tanto respeto nunca llegarás a ser creador de tu cultura y siempre tendrás que adaptarte a moldes ajenos* (en cursiva en el texto original).

La insistencia en «hablar con minúsculas» –o sea, de trivializar y *banalizar*– puede compararse a la noción del canibalismo en el movimiento antropófago brasileño de los años 1920-1930 porque ambos discursos se destacan por su desprecio de cualquiera adoración de «las culturas mayores», usan una escritura agresiva como método del ataque cultural, y pueden ser vistos como unas de las «formas extremas que el arte latinoamericano adoptó en su proceso de modernización y que tanto en la reflexión a propósito de la producción como en la producción misma busca resolver la relación de tensión entre lo particular y lo universal, entre lo local y lo europeo»(Galiñanes). Si

---

8   Como sabemos, una frase idéntica a la última en la lista, pronunciada por Borges, en su lectura acerca de la literatura argentina y la tradición (1953); sin embargo, hay mucha diferencia entre su argumento y el de Gombrowicz y Piñera quien llevan la idea de «manejarlas sin superstición» al casi extremo.

la antropofagia de Oswald de Andrade se basa en la reevaluación y re-significación de la definición convencional eurocéntrica de canibalismo como «un signo de animalidad, de bestialidad, marca de la no culturacultura» (Galiñanes). La *banalización* de Piñera y Gombrowicz hace algo muy semejante con la percepción eurocéntrica hegeliana acerca de la *inmadurez cultural* de las «naciones menores». La diferencia, sin embargo, está marcada por la estética literaria de los *banalizadores*, la cual tiene el carácter del modernismo tardío, se enfoca en lo constructivo más que en lo destructivo, y además rechaza toda actitud nacionalista. Otra diferencia más: mientras que en las obras antropófagas los maestros canónicos europeos están metafóricamente comidos, digeridos y de ese proceso se espera el surgimiento de una producción nueva, los textos de Gombrowicz y Piñera dejan a los lectores con la impresión de que la Europa Vieja está envejeciendo literalmente y excesivamente, tanto, que ni vale la pena intentar «comerla». En *Aurora* y *Victrola* los maestros canónicos europeos están presentados como cuerpos viejos, «físicos... ya no tan frescos». Según los autores, no hay que poner los «europeos viejos» en frente del público de los «naciones menores», cuyo principal fuente de creatividad está en su juventud, espontaneidad e hasta en cierta irracionalidad.

No hay mejor ejemplo para ilustrar esa actitud, que las diatribas amargas entre los narradores ficcionales de los dos panfletos. En el primero vemos como los jefes del Comité de Resistencia repetitivamente desdeñan a Victoria Ocampo y a *Sur* por su sumisión a todo lo que sea francés, así animando a sus lectores a luchar por más soberanía frente a Europa Occidental.[9] En el segundo, se emplea a pro-

---

9   *Sur* fue elegido como objetivo del ataque *ferdydurkista* no por casualidad. Por un lado, como lo comentan Anderson, Gasparini y Suchanow, las críticas de Gombrowicz y Piñera contra el grupo de Victoria Ocampo definitivamente tenían una dimensión personal, ya que la promoción de *Ferdydurke* se estrelló contra el silencio de éste círculo literario (años después Silvina Ocampo comentará sarcásticamente que el *Sur* ignoró aquella novela en 1947 porque: «El libro no nos gustó. Lo descubrimos más tarde»; en Rita Gombrowicz *Gombrowicz en Argentina*). Sin embargo, por otro lado no debe ser ignorado que *Sur* tanto para Gombrowicz como para Piñera fue un ejemplo importante, pero no el único, del tipo de política cultural elitista que ellos desdeñaban. En el pasaje final de *Aurora* está mencionado que: «Sólo por casualidad y por gusto hemos empezado con París y Victoria Ocampo, pues del mismo modo podríamos empezar con Barletta y su Teatro del Pueblo. Debes leer en estas dos páginas más de lo que está escrito... y tratar de reconstruir el esqueleto de nuestro perro a base de este hueso que te regalamos;» lo cual da entender que la crítica amarga de los dos jefes de *ferdydurkismo* se basa en su percepción de la escena cultural argentina a finales de la década de 1940 como inherentemente inferior pero incapaz de reconocerse como tal.

pósito una defensa desalentada (oraciones cortas, incompletas, sintácticamente incorrectas) de un pseudo-admirador de *Sur*, quien se apura a proclamar que en los países como Argentina solo existe una manera de la producción cultural, la cual es seguir incondicionalmente las jerarquías ya establecidas:

> Estremecido y estremeciendo. Así se hace la cultura . . . El Maestro arriba y el alumno debajo . . . Continente y contenido . . . Para matar –¡Pum, pum! A AURORA. ¡Pum, pum! Y AURORA, muerta en su sótano. Donde enseña a los jóvenes a no desaparecer ante el Coronel, ante Valéry, ante nadie. AURORA, pidiendo, por favor, más soberanía frente a Europa. Pero los jóvenes adorando más y más a los viejos maestros que vendrán todos los años a conmoverlos. A enseñarlos. A guiarlos. ¡Pum, pum!

«No desaparecer» frente los maestros europeos y los moldes ajenos culturales, no significa destruirlos, sino saber dejarles un rol auxiliar, enfocándose sobre todo en la mirada hacia el interior y hacia lo profundo, de lo cual surge una visión de la literatura como la herramienta del dialogo con la propia existencia (que en 1947 Piñera y Gombrowicz estaban obsesionados con tal visión, se prueba a través de las numerosas repeticiones de las frases «la realidad», «nuestra propia realidad», «el mundo que [n]os rodea», e «el verdadero mundo de la realidad»). En este sentido, el ruego de «no desaparecer» señala a un proceso dinámico de selección identificado por Ángel Rama en su teorización del concepto de transculturación. El principio de selectividad de un escritor *banalizador* opera sobre las mismas premisas descritas por Rama, y no es una síntesis armoniosa de lo foráneo y los elementos encontrados en el «mundo que nos rodea». Más bien, se trata de la re-significación de los elementos culturales importados, y búsqueda del auto-reconocimiento transformador en un nuevo espacio literario, donde las tendencias europeas pueden ser empleadas como un contexto útil, pero sin adoración, siempre manteniendo cierto nivel de escepticismo.[10]

---

10   En las obras posteriores a 1947 se nota que la misma actitud *banalizadora* fue mantenida por tanto Gombrowicz como Piñera años después de la experiencia compartida en Argentina. En el caso del escritor polaco, el mejor entre varios ejemplos que ilustran ello es una proclamación hecha en 1963, en cual con su sarcasmo típico había exclamado que su mayor logro como un escritor polaco-argentino era la capacitad de «bajarme los pantalones [...] sin hacerlo á la Proust o Jean-Jacques Rousseau o Montaigne o la psicoanálisis existencialista» (*Diary III*, 98). En el caso de Piñera vemos algo muy semejante en sus conocidas palabras: «entonces, si así es, yo soy absurdo y existencialista, pero a la cubana» («Piñera teatral» 15).

Si en lugar de aceptar la imagen del *banalizador* como una figura de signo positivo y constructivo, uno trata los seis textos de 1947 como obras no relacionadas a ninguna idea más amplia y compartida, se puede caer en la trampa de irritación provocada por el tono sarcástico de Gombrowicz y Piñera. Esto ha pasado con unas lecturas argentinas de «Contra los poetas», entre varios ejemplos, con la interpretación de Edgaro Russo, quien en su «Poesía y vida: consideraciones sobre el panfleto de Gombrowicz 'Contra los Poetas'» (1986), se preocupa por una defensa meticulosa de la poesía, y cuyo análisis no supera la ofensa inicial causada por el sarcasmo gombrowicziano. Pablo Gasparini acertadamente observa que más importante que las postulaciones arrogantes acerca de la poesía que ofuscan a Russo, es la teoría propuesta por Gombrowicz en el mismo ensayo acerca dos tipos de *humanismo*. *Humanismo* es la palabra usada por el autor polaco para describir la relación entre el poeta y la poesía, el escritor y la literatura, el artista y el arte, y que además, en un otro contexto puede ser empleada para describir la relación entre los escritores de las «naciones menores» y Europa occidental. El primer tipo de *humanismo* del cual Gombrowicz hace una parodia es el *humanismo religioso* que «coloca al hombre de rodillas ante la obra cultural de la humanidad». El segundo tipo –el tipo *laico* y «más bien insubordinado»– es en el que la palabra «arte» siempre se escribe con la minúscula. (Gasparini 108).[11] Es este tipo de *humanismo* que un escritor *banalizador* debería siempre manejar en su obra: tanto para expresar su relación con la literatura como una forma del arte, como en su relación con la influencia canónica europea.

En «El País del Arte», Piñera se dirige contra el mundo de los pintores para expresar un argumento casi idéntico a lo de Gombrowicz, de hecho, citándolo en su ensayo. Piñera también se enfoca en la crítica del entendimiento convencional del «Arte» (la palabra es primero cínicamente presentada con la mayúscula, y más tarde en el ensayo, escrita con la minúscula), declarando que en nuestros tiempos, en lugar de ser apreciada por lo que realmente es, «arte» vive alimentada solamente por su nombre y en su nombre. Para ilustrar eso, semejantemente a Gombrowicz, el escritor cubano yuxtapone arte y religión, insistiendo que religión requiere adoración, y adoración es siempre «ciega, abismal y pasiva.» El que adora pierde la soberanía,

---

11   En la versión original de «Contra los poetas» aparece en la página 23.

convirtiéndose «automáticamente en sujeto pasivo»; ergo, un artista no debería adorar el arte, ya que el raison d'être de arte «es ser lo menos adorable»(«El País» 138). Así pues, como apunta Gasparini, Piñera describe a los: «únicos soberanos de sí mismos, aquellos que antes que pensar al arte como un Abraham ante el cual sacrificarse en aras de la suprema oportunidad de convertirse en hijos suyos, optan por colocar en un plano artístico su propia vida haciendo del arte (con enfáticas minúsculas) un acto individual de plena libertad» (Gasparini 111). Con este ejemplo el argumento de Piñera se conecta directamente a la teoría gombrowicziana del tipo *laico* de *humanismo*, demostrando que los dos escritores tomaron medidas similares para adelantar en sus textos su capacidad transformadora de *banalizar*, o sea, de forzar a sus lectores a permanecer incómodos y alertas frente uno de los aspectos más importantes de la cultura humana: la convención.

Piñera en los estudios gombrowiczianos

J'espere que tout va bien, ecrivez, donnez des nouvelles de ce pauvre Virgile.

     Gombrowicz, carta a Rodríguez Tomeu, nov. 17, 1963

Sauvez le pauvre Pyniera.

     Gombrowicz, carta a Rodríguez Tomeu, febr. 27, 1966

¿Qué tal? ¿Virgilio?

     Gombrowicz, carta a Rodríguez Tomeu, oct. 16, 1966

... y estoy galopando, galopando, medicamentos, médicos, paseos, respiraciones, al galope, damas, caballeros, visitas, al galope, al galope, al galope, al galope.

     Gombrowicz, carta a Piñera, enero 1 de 1968 [12]

Dentro de la extensa obra crítica sobre Gombrowicz, en la actualidad el nombre de Piñera aparece casi únicamente mencionado en el

---

12   Las primeras tres cartas se encuentran en los archivos de «Virgilio Piñera Collection, 1941-1984» en Princeton University Library, Dept. of Rare Books and Special Collection. La cuarta está incluida en *Virgilio Piñera, de vuelta y vuelta* 243.

contexto de la traducción y publicación de la primera edición española de *Ferdydurke*, mientras que al resto de la interacción durante esta época no se le ha dado importancia.[13] Con la excepción del libro del argentino Pablo Gasparini (2007), no aparecen las referencias a los textos «Nota sobre literatura» y «El país del arte» en las lecturas críticas de «Contra los poetas», *Trans-Atlántico* y *Diario argentino* de Gombrowicz. Como se mencionó anteriormente, las antologías polacas y franceses de la obra crítica del autor de *Ferdydurke* incluyen sólo *Aurora*, y hasta el momento, no existe la traducción polaca completa de *Victrola*.

Irónicamente, a pesar de que a finales de la década de 1940 Gombrowicz había pasado horas y días en el apartamento de Piñera y Rodríguez-Tomeu, y de que luego éstos tres amigos siguieron manteniendo correspondencia durante dos décadas, hasta el fallecimiento del escritor polaco en 1969, han sido publicados más ensayos críticos sobre Gombrowicz y Borges, aunque los dos apenas cenaron una o dos veces juntos gracias a la invitación de un amigo común, el poeta argentino Carlos Mastronardi (incluso, cuando en los años setenta Borges fue entrevistado por la esposa de Gombrowicz, al parecer ignoraba su obra y ni se acordaba bien de quién era el escritor polaco). Este desequilibrio en los estudios gombrowiczianos por un lado, es debido al hecho de que la obra de Borges era y sigue siendo bastante conocida en Europa central y del este, ya que la mayoría de los trabajos de Piñera no estén traducidos al polaco, ni tampoco otros idiomas báltico-eslavos. Por otro lado, la tendencia a dejar la figura de Piñera fuera tiene también que ver con los textos autobiográficos y semi-autobiográficos de Gombrowicz mismo. Él nunca dejó de «ocuparse» del tema «Borges», estableciendo en sus libros una imagen de Borges como su antagonista literario: siempre escribía contra Borges, aunque al mismo tiempo admiraba su obra y lo veía como un rival equivalente. Por el contrario, en las referencias de Gombrowicz sobre Virgilio Piñera se nota otro tipo de tono: no rival, sino más didáctico y paternal. En sus afamados *Diarios* (1953-1968) Gombrowicz se refiere a Piñera como un colega íntimo, un traductor profesional y un escritor talentoso de una personalidad rebelde, polémica y apasionada. Sin embargo, hay varios pasajes de la misma obra donde el autor polaco enumera los errores que en su opinión

---

13   La excepción posible será el libro de Klementyna Suchanow.

Piñera cometía como escritor, y le da consejos, de este modo presentándose como una figura mayor e influyente, con más experiencia. En los siguientes comentarios se nota la entonación correctiva de Gombrowicz: «hasta las mentes más brillantes aquí [hablando de su amigo cubano] son víctimas de la ingenuidad Americana»; «Virgilio, le dije, no seas un niño...»; «[Virgilio está demasiado consciente] de su derrota para poder luchar» (Diary I: 70; Diary II: 131; mi traducción). Por último, si bien no menos importante, fue la voz marcadamente autoritaria de Witold Gombrowicz que ascendió a Piñera al rango de teniente general del *ferdydurkismo* en América Latina: «Te otorgo, pues, la dignidad de Jefe del Ferdydurkismo Sudamericano y ordeno que todos los ferdydurkistas te veneren como a mí mismo. ¡Sonó la hora! ¡Al combate!» («Gombrowicz» 243-44).

Aquel tono autoritario y en cierta manera paternal tiene su explicación. Gombrowicz era exactamente ocho años mayor –compartía con Piñera la fecha del cumpleaños, el 4 de agosto– y cuando se conocieron en Buenos Aires, ya llevaba siete años de la vida difícil de un escritor exiliado de su país. Sin embargo, no deberíamos olvidarnos de que al mismo tiempo era él que casi desesperadamente necesitaba ayuda de sus amigos cubanos (tanto lingüística como, según vemos de la correspondencia personal de aquél época, económica). Era él, Witold Gombrowicz, que siendo un exiliado de un país devastado por la guerra, un escritor extranjero desconocido, sin ingreso regular y con el castellano de nivel inferior, se sentía en Buenos Aires –«una alma trágica ... hastiada y desesperada» – las palabras que sin embargo nunca se animó a decir directamente acerca de sí mismo, pero que curiosamente, proyectó hacia la personalidad de Piñera, es exactamente como describe a su amigo en el *Diario argentino*.

La pregunta es entonces, si el tono paternal acerca de Piñera no sirve a la intención de disminuir la influencia del escritor cubano frente al desarrollo de la filosofía personal y de unas ideas literarias del propio Gombrowicz, de una cierta imagen del propio Gombrowicz, quien durante toda su vida literaria ponía mucho esfuerzo en autocaracterizarse por su férreo individualismo e independencia.[14]

---

14   Por ejemplo, volviendo al caso de Borges, Piñera al tener más contacto con el escritor argentino fue primero en expresar su juicio acerca del *tantalismo* de Borges en «Nota sobre literatura»; esta representación *tantálica* luego aparece en el *Trans-Atlántico* en la famosa escena de la confrontación del protagonista Gombrowicz contra el escritor argentino más reconocido –«el Maestro»– y, años después semejante representación de Borges surge en los *Diarios* y *A Kind of Testament* de Gombrowicz.

Obviamente, eso requiere una discusión separada. El propósito de plantear esta cuestión en relación con la discusión sobre la interacción intelectual entre Piñera y Gombrowicz a finales de la década de 1940 no es para ponerse a calcular quién influyó a quién y cuánto (la convicción de la autora del presente ensayo es que el impacto fue mutuo y al mismo nivel), sino para apuntar que debido a una combinación de razones, la imagen de Piñera que se ha formado en la crítica gombrowicziana sigue siendo incompleta y debería ser reexaminada.

La *batalla ferdydurkista* de 1947 era admirablemente manejada en forma conjunta por dos jefes provocadores.

OBRAS CITADAS

Aurora. Revista de la Resistencia. Diario de poesía. 51 (1999).

Anderson, Thomas F. *Everything in Its Place. The Life and Works of Virgilio Piñera.* Lewisburg: Bucknell UP, 2006.

Calomarde, Nancy. *El diálogo oblicuo: Orígenes y Sur: fragmentos de una escena de lectura latinoamericana (1944-1956).* Córdoba: Alción Editora, 2010.

Galiñanes, Cecilia. «La antropofagia: una pieza de la identidad literaria latinoamericana.» Libro de arena. Web. 18 de ago. 2010. < http://www.blogs.buenosaires.gov.ar/librode-arena/2010/08/18/la-antropofagia-una- pieza-de-la-identidad-literaria-latinoamericana/>.

Gasparini, Pablo. *El exilio procaz: Gombrowicz por la Argentina.* Rosario: Beatriz Viterbo Editora, 2007.

Gombrowicz, Witold. *A Kind of Testament.* Ed. Dominique de Roux. Trad. Alaistar Hamilton. Philadelphia: Temple UP, 1973.

__________. «Contra los poetas,» texto mecanografiado (1947). General Collection, Beinecke Rare Book and Manuscript Library, Yale University.

__________. *Diario argentino.* Trad. Sergio Pitol. Buenos Aires: Adriana Hidalgo, 2001.

__________. *Diary. Volume 1.* Trad. Lillian Vallee. Evanston: North Western UP, 1988.

__________. *Diary. Volume 2 (1957-1961).* Trad. Lillian Vallee. Evanston: North Western UP, 1989.

__________. *Diary. Volume 3 (1961-1966)*. Trad. Lillian Vallee. Evanston: North Western UP, 1993.

Gombrowicz, Rita. *Gombrowicz en Argentina, 1939-1963*. Buenos Aires: El Cuenco de Plata, 2008.

Piñera, Virgilio. «Nota sobre literatura argentina de hoy». *Poesía y crítica*. México: FCE, 1994. 175-81.

__________. «El País del Arte.» *Poesía y crítica*. México: CONACULT, 1994. 135-140.

__________. «Gombrowicz por él mismo». *Poesía y crítica*. México: FCE, 1994. 243-256.

__________. «Piñera teatral». *Teatro completo*. La Habana, Ediciones R, 1960).

__________. *Virgilio Piñera de vuelta y vuelta. Correspondencia 1932-1978*. La Habana: Ediciones Unión, 2011

Suchanow, Klementyna. *Argenty skie przygody Gombrowicza*. Kraków: Wydawnictwo Literackie, 2005.

Victrola. Revista de la insistencia. Diario de poesía. N° 51 (1999).

«Eternamente efímero»: la paradoja en Virgilio Piñera

Alfredo Alonso Estenoz
Luther College

No es de extrañar que el primer cuento publicado por Virgilio Piñera, «El conflicto», de 1942, emplee la paradoja como base estructural y temática. Un recorrido por su obra pone en evidencia que esta figura ocupa un lugar central en ella y se manifiesta en casi todos los géneros que ensayó, en particular la narrativa y el teatro. Su empleo ocurre en tres instancias fundamentales. En primer lugar, un uso que podríamos llamar clásico, en textos que abordan cuestiones filosóficas relacionadas por lo general con contradicciones inherentes al acto de existir. En segundo lugar, la paradoja y otras figuras lógicas, como el oxímoron, le sirven para reflexionar sobre cuestiones de identidad nacional: un lado de lo cubano donde la seriedad de lo trágico desaparece y se convierte en ridículo o absurdo. Por último, la paradoja está presente en su parodia del mundo de la alta cultura, cubana y argentina, sobre todo. En algunos casos, estos tres usos aparecen mezclados, o sus límites son difíciles de establecer. Además, la distinción anterior es más bien temática, pues la paradoja aparece tanto en reflexiones serias como en otras que crean un efecto cómico al yuxtaponer términos a primera vista irreconciliables. En este artículo me propongo analizar estos tres usos, indagar en la importancia de esta figura retórica y ofrecer una posible explicación de su abundancia en la obra del Piñera. Se dará mayor espacio el tercer uso, el cual se ilustrará con un análisis del relato «Concilio y discurso», de 1950.

La paradoja

La paradoja ha ocupado un lugar significativo en la filosofía occidental. Su presencia tanto en la filosofía como en la literatura ha sido ampliamente estudiada y debatida, por lo que una consideración extensa de sus características rebasa los objetivos de este artículo. En su definición etimológica, la palabra, formada por *para* (en contra de) y *doxa* (opinión) se refiere a lo que va contra la opinión o el sentido común. O sea, no supone necesariamente –como se entiende en la actualidad– la contraposición de lados opuestos. Su objetivo sería llevar al ser humano a pensar más allá de los establecido o aparente, o sea, fuera de la *doxa*. Una de sus manifestaciones más comunes, sin embargo, es la presentación de una situación con términos o resultados opuestos de manera insalvable, como las famosas paradojas de Xenón de Elea. En su estudio de esta figura, Doris Olin argumenta:

> Paradoxes present us with apparently impeccable operations of reasons that nonetheless lead to apparent absurdity. They are upsetting because, while the illusion persists, we have a challenge to the supposed veracity and reliability of reason [...] The threat to reason can be overcome by punctuating the illusion created by the paradox (15).

Esta ilusión que Olin señala constituye el «lado negativo» de la paradoja, el cual ha provocado que muchos filósofos la rechacen como figura válida para llegar a conclusiones, y consiste en la falacia lógica que propone. La formulación paradójica se debería en muchos casos a un hecho meramente lingüístico –una posibilidad enunciativa pero no lógica–, sin que tenga que comprobarse en la realidad o ser sustentado por esta. Por otra parte, quienes defienden la paradoja han argumentado que, al oponer hechos en apariencia irreconciliables, se busca mostrar una verdad más profunda que la que esa aparente contradicción revela. Si es verdad que una afirmación puede al mismo tiempo ser cierta y falsa, la contradicción ofrece una manera dialéctica de enfrentarse a los fenómenos. En su estudio clásico sobre la importancia de la paradoja en el Renacimiento, Rosalie Colie sostiene que la paradoja «is always somehow involved in dialectic: challenging some orthodoxy, the paradox is an oblique criticism of absolute judgment or absolute convention» (10).

La paradoja se convierte así en una figura no excluyente, una de las razones por las que volvió a despertar el interés de los filósofos y críticos culturales a partir de los años 60. Gilles Deleuze, por ejemplo, sostiene que la paradoja produce un enfrentamiento entre lo posible y lo imposible, lo pensable y lo impensable. Esta dinámica llevaría a formas distintas de comprensión. Derrida, por su parte, de acuerdo con Peter Platt,

> argues for a technique that resists and disorganizes «without ever reaching for a solution» [...] this move is for Derrida not one of paralysis – as is often claimed – but one that attempts to avoid both paralysis and «neutralizing the binary oppositions of metaphysics and simply residing within the closed field of these oppositions, thereby confirming it» (17).

Algunos críticos ven la paradoja como una forma de inmovilidad, es especial política. Cuando el escritor ofrece «lo uno y lo otro» o «ni lo uno ni lo otro», ello revelaría una falta de compromiso y llevaría a lo que Paul Stevens denomina «political quietism» [quietismo político] (citado en Platt 13). Sin embargo, la figura ha sido rescatada por su capacidad para cuestionar las pretensiones de que puedan existir una verdad absoluta, un orden único y otras ideas totalizantes o totalitarias.

En la literatura, la paradoja ha encontrado una de sus manifestaciones fundamentales. Cleanth Brooks, uno de los líderes del New Criticism de los Estados Unidos, le dio un lugar central en el lenguaje poético, hasta el punto de afirmar que la poesía es, por excelencia, el lugar de la paradoja: es inclusiva y tiende a armonizar las contradicciones aparentes. Por ocurrir en el reino de la ficción, la paradoja no tiene que presentar necesariamente un problema epistemológico. Olin afirma que algunas paradojas requieren de una narrativa para plantearse como tal y que por ello se parecen a la verdad fictica (9). Este aspecto ha hecho que muchos escritores se interesen en ellas. Su empleo con fines literarios estaría, entonces, más cerca de la expresión de realidades complejas, de cuestionar la eficacia del idioma o del significado común de las palabras, que de un problema lógico.

La paradoja en Piñera

El primer uso de la paradoja en la obra de Piñera –que podríamos llamar filosófico– se ejemplifica en su relato «El conflicto», de 1942. En la primera parte del texto se narra la lucha de su protagonista, Teodoro, quien ha sido condenado a muerte por fusilamiento, por evitar que su condena se cumpla, mientras que en la segunda parte se centra en hacer que tal condena tenga lugar, en ambos casos en contra de la voluntad de su verdugo. Su objetivo –más filosófico que personal– es detener el desenlace esperado de los hechos, el «burlar lo ineluctable». Teodoro plantea dos formas opuestas de hacerlo, de ahí el conflicto del relato: por un lado, detener los hechos en su punto de «máxima saturación», justo antes de consumarse, o sea, el momento en que el jefe de la escuadra que va a ejecutarlo ordena la descarga. Al no consumarse el hecho, la permanencia del anhelo mantendría dicho fluir de la vida. Por otro lado, Teodoro propone la consumación de los hechos, porque de esta forma se pasaría a otros y así se mantendría el fluir. El cuento no se resuelve hacia un lado o hacia el otro, pero sabemos que Teodoro logra su objetivo: detener lo ineluctable, aunque ello implique el sacrificio de su propio cuerpo.

El relato consiste también en una reflexión sobre un tema central en Piñera y que está presente en varios lugares importantes de su obra: la resistencia a la programación del sujeto, a lo que se supone que éste realice de acuerdo a las normas sociales. Teodoro, aunque recibe la oferta de escapar y evitar su fusilamiento, está más preocupado con la solución filosófica al dilema que con la decisión que los otros esperan de él. Los relatos de Piñera contienen numerosos personajes con estas características: de repente, y por razones difíciles de entender de acuerdo a la lógica convencional, deciden actuar fuera de los parámetros esperados, lo cual provoca el asombro o el rechazo entre las personas que los rodean. Sirvan también como ejemplos los cuentos como «El viaje» o «El filántropo», de *Cuentos fríos* (1956) y *El que vino a salvarme* (1970), respectivamente.

A todo lo largo de *Cuentos fríos*, libro que compiló la obra cuentística más importante del autor hasta 1956, la paradoja aparece sobre todo en su primera modalidad. Los dos relatos iniciales, «La caída» y «La carne», constituyen otros ejemplos ilustrativos. En el primero, la obsesión de los personajes por conservar la parte de su cuerpo que más les interesa (para el narrador los ojos, y para su compañero la barba), los hace desdeñar su propia supervivencia, la que sería más importante, según la lógica elemental, que salvar una parte específica de su anatomía.

En «La carne» (cuento que incluye elementos humorísticos en la instancia más filosófica de la paradoja) los personajes, ante la carencia de ese preciado alimento, empiezan a devorarse a sí mismos. Lo paradójico de esa solución reside en que el estar bien alimentados implica su desaparición física. Planteada como tal, es una paradoja clásica, como la mano que se dibuja a sí misma o las máquinas de movimiento perpetuo del artista M.C. Escher. Sin embargo, el objetivo del cuento no es mostrar o debatir las consecuencia de esta solución paradójica, sino revelar las concepciones sobre la existencia que tiene «aquel pueblo»: las expectativas sobre lo que se considera normativo en términos nutricionales prevalecen sobre el hecho de que la población empieza a desaparecer, devorada por sí misma.

Lo humorístico se expone también en el hecho de que, aunque los habitantes empiezan a desaparecer, la gente denuncia esas desapariciones a la policía, como si no entendieran las consecuencias de sus actos. El que la población esté bien alimentada no guarda relación, en la mente de los protagonistas, con el auto-canibalismo. Es similar a lo que ocurre en el cuento «En el insomnio», aunque en sentido negativo: el hecho de que su protagonista termine muerto no lo lleva a conciliar el sueño anhelado. La solución, en ambos casos, no es lógica, pero es la que se corresponde a las obsesiones de los personajes.

Wiltold Gombrowicz, escritor con quien Piñera estableció una amistad perdurable en Buenos Aires, fue de los primeros en señalar esta característica de *Cuentos fríos*, pero resaltando su lado negativo: «el exceso de paradoja y formas dialécticas suscita monotonía» (citado en Espinosa 185). Gombrowicz también señala el carácter kafkiano de algunos rasgos de los cuentos, aunque advierte que ponerles el rótulo «De procedencia kafkiana» sería un error: Piñera, dice, «se parece al checo y a ciertos autores surrealistas. Pero es también distinto. Y posee un singular talento narrativo» (citado en Espinosa 185).

Existen en *Cuentos fríos*, como señala Gombrowicz, elementos kafkianos, que consisten principalmente en lo paradójico y dialéctico. En «El conflicto», por ejemplo, Teodoro se resiste a convencer al alcaide de la cárcel que lo libere, porque media hora no sería suficiente para persuadirlo, pero tampoco siete días ni siete años. El tiempo se prolonga y complejiza a la manera del espacio en el relato «Un mensaje imperial», del escritor checo. Los juegos dialécticos de Piñera –aunque puedan parecer excesivos, de acuerdo con Gombrowicz– constituyen una manera de cuestionar la programación de sus personajes y al mismo tiempo de invalidar las respuestas fijas, establecidas, sobre los sujetos.

En el segundo caso del uso de la paradoja, Piñera se vale de esta para reflexionar sobre cuestiones de identidad nacional, algo que no dejó de hacer durante toda su carrera literaria. Como muchos escritores de su generación, la preocupación por definir lo cubano –o, tal vez menos pretensiosamente, entenderlo–, ocupa un lugar central en su obra. Sin embargo, en lugar de la visión afirmativa de lo criollo favorecida por los miembros del grupo Orígenes, Piñera indaga en los aspectos contradictorios de esa identidad. Como afirma Jesús Jambrina, la visión de Piñera de lo nacional pasa por el reconocimiento de lo (homo)sexual, lo cual le confiere una perspectiva diferente de la de otros miembros de Orígenes: «La utopía democrática de Piñera choca entonces con el contenido patriarcal de un espacio nacional pleno de guerreros, de mitos fundadores, de dioses antiguos, virilizados por el cristianismo orto o heterodoxo de los líderes de la generación de artistas y escritores con los que el poeta entrará en diálogo» (18).

Todo intento por definir «lo cubano» o características fijas de esa identidad, demasiado amplia, corre el riesgo de convertirse en una generalización, pero ello no invalida el acierto de algunas observaciones particulares. Cuando en el poema «La isla en peso», de 1943, Piñera dice «Oh pueblo mío, divinamente retórico, no sabes relatar», la estructura paradójica revela una contradicción que, de acuerdo con el poema, formaría parte de la identidad cubana: la facilidad para hablar y la incapacidad para sintetizar o para extraer alguna conclusión o enseñanza de ese relato. Tal parecería que importa más el cuento por el cuento, no por el deseo de entretener o educar, sino porque el narrador necesita desprenderse del trauma, o compartirlo, a través de su relato.

Piñera se refiere a este aspecto de lo cubano en una entrevista que concedió al periódico *El Mundo* al regresar de su primera estancia en Buenos Aires, en 1948. Al caracterizar la vida cubana como disparate, da como ejemplo un diálogo hipotético: «Tal parece que todos se hubieran propuesto este esquema enrevesado de razonar: ¿se levanta usted temprano? Respuesta: mi tía se llama Cacha» (citado en Espinosa 142). Es fácil encontrar este tipo de diálogo en muchos cuentos de Piñera. Su objetivo no es revelar una verdad oculta detrás de la aparente contradicción, sino erigir esta como ilustrativa de rasgos del carácter nacional que al autor le interesa destacar.

Uno de esos rasgos es la incapacidad para asumir los hechos graves como tales. La seriedad de lo trágico se disuelve en lo trivial, lo ridículo, lo absurdo.[1] La tragedia en el cubano no conduce a la revelación o al alcance la sabiduría, como en el teatro clásico griego. Ningún acontecimiento de este tipo permanece el tiempo suficiente para que se aprenda algo de él: casi instantáneamente se disuelve en lo cómico o en lo trivial. En el poema «La gran puta», de 1960, por ejemplo, el hablante refiere:

> [...] y ahora precisamente
> recuerdo
> al hombre que vi matar junto a la estatua de Zenea
> con su mano convulsa aferrada al seno de mármol
> de la mujer que eternamente lo acompaña.
> Me pareció que llegaba el Apocalipsis,
> pero justo en ese momento oí: «¡Maní tostao, maní!»
> y metían por mis ojos anegados en lágrimas
> un cucurucho de voluptuosidad cubana. (*Órbita* 317)

La tragicidad que implica esa muerte inexplicable, como la de la mujer que unas líneas antes se arroja frente a un automóvil, resulta imposible de entender frente al contexto que todo lo trivializa y relativiza. De alguna manera, los personajes no aprenden de las situaciones: son eternamente niños, como sugieren otros textos de Piñera.

En el relato «Hosanna! Hosanna...?», de 1975 —también estructurado sobre la base de la paradoja y que muestra la presencia de esta

---

1 La palabra absurdo acude con demasiada frecuencia al describir la obra de Piñera. Antón Arrufat, uno de sus principales críticos, se ha mostrado en contra del uso del término en asociación con el teatro del absurdo, movimiento de la década del 50 protagonizado por dramaturgos como Eugène Ionesco y Samuel Beckett. En este artículo la palabra está usada en su acepción más simple de situación que contradice la lógica elemental, un uso que el propio Piñera hacía con frecuencia, al igual que de «disparate».

en los últimos años de la carrera de Piñera– uno de los personajes pro-
tagónicos, ambos ya muertos, amenaza al otro: «¡Te voy a matar,
cacho e'cabrón, te voy a...» (475), y en ese momento advierte que el
otro está muerto. Tal amenaza revela que la muerte no se ha en-
tendido ni asimilado, o sea, los personajes no comprenden el signi-
ficado profundo de su situación.

Por último, Piñera usó ampliamente la paradoja y otras figuras si-
milares, como el oxímoron y la antítesis, en su crítica al mundo de la
alta cultura y el divorcio de este con el «mundo bajo, el de los ins-
tintos». Con su llegada a Buenos Aires, ciudad en la que vivió, con in-
tervalos habaneros, entre 1946 y 1958, su percepción de este aspecto
de la cultura se agudiza. Piñera llega a Argentina y casi inmediata-
mente asume una actitud crítica del mundo literario de la capital, do-
minado por los escritores nucleados, directa o indirectamente, alre-
dedor de la revista *Sur*. Sus críticas ocurren en tres formas principales:
en su artículo «Nota sobre literatura argentina de hoy», publicado si-
multáneamente en las revistas *Anales de Buenos Aires* y *Orígenes* en
1946; en las páginas de las revistas satíricas *Aurora* y *Victrola*, conce-
bidas por él y Witold Gombrowicz en 1947, y en su ficción, la menos
estudiada en este sentido.

La posición de Piñera con respecto a la literatura y la cultura ar-
gentinas del momento no surge a su llegada a ese país. Desde sus inicios
como crítico literario, había convertido en centro de sus preocupa-
ciones estéticas la problemática relación del escritor latinoamericano
con la herencia literaria europea, relación manifestada principalmente
en la discordancia que ve entre la facilidad de expresión verbal de los
escritores y su incapacidad para hurgar en sí mismos o en su realidad
social. Otro lugar donde la encuentra es en las discusiones abstractas
sobre ideas filosóficas y estéticas que ve desconectadas de la experiencia
vital de los escritores y de su realidad más inmediata. En su autobio-
grafía, publicada fragmentariamente, Piñera narra la oportunidad en
que se trajo una flor a casa de Graziella Peyrou, una de las figuras li-
terarias que lo acogió en Buenos Aires: «En una ocasión [Adolfo de
Obieta] llevó una flor silvestre, de un raro color y forma, a casa de Gra-
ziella Peyrou. Durante dos horas asistí a una conversación fascinante
sobre la belleza» (citado en Espinosa 134-35).

En un artículo anterior,[2] he argumentado que en el cuento «Concilio y discurso», escrito en 1950, posiblemente en Buenos Aires, Piñera usa la paradoja y el oxímoron como forma de criticar ese mundo literario en que se movía, aunque la complejidad del relato no se limita a este. Mi propósito en la última parte de este artículo es ampliar el análisis de «Concilio y discurso», pues en él se resumen tanto la crítica al mundo de la alta cultura como a la trivialidad de la vida cotidiana. El cuento se publicó por primera vez en el volumen póstumo *Muecas para escribientes* (1987) y formó parte de una novela que Piñera estaba escribiendo a fines de los 40 titulada *El banalizador*. De acuerdo con Antón Arrufat, lo poco que sobrevive de la novela pasó a *Muecas para escribientes*. «Concilio y discurso», «La risa», «Vea y oiga» y «Lo toma o lo deja», son textos que, publicados después como relatos, formaban parte de aquella novela.[3]

Por su parte, Piñera se refirió varias veces a ella. En una de las cartas que Gombrowicz le dirigió, éste le pregunta a quién le ha leído el capítulo sobre el Papa, a lo que Piñera agrega una nota al pie: «Capítulo de mi novela *El banalizador* (aún inédita)» (*Poesía y crítica* 248).[4] También, al regresar de su primera estancia en Buenos Aires, en 1948, dio una entrevista al periódico *El Mundo*, ya mencionada, en la que describe la novela. El periodista Ernesto Ardura, autor de la entrevista, comenta, seguramente parafraseando al propio Piñera:

> La tesis de la obra es que se precisa banalizar la cultura. Se trata de una novela polémica, estructurada sobre lo grotesco y lo absurdo. Se lanza sobre ella un ataque a la cultura moderna, en el empeño de conseguir un equilibro de fuerzas a base de la vida sin simulación, sencilla y banal.
>
> —¿Regreso a lo natural y espontáneo?, acotamos.
>
> —Simplemente una concepción armoniosa de la vida. Equilibro entre la cultura y el mundo bajo, el de los instintos. Ofensiva, en suma, contra la retórica y contra el estilo ornamental. (citado en Espinosa 143-44)

Piñera considera que en la Cuba de entonces, la simulación de la cultura, el espíritu, el sexo y el amor ha hecho que se pierdan de verdad esos elementos de la vida humana, y que habría que rescatarlos para

---

2   Véase «Tántalo en Buenos Aires».

3   Comunicación personal.

4   Piñera incluyó varias cartas del polaco en un texto titulado «Gombrowicz por él mismo», publicado en 1968 en la revista *Unión*.

poder reconstruir a partir de ellos. Banalizar la cultura, entonces, es la forma en que Piñera define la necesidad de prestar más atención al contexto inmediato, a encontrar en la materia cotidiana los temas, el lenguaje, las formas narrativas o poéticas. Él mismo se dio a esa tarea desde sus primeros textos de ficción y poéticos; sirvan de ejemplo, de los primeros, «El álbum» y, de los segundos, «Vida de Flora» y «La isla en peso». En el teatro, Piñera llevaría a la máxima expresión la búsqueda de un lenguaje acorde con la realidad cotidiana de Cuba.

«Concilio y discurso»

«Concilio y discurso» puede leerse como una parodia del mundo de la alta cultura, particularmente en su lado de debates filosóficos sobre los temas considerados transcendentes. Es posible que los círculos intelectuales porteños y, por extensión, cubanos, estén parodiados en el relato pero en este también aparece una mirada más a la incapacidad del cubano para tomarse en serio los hechos trágicos. El narrador del cuento, quien, junto al Papa, es uno de los protagonistas, acaba de llegar al Vaticano porque ha sido nombrado *cameraman* de los Sucesos Mundiales del Papado. Al llegar, se siente sobrecogido por la gravedad que inspira la Ciudad Eterna, pero pronto su sentimiento comienza a disolverse al comprobar que la trivialidad mina todos los aspectos de la vida en aquel lugar. La conversación del Papa, a quien conoce al principio de la historia, se estructura sobre la base de la paradoja: «Polemizar vale tanto como no polemizar» (340); «Ya sabe; el método de reducción al absurdo: si pertenece al mismo tiempo a dos organizaciones enemigas, acaba por anular el poder mortífero de ambas» (341); «vamos a conspirar y a desconspirar» (343); «No puedo y puedo» (345).

Como la situación, el pensamiento, no se toman en serio, cualquier acción carece de gravedad y por ello una vale tanto como su opuesta. Acostumbrado a tener que decidir entre una cosa y otra, el narrador empieza a contaminarse por el efecto de lo trivial y a incorporarse a la dinámica de la situación. La primera instrucción que reciben los participantes en el concilio es que peguen y despeguen los labios, para que dejen de hablar. El narrador, quien se pone a hacer la acción, dice:

«¿Qué cosa, en tal momento, sustituiría el fascinador ejercicio? El engaño del inteligente, su espejismo, parte del hecho baladí de su propia inteligencia. ¿Por qué no seguir la corriente de lo inmediato [...]?» (341).

Alguien anuncia que quiere relatar un cuento, y, ante la complejidad de éste, el público reacciona ofendido. Sin embargo, cuando la misma persona dice «Paf a paf. Para paf con paf...» (342), los aplausos de admiración estallan. Ante la trivialización creciente de los participantes, el narrador acota:

Después de todas las complicaciones, de las caras graves, de las hondas reflexiones del alma universal, sobrenadaba por encima de todo esto la punzante sencillez del mundo. Que así era lo demostraba el hecho de que cualquiera podía pasarse la vida muy feliz y admirado emitiendo, pongamos por caso, la palabra «bun». En dicha palabra estaba contenido el pensamiento de los sesudos filósofos, poetas, novelistas, y de toda esa laya importante. Y «bun» era la misma cosa que las obras completas del envanecido pensador. (342)

Los participantes empiezan a formar una bola en la que las partes opuestas son indistinguibles: cualquier posición que se asuma da lo mismo. El narrador comprende que todas las doctrinas consideradas serias hasta ese momento, eran al mismo tiempo «serias y risueñas». A la bola se suman diez teólogos y diez desteólogos, los que, debido a la velocidad de su movimiento, empiezan a confundirse: «Dos cosas desiguales entre sí son iguales entre sí por efecto de la velocidad o del... absurdo» (346). En un momento del concilio, al Papa le corresponde examinar a los presentes sobre algunos aspectos de la doctrina católica. Al hacer una pregunta, la bola le respondía con las mismas palabras en forma de respuesta y viceversa: a la afirmación sólo había que insertarle dos signos de interrogación y repetirla como pregunta. El narrador se da cuenta de que ese método permitía que «se invalidaran horas de exposición, caras avinagradas, pellizcos disimulados, mentes conturbadas y sutilezas de los textos sagrados» (348).

Seguidamente se empieza a hablar de las bicicletas, y el narrador advierte de que tal conversación tiene vida propia: los participantes se van sumando a ella como por inercia y ya nadie, ni siquiera el Papa, puede hablar de otra cosa. En la dinámica de esta conversación que a primera vista parece sin lógica, Piñera critica la tendencia –y el hecho de que el diálogo está lleno de expresiones coloquiales cubanas indica que puede estar contextualizando el relato en la isla– a dejarse llevar por el primer tema de conversación, sin reparar demasiado en su trascendencia o en la lógica del diálogo. Conversar por conversar, más para provocar un efecto en la audiencia que para decir algo verdadero.

La última parte del concilio consiste en el (auto)asesinato del Papa: éste sabe que existe un plan para asesinarlo, pero al mismo tiempo él es víctima y victimario. Ante la posibilidad de que lo asesinen (hecho trágico), los dos personajes del cuento, incluido el Papa, asumen una actitud de indiferencia. El asesinato no ocurre, no puede ocurrir, porque la gravedad del hecho se disuelve en la falta de seriedad con que se asume. El narrador acota: «Me percaté de que sería imposible el asesinato. Para que lo hubiera, las partes tendrían que estar de acuerdo –sacrificio gustoso–, o las partes en desacuerdo –víctima propiciatoria. ¿Más qué podían acuerdo y desacuerdo frente el terrible impacto de lo trivial?» (351).

El narrador se da cuenta entonces de que lo más importante de todo es un golpe de efecto, de que toda su educación, su persistencia, no valen nada en comparación. «¡Dadme un efecto! Yo, recién nacido al *maesltrom* de lo trivial, desnudo, montado en una bicicleta, comienzo una nueva vida. Así: ¡Ja, ja, ja!» (352). En ese momento grita a voz de cuello «¡Tengo una bicicleta verde!» y todos, incluido el Papa, se suman al efecto que su grito ha provocado.

La paradoja, sobre la que se estructura todo el relato, le sirve a Piñera para cuestionar la relevancia de los temas considerados trascendentes y al mismo tiempo para criticar la falta de gravedad. La seriedad con que el narrador asume su misión al principio se esfuma al comprender que ni los propios artífices de la discusión sobre lo trascendente creen en ella. Se muestra, de esta manera, una desconexión entre la experiencia y el conocimiento acumulado y trasmitido por tradición. En el cuento esos dos lados –el del narrador, el Papa, los teólogos, representando el mundo educado, y el del resto de los participantes en el concilio, que representan lo popular– se confunden o se complementan. Ambos tienen, en el fondo, la misma manera de razonar: los primeros por no darse cuenta de la inmediatez de la experiencia; los segundos, por dejarse arrastrar por los acontecimientos, por la incapacidad de oponer la resistencia de la individualidad frente al contexto homogeneizante.

Las concepciones de Piñera sobre la llamada alta cultura se definieron más durante su estancia en Buenos Aires. Ello se debió, en parte, a lo que consideraba una forma peculiar de los escritores argentinos de relacionarse con la realidad circundante y con los temas de la alta cultura. No es de extrañar que haya tenido en cuenta al propio Jorge Luis Borges como una de las referencias directas del uso de la paradoja. Es una de las figuras constitutivas de la obra del argentino, aunque su uso difiere del que hace Piñera. Como señala Daniel Balderston, Borges usó la paradoja principalmente «as a way of resisting generalizations» (203). En esto puede coincidir con Piñera, pero Borges tiene en mente cuestiones filosóficas más generales, como lo arbitrario de las clasificaciones o la imposibilidad de que los sistemas filosóficos sean explicaciones del universo abarcadoras. Piñera vio en muchos escritores argentinos, como Borges, el empleo de esos juegos paradójicos como una mera distracción estética y una evidencia más de su falta de compromiso con la realidad política y social inmediata. En este sentido, el cubano podría haber aplicado el término de «quietismo político» a esos escritores, aunque también encontraría quietismo en sus ideas estéticas.

Conclusiones

Aunque este artículo ha analizado algunos ejemplos de la obra narrativa y poética de Piñera, el estudio de la paradoja podría extenderse a su teatro, donde también encuentra manifestaciones abundantes, sobre todo para resaltar contrastes dramáticos. Una obra como *Los siervos* (1950), por ejemplo, se construye sobre esta dinámica: mientras la desigualdad no sea revelada, la sociedad puede vanagloriarse de la igualdad (inexistente).

De todas las obras de los miembros del grupo Orígenes y escritores relacionados directa o indirectamente con esta generación, la obra de Piñera es tal vez la que más figuras paradójicas contiene. Cabría preguntarse, entonces, por la razón de este proceder. Como hemos visto, la paradoja está relacionada con el cuestionamiento de creencias establecidas. Piñera aparece en la escena literaria cubana como una de las figuras que más sistemáticamente ofreció puntos de vista distintos, y muchas veces opuestos, a algunos de los presupuestos sobre la cultura cubana que empezaron a construirse desde finales de los años 30.

Ese deseo de pensar a contracorriente no constituye una mera posición negadora o escéptica. Su reflexión sobre las cuestiones tanto filosóficas como nacionales que lo ocupan representan para él más una serie de preguntas que de certezas. De manera general, el grupo Orígenes asumió una postura programática sobre la cultura, encargándose de definir qué aspectos constituían lo más representativo de lo nacional.[5] Piñera asumió una distancia crítica frente a estos intentos. La paradoja, de alguna manera, le permitió a su obra –a pesar de encontrarse sin recepción pública desde finales de los años 60 y con muy poca recepción crítica– renovarse hasta el final de la vida de su autor.

Obras citadas

Alonso Estenoz, Alfredo. «Tántalo en Buenos Aires: relaciones literarias y biográficas entre Piñera y Borges». *Revista Iberoamericana* 75.226 (2009): 55-70.

Balderston, Daniel. «Borges, Averroes, Aristotle: The Poetics of Poetics». *Hispania* 79.2 (1996): 201-207.

Brooks, Cleanth. *The Well Wrought Urn. Studies in the Structure of Poetry*. New York: Reynal & Hitchcock, 1947.

Colie, Rosalie. *Paradoxia Epidemica. The Renaissance Tradition of Paradox*. Princeton: Princeton UP, 1966.

Espinosa, Carlos. *Virgilio Piñera en persona*. La Habana: Ediciones Unión, 2011.

Jambrina, Jesús. *Virgilio Piñera: poesía, nación y diferencias*. Madrid: Verbum, 2012.

Olin, Doris. *Paradox*. Durham: Acumen, 2003.

Platt, Peter G. *Shakespeare and the Culture of Paradox*. Abingdon: Ashgate Publishing Group, 2009.

Piñera, Virgilio. *Cuentos completos*. La Habana: Editorial Letras Cubanas, 2011.

---

5   El ejemplo paradigmático sería la serie de conferencias que Cintio Vitier publicó bajo el título *Lo cubano en la poesía* en 1958.

__________. *Órbita de Virgilio Piñera*. La Habana: Ediciones Unión, 2011.

__________. *Poesía y crítica*. México, D.F.: Fondo de Cultura Económica, 1994. 175-81.

Vitier, Cintio. *Lo cubano en la poesía*. Santa Clara: Universidad Central de Las Villas, 1958.

De la destrucción a la salvación: el ser y la literatura en la cuentística piñeriana

Lucila Navarrete Turrent
UNAM

Subsiste la visión del instante presente,
que aparta al ser de la preocupación por los instantes venideros.
Como si hubiera muerto la serie de los instantes,
que ordena la perspectiva del trabajo.
El suicidio del lenguaje es una apuesta.
Si hablo, obedezco a la necesidad de salir del instante presente.
Pero mi suicidio anuncia el salto
al cual se arroja el ser liberado de sus necesidades.

Georges Bataille, «La pura felicidad»

Entre 1941 y 1944 Virgilio Piñera (1912-1979) publica *Las furias, El conflicto, La isla en peso* y *Poesía y prosa*.[1] Tan sólo estos tres años definen una poética que se convertirá en empresa estética y moral; empresa que presupondrá la certeza de un mundo desprovisto de sentido y finalidad, en el que no hay posibilidad de escapar de la lógica de la vida, excepto a través de la literatura. Es una poética que dimensiona la autenticidad del ejercicio creador y articula una noción específicamente piñeriana del espacio-tiempo.

Este trabajo explora, por una parte, el proceso de emergencia de Piñera como creador, acontecimiento en el que Lezama Lima es de suma importancia como adversario y al mismo tiempo interlocutor, y los caminos de conformación de una poética de «las destrucciones», como él mismo la llamó. Después de colocar en contexto la búsqueda por la autenticidad en la literatura, las relaciones entre vida y literatura, la marginalidad a conciencia, y la apuesta por una poética de la destrucción, es decir, todo su proyecto estético-moral, trasladamos

---

1   Las ediciones de estas obras aparecieron de la siguiente manera:
Piñera, Virgilio. *Las furias.* La Habana: Cuadernos de Espuela de Plata, 1941.
El conflicto. La Habana: Cuadernos de Espuela de Plata, 1942.
La isla en peso. La Habana: Tipografía García, 1943.
Poesía y prosa. La Habana: Editorial Serafín García, 1944.

nuestro análisis a la configuración espacio-temporal, así como a la dimensión filosófica y metaliteraria de la cuentística piñeriana, manifiesta fundamentalmente en su relato inaugural «El conflicto», y posteriormente en cuentos como *«Ars longa, vita brevis»,* «El que vino a salvarme», «El otro yo» y «La muerte de las aves», entre otros tantos que por cuestiones de espacio no podremos discutir. Sus cuentos, como veremos, abren caminos inesperados para leer un tipo de relación del ser con (en) el mundo, del ser con (en) el tiempo y el ser con (en) la literatura. En este sentido, nuestra lectura enfatiza el carácter filosófico de la obra piñeriana.

Punto de partida: autenticidad, Lezama, camino de la destrucción

Para poder escribirse a sí mismo, Piñera necesitó de un personaje adversario. La importancia de la ficción en la vida era tan importante como la vida en la ficción. Bien señala Alberto Abreu Arcia que «Piñera se nos presenta como un arquetipo de escritor que encara la Vida y la Literatura desde una eticidad hasta entonces desconocida por las generaciones que vendríamos después» (19).

Como buen dramaturgo, Piñera concebía la vida como un teatro en el que todos portamos máscaras. Virgilio el homosexual, flaco, pobre, marginal, escéptico y coloquial, necesitaba un Lezama católico, barroco, gordo y respetado. Pero su antagónico era, a su vez, fuente de profunda admiración y respeto; muestra de ello serán las participaciones conjuntas en revistas dirigidas por Lezama: *Espuela de Plata* (1939-1941), *Nadie Parecía* (1942-1944), *Poeta* (1942-1943) y *Orígenes* (1944-1956). Para Piñera, el cariño al autor de *Muerte de Narciso* se transformaba en revés de todo aquello que Piñera buscaba. «Lezama y Piñera son el anverso y el reverso de una misma moneda, los opuestos se tocan –señala Abreu Arcia–. Lo cubano, lo histórico, lo universal, estremecido en su centro por dos discursos, dos maneras diferentes de asumir el hecho literario y la propia existencia del escritor» (24).

A principios de los años cuarenta (1942-1943) Virgilio se expresaba de Lezama en «*Terribilia Meditans*», como aquel que había sacado a la poesía de la repetición, pero que lamentablemente se había instalado muy pronto en el vasallaje: «Después de *Enemigo rumor* –testimonio rotundo de liberación– era ineludible haber dejado atrás ciertas cosas que él no ha dejado. [...] Era absolutamente preciso no proseguir en la utilización de su técnica usual; hacer un verso más con lo ya sabido y descubierto por él mismo, significaba repetirse genialmente pero repetirse al fin y al cabo» (*Poesía y crítica* 173). Para 1970 llegaría a confesar: «Con *Paradiso,* Lezama-persona supo que los tres demonios [conversador, poeta y novelista] eran uno solo; supo que *Paradiso* era una gran novela al mismo tiempo que un gran poema y la genial explosión verbal de un conversador. Y supo, por fin, que la futuridad le estaba asegurada. Entonces reposó, se desalteró. Supongo que en tal momento exclamara: *ritmo hesicástico: podemos empezar*» (264).[2]

Para el joven Piñera de los años cuarenta, un poeta expresamente homosexual, Lezama le parecía condescendiente. En sus críticas podía pecar de agudeza, tanto como de injusticia. Lo cierto es que el escritor de *Las Furias* debía emerger como un indomable, cuyo papel en este mundo al que se viene a portar máscaras, era precisamente el del desenmascarador. Se convirtió en un hábil para transitar como un rebelde entre la soberanía y los liderazgos culturales, ya fueran Lezama y sus revistas, o el grupo en torno a *Lunes de Revolución* (1959-1961). Su marginalidad era condición asumida a conciencia.

Tan pronto como el año de irrupción de su primer libro (*Las Furias,* 1941) –acaso el alumbramiento de sí mismo–, no vaciló en confrontar a Lezama respecto de la autenticidad del proyecto *Espuela de Plata:*

> Es esta cuestión de sutileza y porque es de sutileza no condescendí a participarla a ese maniqueo que se hace complacer por todos. [...] Lo que sobra del *affaire* es impura carroña y de ésa no puedo participar porque son los triunfos de la serpiente de última hora: del maniqueo a la moda (...) ahora sólo creo en *Espuela de Plata* y no en su admirable director José Lezama Lima (*Órbita*, 256)[3].

La fidelidad a la literatura era cuestión de moralidad; sabía por

---

2   En adelante, las palabras entre corchetes son aclaraciones mías.

3   Se trata de una carta donde Piñera expresa su rechazo a las políticas internas de la revista. Lezama es presentado como un defensor de las posiciones religiosas de la publicación, las cuales Piñera considera conservadoras. (Nota del editor)

ello que le esperaba hambre e incomprensión. En su controversial texto «El País del Arte» afirma:

> la vida, en general, es pérdida constante de soberanía: dependemos siempre de alguien, algo nos limita y conforma en algo que está fuera de nosotros. Y lo único que puede hacernos soberanos es la medida de nuestra propia existencia. (...) No es el arte quien nos hace artistas sino que somos nosotros quienes ponemos sobre un plano artístico nuestra propia existencia. (*Poesía y crítica* 138)

Críticas del estilo, parecían advertencias para sí, tanto como manifiestos estético-morales, y confrontaciones que pasaban por Lezama, Jorge Luis Borges y Oliverio Girondo. Esta decisión de ser un soberano, aceptando que a la vez no se puede serlo a plenitud, llevó a Piñera a transitar entre la soledad y el deseo de ser escuchado, entre la búsqueda moral y el temor a ser incomprendido. Su personaje del cuento «La cara» (1956) ilustra en este sentido sobre la vulnerabilidad que significa mostrar el rostro (prescindir de la máscara), y el desasosiego que provoca en quien le es concedido verlo: «Yo tengo absoluta necesidad de verlo a usted. [...] ¡No, no quiero decir que tenga que verle la cara expresamente! Yo nunca osaría vérsela; sé que usted me necesita, y aun cuando muriese literalmente de ganas de contemplar su cara, las sacrificaría por su propia seguridad. Viva tranquilo. No, lo que quiero decir es que yo también sufro» (*Cuentos completos* 78).

El cuento, como muchos otros textos de Piñera, funciona asimismo, como alegoría de su tesis sobre la autenticidad en la vida y la creación. La belleza, máscara del verdadero rostro, no hace más que ocultar los demonios que los cultivadores de la belleza ignoran. Al respecto, Duanel Díaz señala que Piñera era como «los surrealistas, románticos empedernidos, [que] querían destruir el Arte para que de su cadáver surgiera la verdadera vida, la vida poética que yacía debajo de la costra de la cultura y la costumbre» (25), «costra» cultivada fundamentalmente por coetáneos como Lezama, Cintio Vitier y el grupo de la revista *Orígenes*.[4]

Cuando estaba por cumplir los treinta años Piñera se trasladó a La Habana (1941), sitio en el que se iniciará en el mundo de la publicación, al tiempo que será marcado por el *pathos* de «la destrucción» y la au-

---

4   Dirigida por José Lezama Lima, figuraron escritores como Eliseo Diego, Fina García Marruz, Ángel Gaztelu, Eugenio Florit, Cintio Vitier, Gastón Baquero y el mismo Piñera.

tenticidad. Estas decisiones, lo sabía, no le depararían el mejor de los futuros. «Ya en La Habana empezó en forma mi eterno combate contra la escritura. Porque no se lucha por la escritura sino en su contra» (cit. en Espinosa 94). Autoexcluirse de una visión constructora de la literatura, significaba ser un marginal a conciencia en Cuba, lo que no precisamente significaba crear una literatura marginal. Disentimos, en este sentido, de la lectura que Antón Arrufat elabora respecto de la doble exclusión en Piñera: en obra y en persona: «Su lenguaje, su visión del mundo, los procedimientos de su escritura –dice Arrufat– son tan marginales como lo fue su persona» (21). Es cierto que renunció al reconocimiento y fue un homosexual confeso, pero la marginalidad de su literatura no fue por opción. Las preocupaciones del dramaturgo obedecían, más bien, a un espíritu de época: a las reflexiones que abrieron camino a las estéticas de vanguardia, la representación del desencantamiento, el teatro del absurdo y la filosofía existencialista, como respuesta a la Primera y Segunda Guerra mundiales.

El hecho de no haber tenido interlocutores en su medio, no se traducía en renuncia al diálogo,[5] muestra de ello fue su amistad con Witold Gombrowicz. Asumió a conciencia su *locus* de enunciación: crear desde y en la isla, sabiendo que una consecuencia de ello podía ser la marginación. Baste señalar las cavilaciones metaliterarias sobre la autenticidad del creador y el papel salvífico de la literatura, que manifiestan la necesidad de la interlocución y, en este sentido, de escapar de la exclusión. La opinión de Abreu Arcia parece más justa: «La problemática de la Inmortalidad del escritor lograda a través de la ficción se reitera, significativamente, sobre todo, en sus últimos textos, no como una indagación sin esperanza, más bien como una creencia, y con el fervor propio de quien vive, en carne propia, esta certeza» (27).

Pero volvamos a esos primeros años de irrupción en lo estético, cuando al poco tiempo de publicar *Las Furias* escribe a su amigo Lezama, como si estuviera describiendo su nacimiento como creador, al marcar las pautas de su plena identificación. Reconoce que sus Furias le pertenecen tanto al autor de *Enemigo rumor,* como al creador,

---

5   Piñera publicó en revistas argentinas como *Anales de Buenos Aires, Realidad,* así como en *Le temps moderns,* publicación francesa donde colaboró con tres cuentos que intituló «Goyesques». Por su parte en Cuba participó en publicaciones contestatarias, como cuando fundó la revista *Poeta* en 1942, que sólo editó 2 números, y en la que Piñera manifiestó su interés por la poesía simbolista francesa. Después de la ruptura entre el mecenas de *Orígenes,* José Rodríguez Feo, con su director, José Lezama Lima, Piñera fundó *Ciclón* (1955-1957), publicación que reaccionaba contra la mojigatería católica, y defendía abiertamente la homosexualidad, el existencialismo y el psicoanálisis. Véase Rojas. 151-152.

e insiste en escuchar sus impresiones: «con la necesaria cantidad dirás de estas Furias y situarás a estas Furias en el lugar que les pertenezca» (*Órbita de Virgilio Piñera* 258). Se trata de una carta en la que Piñera reconoce a Lezama como un padre que debe matarse simbólicamente, y con quien a su vez se está en deuda: «Claro, las Furias van influidas, influenciadas, pero como sucede con el oro de buena ley, el poderoso impulso deja atrás las lentas aleaciones requeridas» (258).

Para apreciar la complejidad de la relación Piñera-Lezama, vale la pena hacer alusión a uno de los poemas más lezamianos de aquél, «La destrucción del danzante», escrito en 1941 y publicado en 1943 en la revista *Clavileño* (1942-1943); incluido en la antología de Cintio Vitier, *Diez poetas cubanos* (1948), y posteriormente excluido por su propio autor de sus antologías, así como de las recientes ediciones de la UNEAC, a propósito de su centenario. Según Roberto Méndez Martínez, una posible razón por la que Antón Arrufat –albacea de los papeles de Piñera– haya «respetado» la voluntad de éste, pudo deberse a la «evidente cercanía de esta composición a la poética inicial de José Lezama Lima, esa que irrumpe en 1937 con *Muerte de Narciso* y se consolida, precisamente, en 1941, con *Enemigo rumor*» (13).

Entre *Las Furias* y «La destrucción...» distarán algunos meses de escritura. Lo cierto es que Piñera respetó y valoró la incursión «origenista» durante el tiempo temprano en que forjó su identidad creativa, hasta conseguir su emancipación y emergencia como escritor de la destrucción.

> Tu modo poético es difícil [confiesa a su amigo], pero de pronto la línea de un verso procura razones y claridades; una imagen aislada (¿aislada?) confirma las exploraciones, y de éstas (de las imágenes) tu poesía llena hinchadísimos odres. [...] Pero en mi poesía estas mismas imágenes, dirigiéndose en opuesto sentido, no se presentan con el deslumbrante, fosforescente ropaje que permita descubrirlas. [...] Se alude a las islas... pero no para desacreditar tus hermosas y majestuosas islas, sino como manera de no quedar anclado en ellas, porque sería satisfacer el deseo de conocerlas y gozarlas y ésta es mi tragedia que yo no podré nunca conocer o gozar nada. (*Órbita de Virgilio Piñera* 259)

Esta conmovedora declaración del que adolece, proviene de la certeza de saberse absolutamente solo y desgraciado en el mundo, condición que distingue la poesía moderna legada por un poeta muy admirado por Piñera, Charles Baudelaire. Si Piñera era beligerante con Lezama, lo era en la medida en que necesitaba de su amigo para construir a su adversario en la gran obra del teatro de la vida y la creación. Más allá de la escenificación y la ironía, Piñera emprendió la búsqueda tras el «extravío de la aureola», como reza el conocido poema de Baudelaire, una de las expresiones más emblemáticas sobre la pérdida de referentes fundacionales y la imposibilidad de la salvación. Como dice Enrique López Castellón en un estudio introductorio a la poesía del poeta francés: «se trataría de adoptar una determinada postura ante «lo efímero, lo fugaz, lo contingente», pues el rasgo esencial de la modernidad es la toma de conciencia de la discontinuidad del tiempo, la ruptura con la tradición» (17).

Piñera, como lo supo Kafka, otro de sus admirados, la destrucción del mundo deshumaniza. Entonces, ¿qué sentido tendría que Piñera, como Lezama y Vitier, le cantara a la isla, la exaltara y participara en la figuración de su belleza y eternidad? Piñera no podía maquillar al ser baudeleriano: ser un echado del Edén. En uno de sus poemas de 1944 anticipa que ni siquiera puede ser concedido el Juicio Final: «En este parque donde el sol forma llagas en la espalda / de los que pasean, no puede llegar el Juicio Final» (*La isla en peso* 52). Esta visión de la isla será, en muchos sentidos, contraria al espíritu teleológico de la constelación poética lezamiana, y de los intereses del grupo «origenista», cuyas preocupaciones generalmente versaron en torno a cómo dar forma artística a su lugar de enunciación, asumiendo el valor de la americanidad (Moreno 267-291).

Las Furias, ese poema inaugural, prefigura la ausencia de lo sacro y la «desustanciación», como apunta Cintio Vitier en su crítica a *Poesía y prosa*.[6] Establece asimismo, coordenadas de enunciación que lo acompañarán hasta sus últimos textos. «En "Las Furias" hay dos "momentos" —escribe a Lezama—. Se pide al amor su goce, pero viene enseguida el tema de la indecisión. Inmediatamente se solicita a las

---

6   En adelante incorporaremos el neologismo «desustanciación» de Cintio Vitier a nuestro análisis de la cuentística de Piñera, precisamente porque advierte sobre una de las características medulares de la obra y la mirada del poeta sobre su isla. «Lo que aquí centralmente se expresa —dice Vitier respecto de *Poesía y prosa*— es que en este país estamos viviendo ese grado de desustanciación por el cual dos hombres se cruzan, una boda, una copulación o una mujer que plancha, se equivalen y autodestruyen, no guardan resonancia ni entran en una jerarquía, no son nada más que fenómenos que están ahí bajo la luz terriblemente retórica del proscenio vacío, fragmentos que no se ligan entre sí, que no alimentan ni sugieren una forma orgánica, superior e invisible» (265).

Furias este mismo goce pero también se teme la satisfacción, la felicidad del goce prometido. Es, si tú quieres, el tema de "El Conflicto"; el único tema que me interesa; es, mi teoría de las destrucciones...» (*Órbita de Virgilio Piñera* 260).

Destrucción que no es sino la transgresión del creador hacia sí mismo, hacia el lenguaje que lo constituye y el lugar desde donde enuncia. Acto canibalesco que se impondrá desde estos primeros años como un pertinaz diálogo con creadores y estéticas, tanto cercanos, como contrarios a sus búsquedas. A Piñera le interesaba poner al descubierto (desenmascarar) el sinsentido de venir a morar el mundo, esa suerte de ínsula siempre autorreferencial, en la que no hay finalidad, ni esperanza porque el trabajo, la reproducción y la muerte se repiten sin cesar; porque se yace sobre una eterna cárcel del presente, desposeídos de singularidad y goce. «No tengo sabido, alegres Furias: / esas islas por aguas ataviadas / donde hombres sombríos y suntuosos / furiosamente sobre dioses ríen» (*La isla en peso* 24). Bien señala Duanel Díaz que el poeta de *La isla en peso* (1944), «es un cuerpo en fatal caída, atrapado entre la poesía y la presencia envolvente del trópico» (30).

Por último, es imprescindible señalar, con Abreu Arcia, que Piñera poseía una sensibilidad contemporánea capaz de «captar las inquietudes artísticas, filosóficas, espirituales de su tiempo» (47). La figura coetánea más importante, en este sentido, será Gombrowicz, a quien conocerá durante su estancia en Buenos Aires y traducirá con ahínco. Para el escritor polaco, todas las formas de autoritarismo, como el nazismo y el estalinismo, representaban lo más grotesco de los fanatismos y la fabricación de ideales y sentimientos. Albert Camus, ese otro contemporáneo del polaco y el cubano, entregará su empresa filosófico-literaria al tema del suicidio porque para sobrevivir, dice Georges Bataille, es necesario negar el dolor, suicidando el lenguaje. He ahí la sensibilidad de Virgilio Piñera, ahí su *ethos*.

Mundo es destino

El primer cuento de Piñera será «El conflicto», escrito en 1940 y publicado en 1942 en un cuadernillo de *Espuela de Plata*.[7] Se trata de

---

7   Posteriormente el autor no lo incluirá en su primera antología ordenada por él mismo, *Poesía y prosa* (1944).

uno de los cuentos de mayor extensión (alrededor de 30 páginas), que inaugura los motivos más frecuentes de su cuentística: la presencia de una lúcida maquinaria de posibilidades espacio-temporales; la reflexión sobre la literatura como escape de la lógica del mundo; la incursión de narradores focalizados en la conciencia de los personajes principales; la indagación sobre la sustitución, desdoblamiento e inorganicidad del mundo y sus seres; el cuestionamiento sobre la ausencia de singularidad; la repetición de la experiencia del presente; la reflexión sobre el quehacer de la literatura; y la evidencia de, como señala Celina Manzoni, una «complejidad filosófica en el tratamiento de la categoría del tiempo y de la relación entre cuerpo y alma» (12).

Esta serie de procedimientos aparecerán en adelante con frecuencia en su narrativa, más enfáticamente en su cuentística, espacio que le permitirá jugar con mayor libertad en la experimentación de la forma artística y el tratamiento espacio-temporal. Piñera va a incursionar en el relato breve desde los cuarenta, hasta poco tiempo antes de su muerte. Por lo general va a presentar una serie de argumentos simples, cuya densidad va a recaer en la reflexión filosófica, a partir de un cuestionamiento figurado sobre el ser y el estar en el mundo.

En esta parte del trabajo sostenemos que la cuentística de Piñera configura un cronotopo específicamente piñeriano que despliega una empresa filosófica. Debido a la imposibilidad para abarcar toda su cuentística,[8] en estas páginas analizaremos un conjunto de relatos pertenecientes a distintas décadas, momentos de escritura y libros, lo que asegura trazar una continuidad en su poética: «El conflicto», «El que vino a salvarme»,[9] «*Ars longa, vita brevis*», «El otro yo», y «La muerte de las aves».[10] Es probable que la selección justifique nuestros intereses, pero estimamos que el trabajo abre coordenadas de lectura sobre la poética y la mirada en torno al ser y la literatura en Piñera.

En primer lugar, partimos de la categoría bajtiniana «cronotopo», que refiere a la colocación del espacio en el tiempo, tanto como a una

---

8   La totalidad de sus cuentos fueron publicados por primera vez de la siguiente manera: *El conflicto.* Cuadernos de Espuela de Plata: La Habana, 1942. *Cuentos fríos.* Losada: Buenos Aires, 1956. *El que vino a salvarme.* Sudamericana: Buenos Aires, 1970. *Un fogonazo.* Letras Cubanas: La Habana, 1987. *Muecas para escribientes.* Alfaguara: Madrid, 1990. Además se incluyeron cuentos antes no recogidos en libros, en la reciente edición de *Cuentos completos.* La Habana: Letras Cubanas. Edición del Centenario, 2011.

9   Fechado en 1967, perteneciente al libro homónimo editado en 1970.

10   El primero fechado en los setenta, el segundo en 1976 y el tercero en 1978; pertenecientes a *Un fogonazo,* editado *post mortem* en 1987.

noción de forma y contenido. Para Mijaíl Bajtín, el contenido y la forma son indisociables de la actividad estética: la forma estética concluye e unifica valoraciones ético-cognitivas del autor, y orquesta una serie de de géneros discursivos primarios que toman lugar en el intercambio social verbal de la vida cotidiana (13-76). Las formas compositivas, como el cuento, son arquitecturas atravesadas por una serie de valoraciones. Paul Ricoeur, en este mismo sentido, se referirá al proceso de «prefiguración» de la obra literaria como la construcción de un laboratorio, en el cual el artista experimenta con una serie de valores, en función de una red conceptual, es decir, una serie de símbolos de determinada naturaleza cultural (123). El cronotopo bajtiniano asimismo «es una categoría de la forma y el contenido [que] determina también (en una medida considerable) la imagen del hombre en la literatura» (283). Según lo dicho, enfatizamos la carga valorativa que el autor incorpora a su reflexión sobre el ser representado en sus cuentos. El «cronotopo» es una categoría filosófica que nos permitirá reflexionar sobre la especificidad del ser, su lugar, su hacer y su cambio a través del tiempo.

Una de las características que primero nota el lector de los cuentos de Piñera radica en el tratamiento abstracto del espacio; inorganicidad que se traslada a los personajes, algo que será excepción por la capacidad que algunos de éstos tienen para ver y pensar críticamente su mundo. Los relatos prescinden de una concreción del espacio: costumbres o arquitecturas que remiten a una época específica, están prácticamente ausentes, lo que hace sustituibles a estos espacios. Salvo algunos diálogos, es difícil identificar si el relato toma lugar en un lugar concreto. «El conflicto», ese magistral relato inaugural de Piñera, acontece en una cárcel y un patíbulo, como si fuera cualquier otra cárcel y patíbulo. Su personaje –Teodoro– «lo fusilarían la semana venidera. [...] [y] ante el caso particular de su próxima ejecución no cabía alterarse o conmoverse o hacer de ella un centro de universal atracción, ya que estas ejecuciones se sucedían en el tiempo y el espacio con la misma regularidad con que al día sucede la noche o a la piel herida la salida de la sangre» (*Cuentos completos* 90). Esta ausencia de singularidad pone al descubierto la desustanciación de la vida, vida regida por una lógica propia del curso de los acontecimientos, donde todo se repite sin cesar y sin particularidad. «De acuerdo con el hecho de que diariamente se fusila a un hombre en un punto cualquiera de la Tierra [...] se hacía necesario reconocer que la cosa era perfectamente natural y lógica» (90).

En «El otro yo», un cuento que se distancia más de treinta años de «El conflicto», esta misma preocupación es el tema principal del relato: un señor denominado «X» desea hacerse otro yo; «se lo permitirían dos cosas: lo avanzado de la tecnología de su época y el dinero» (285). El desdoblamiento del sí mismo en un yo artificial es tan aleatorio como el yo humano. La inorganicidad no sólo se da en la sustitución de un yo en otro de este señor sin nombre, desposeído de identidad, sino también en la artificialidad del enmascaramiento humano, equivalente a la artificialidad del androide inmortal. Como buen dramaturgo, la preocupación por las máscaras y la autenticidad, era parte de las obsesiones de Piñera. «El señor X», morador de un espacio-tiempo del que sólo se sabe por sus elevados avances en materia científica, se ha aburrido de sí con el paso de los años. En su necesidad de permanecer en el mundo, manda hacer una copia de sí. «El otro yo» es una suerte de ridiculización fáustica en 4 páginas, que revela la absoluta abulia ante la vida. La vida, entonces, necesita enmascararse, hacerse artificial y ociosa.

En «*Ars longa, vita brevis*» la única referencia al espacio es la casa de una familia y el trópico, información concedida cuando el narrador compara el parecido del ciclón que atraviesa el relato, con el de «aquellas tempestades de mi niñez en Cárdenas» (266). La sustitución adquirirá una solución parecida al célebre «Rashomon» de Ryonosuke Akutagawa, en la que distintas versiones de quienes comparten un mismo evento no coinciden en términos sincrónicos. Lo que resulta de ello no es una experiencia compartida, sino múltiples desenlaces de un mismo evento. En el cuento de Piñera, una familia ofrece una fiesta en honor a su perrita, pero un inesperado ciclón acaba con sus planes, excepto por la visita de una familia que, por lo inferido en el relato, es físicamente similar a la anfitriona.

De acuerdo con cada miembro de ésta, los hechos posteriores son relatados por cada uno de ellos, en los que no se resuelve la existencia o inexistencia de la familia visitante e incluso, de la anfitriona. Esta trasposición de los personajes los vuelve prescindibles, susceptibles de disolverse, ilusorios. La confusión entre la sustitución o identificación plena entre una y otra familia, este desdoblamiento, abre la discusión sobre lo «verídico», lo imaginado, lo posible, lo falso, lo enmascarado y lo desprovisto de singularidad, como formas de una transmutabilidad autorreferida.

Una característica de algunos de los personajes piñerianos es carecer de nombre, algo que se añade a la presencia de narradores que no conceden información sobre el pasado o la memoria de aquéllos, lo que acentúa su arrojo al presente. Teodoro es excepción, y es probable que le sea otorgado un nombre por su don para el artilugio y la reflexión filosófica. Lo cierto es que al lector no le es concedido saber por qué será ejecutado. De su presente sólo sabemos sobre su inminente ejecución y que su esposa Luisa es hija del administrador de penales.

En «El otro yo» y «*Ars longa, vita brevis*» sabemos que «El señor X» cumplió 50 años, y que la familia del segundo relato, está «siempre a la caza de fiestas. [Y] tras largos años de darlas tenían una acumulación de la cual esperaban, en los adversos años de la vejez, gratas evocaciones» (263). En este último cuento, si bien los miembros de la familia poseen un nombre es porque, como veremos adelante, participan de la ficción: única vía piñeriana de salvación. A la inorganicidad del espacio-tiempo se añade el vacío de pasiones. Al respecto Piñera posee una mirada moderna de destino. Se trata de un destino regido por la lógica externa (espacio-tiempo del mundo), que esclaviza la lógica interna de estos seres sin afecciones, ni deseo de futuro, ni identidad, es decir, sin carácter y por ende, absolutamente prescindibles. De ahí la insistente búsqueda de posibilidades y juegos con el tiempo y la sustitución en estos cuentos, en aras de escapar del destino. Efectos que esto provoca en el lector son la sensación de ahogo y angustia. Pero el carácter aparecerá cuando los personajes de estos relatos, como Teodoro y los narradores de «La muerte de las aves» y «*Ars longa, vita brevis*», establecen una relación con la libertad, a propósito de la diferencia entre destino y carácter en Walter Benjamin.[11]

---

11   Dice Benjamin: «El destino aparece por lo tanto cuando se considera una vida como condenada, y en realidad se trata de que primero ha sido condenada y sólo a continuación se ha convertido en culpable. [...] El derecho no condena al castigo sino a la culpa [de los dioses desventurados]. El destino es el contexto culpable de lo que vive. [...] Pero la visión del carácter es liberadora bajo todas las formas: está en relación con la libertad [...] a través de su afinidad con la lógica» (134-137).

Esta libertad, como veremos adelante, sólo se consigue a través de la imaginación literaria.

Pero volvamos a «El conflicto», por la complejidad y riqueza que despliega. Ya desde la primera página se cuestiona la «lógica» y la «naturalidad» con la que ocurre un fusilamiento, abstracción cuestionada en primera instancia, por ese Teodoro «cualquiera», que deja su condición abstracta cuando se distancia de su mundo, cuestiona la lógica de los acontecimientos y pone en marcha la conjetura filosófica. En algún momento del relato, Teodoro emprende un diálogo con el oficial encargado de su ejecución:

> —Podríamos polemizar amistosamente –y a renglón seguido, añadió–: Por cierto que el montículo se ofrece como el lugar ideal.
> —¡Sí, sí! ¿Cómo pudo adinivarlo? –secundó el oficial–. Siempre he dicho que parece una mesa ideal para conversaciones y banquetes. Pero lo que no logra meterse aquí en la cabeza –y se levantaba el casco con delicadeza– es cómo pueda ser la justicia burlada... (90)

No es la justicia otorgada por las euménides;[12] lo que muestra el relato es una noción de justicia encadenada a la lógica de la sucesión y repetición de hechos sin cesar, que como en este caso, no distingue una ejecución de otra, porque ni siquiera hay cabida para un espacio-tiempo histórico. Se trata de una alienación que arrebata toda posibilidad de soberanía del ser: su capacidad de decisión y voluntad. No puede llevarse a juicio a alguien, puesto que está desustanciado, atado al tiempo cronológico. No hay motivo para que el ser deje de ser sacrificable: sólo es repetición y sustitución. Más adelante, la conversación profundiza en este mismo cariz:

> —¿Pero por qué se trata de impedir la realización del suceso? Si no es para salvar su vida, ¿qué otra hipótesis podría presentar en favor de su tesis? ¿Aventura usted que la burla de lo ineluctable determinaría la salvación de su alma?
> —¡Eureka, eureka!... –palmoteó Teodoro–; ¿cómo pudo adivi-

---

12 Se dice que el nacimiento del derecho surge cuando las «furias» o «erinnias» griegas, después de perseguir a Orestes por haber vengado la muerte de su padre Agamenón, de manos de su madre Clitemnestra, se convierten en «euménides». Esto porque Atenea, quien refugia al culpable, convoca a un juicio formal comprendido por doce jueces. Éstos dividen su voto en partes iguales; sólo el voto de calidad de Atenea declara la inocencia de Orestes. El tránsito de las erinnias a las euménides equivale al paso del destino regido por la venganza, al nacimiento del derecho entre los hombres, es decir, el fundamento jurídico. Véase Eugenia Maldonado de Lizalde.

> narlo? Sí, determinaría su salvación y la mía y la del Alcaide y la del
> piquete y la del mundo entero... (99)

Al preso no le preocupa salvarse a sí mismo, sino ganar una libertad universal, por medio de la violación sistemática de la cronicidad y repetición de los sucesos: los que ocurrieron cien años atrás, idénticos a los del alba anterior, y la tarde de mañana. No se trata de escapar de la cárcel física, como lo desea su esposa, sino de la cárcel universal que a todos nos vuelve sacrificables –un tópico por lo demás fundamental en la novela *La carne de René* (1952). Teodoro quiere «detener un punto en su máxima saturación», razón por la que emprende un intrincado diálogo con el oficial, hasta que «con el narciso entre las manos se entretenía en deshojarlo, fue realizado en su punto de máxima saturación por las inevitables percusiones que acallarían sus rumores» (113).

Teodoro echa a andar una máquina filosófica para burlar el espacio-tiempo, provocando fragmentación y repetición, como efecto del juego de posibilidades de esta burla. Se puede inferir que el narrador en tercera persona, enteramente focalizado en la conciencia de Teodoro, es un narrador subjetivo, que hace recaer el artificio literario en Teodoro. Al final, «la diamantina sonrisa de Teodoro, era de tal languidez imperativa que el oficial, sollozando sin lágrimas, abatió sobre la tierra, vuelto una fosforescente centella velosísima, el brazo que aprisionaba el sable de oro» (113). La inorganicidad del personaje y de su espacio, su cualidad aleatoria, se desplaza hacia una subjetividad crítica que abre camino a la multiplicidad de significados y posibilidades infinitas del acto creador, acto que es reflexión, al tiempo que figuración. La libertad que este personaje alcanza por la vía de la imaginación literaria lo dota de absoluta singularidad, es decir, lo inviste de carácter al liberarse del destino.

«La muerte de las aves», fechado un año antes de la muerte de Piñera (1979) y casi cuarenta años después de «El conflicto» explora en apenas 30 líneas, versiones sobre «la reciente hecatombe de las aves [...] una, la del suicidio en masa; la otra, la súbita rarificación de la atmósfera» (257). El narrador, ese que al final sabemos es un escritor que reflexiona sobre su propio quehacer, explora dos causas que resultan inverosímiles en términos de posibilidad real en el mundo, y que por lo tanto, son inciertas: «el único modo de escapar al hecho ineluctable de la muerte en masa de las aves, sería imaginar que hemos presenciado la hecatombe durante un sueño. Pero no sería dable interpretarlo, puesto que no sería un sueño verdadero» (257). La hecatombe ha acontecido, no fácticamente, sino como alegoría de la muerte en vida, propia del absurdo del mundo. Sólo «la ficción del escritor, al borrar el hecho, les devuelve la vida. Y sólo con la muerte de la literatura volverían a caer abatidas en tierra» (258). La literatura, en este sentido, es libertad, punto de fuga, vida *versus* cárcel del mundo: sinónimo de muerte.

«El que vino a salvarme» centra su pertinacialla en el cálculo minucioso del tiempo: el narrador-protagonista desea averiguar la hora exacta en la que llegará su muerte. Breve relato que explora la frontera entre la vida y la muerte, el tiempo del mundo y el tiempo interior. Este narrador-protagonista, de quien sólo sabemos que después de presenciar el asesinato de un hombre en los sanitarios de un cine, se obsesiona con tener la misma suerte del ajusticiado: saber el minuto y segundo preciso de su muerte. Esta «justicia irregular» —como la nombra el protagonista—, la de asesinar por venganza, se transforma en la justicia personal de tomar en sus propias manos el tiempo de su final. El tiempo seccionado en minutos y segundos, sujeto a la lógica de las acciones repetitivas del mundo, deberá desaparecer e internalizarse para recobrar la vida robada por la cronicidad.

Al final del relato, el narrador-protagonista, ahora un viejo senil que experimenta «ese linde entre realidad e irrealidad [en el que] todo es posible, y más importante, todo ocurre y no ocurre» (252), advierte la presencia de un joven a través del espejo, es decir, un desdoblamiento del sí, que lo viene a salvar. «Supe con anticipación de varios segundos el momento exacto de mi muerte. Cuando la navaja se hundió en mi yugular, miré a mi salvador y, entre borbotones de sangre, le dije: "Gracias por haber venido"» (253). En el momento del relato en que aparece el joven, el narrador-protagonista voltea a ver la foto de su padre, y advierte que la cara de éste es «como si se la hubiera maquillado para hacer un personaje de tragedia» (252).

La complejidad de significados de aquello que aparenta un argumento narrativo simple con un lenguaje por lo demás llano, pone en evidencia los distintos niveles de indagación filosófica que Piñera echa a andar. Este no es un relato sobre la hora exacta de la muerte, sino sobre la evidencia de un tiempo carcelario, cuya liberación ocurre por la vía del duplicación del sí, como si el personaje intentase ir tras los retazos de su propia identidad, tratando de acudir a la intratemporalidad, a propósito de Paul Ricoeur, al ver su propio rostro de joven. Y es que el tiempo interior ha sido arrebatado por el tiempo del mundo.

Dice Ricoeur: «la *intratermporalidad,* o el ser-»en»-el-tiempo, manifiesta rasgos irreductibles a la representación del tiempo lineal. [...] Ser-"en"-el-tiempo es, ante todo, contar con el tiempo y, en consecuencia, calcular. Pero debemos recurrir a la medida, precisamente, porque contamos con el tiempo y hacemos cálculos; no a la inversa» (127). Sin embargo, en «El que vino a salvarme» el ser, es un ser-atrapado-en-el tiempo, que a lo largo de su vida le obsesiona el cálculo del tiempo porque no lo puede atrapar para sí, hecho que lo aniquila en vida. La única vía de liberación que el autor plantea es la suspensión del tiempo en el linde entre lo real e irreal, en aras de desenmascarar el tiempo del mundo y recobrar el tiempo de la subjetividad. Esta noción de tiempo es una de las razones por las cuales los personajes piñerianos no manifiestan una memoria que les dote de especificidad.

En «*Ars longa, vita brevis*», título tomado de una sentencia de Hipócrates que se traduce en «el arte es duradero, la vida es breve», presenta una serie de posibilidades «rashomonianas», al contar un mismo evento de distinta manera, por los cuatro miembros de la familia que protagoniza el relato. En éste resalta, además de la sustitución entre una y otra familia, como ya se ha mencionado arriba, el tipo de narrador que organiza el relato, la presencia del ciclón y la reflexión metaliteraria que da razón al título del cuento.

En primer lugar, el narrador toma a su cargo la reconstrucción de los extraños sucesos acontecidos el día que la familia ofrece una fiesta. Como en «Un jesuita de la literatura», un personaje, cuyo oficio es el de ser escritor, organiza y reconstruye los hechos. Aunque pareciera que son éstos los que juegan en el mundo narrado, al final es el escritor el que, por medio de la reflexión sobre el acto creador, les confiere su significado. Este escritor, quien forma parte de la lista de invitados, no llega a la fiesta porque un inesperado ciclón se lo impide. Días después recibe una carta certificada con las versiones de lo ocurrido durante la visita de la otra familia.

Mientras que Jorge, Lidia y Candita aseguran haber visto, de distinto modo, a los visitantes, así como confirman el hecho de que una u otra se introdujo en un extraño artefacto aparecido en un haz de luz azul, Lola es la única en poner en tela de juicio lo relatado por los demás, aseverando que ha sido el fenómeno natural lo que los predispuso a ver «aparecidos»: «relámpagos, rayos, truenos, lluvia torrencial; todo eso, culminando en el huracán, devastador y apocalíptico. Secuela del sismo; extinción de la luz, privación del servicio telefónico, aterradores silbidos del viento huracanado. Ya éramos propensos a ser víctimas de la alucinación» (270).

En algún momento de la noche, asegura Lola, esta familia de aparecidos, ingresa «en una especie de vehículo que no nos fue dable identificar» (271). El narrador-escritor introduce los testimonios al interior del relato, poniendo énfasis en la relación de los hechos con la fantasía, como la presencia de esa extraña nave espacial. En este sentido, la ficción participa de las desenfrenadas formas de la naturaleza, así como del desdoblamiento o sustitución de una familia por otra. Al final, el narrador deja abierta la posibilidad al lector de que lo anterior también pudo ser producto de su propio ingenio creador: ¿acaso no la naturaleza pudo trastornarlo a él también?: «Dejo a la imaginación de cada cual la posibilidad de interpretar este insólito caso. Por mi parte, si bien he perdido la compañía de una familia encantadora, he ganado, en cambio, cuatro entes de ficción. ¿No es en eso en lo que han venido a parar?»(273). La fábula nuevamente radica en que la vida, corta y monótona, es puesta en libertad por el arte, ese que además trasciende más allá de cualquier vida.

Una lectura adicional a la reflexión sobre el papel de la naturaleza en este último cuento radica en dimensionar uno de los aportes de Édouard Glissant respecto de la experiencia antillana. El martiniqués denomina a una forma de «contrapoética» a la experiencia de la temporada única en el Caribe: «canto llano del ritmo a través del cual desconocemos el apresto de los cambios de estación, tan provechoso para las civilizaciones occidentales, y a través del cual vivimos no solo otra cadencia, sino algo así como otra medida del tiempo» (265). El clima ininterrumpido, el clima indomable, siempre el mismo, se revela en la lógica cíclica y enmascarada del trabajo, el casamiento y reproducción sin cesar, del yacer sin posibilidad de redención.

En este sentido, el ciclón en «*Ars longa, vita brevis*» funge como un personaje fundamental que, debido a su organicidad, azota y salva, junto a la ficción, a una familia asediada por su inorganicidad. El ciclón termina siendo el contrapunto, la contingencia que abre camino a la escapatoria.

En Piñera, las soluciones metaliterarias derivan en eso que Bataille llama «el suicidio del lenguaje», transgresión que obedece a la necesidad de salir de la serie de instantes que rigen la lógica del mundo,[13] por medio de una violencia de la desustanciación al interior de un tiempo sucedáneo. Esta suspensión de la cronicidad «aparta al ser de la preocupación por los instantes venideros» (389), dice el pensador francés. Como hemos visto en los distintos cuentos, lo cronotópico se convierte en instrumento para llevar a cabo el artificio literario, el cual se desplaza al plano de la reflexión filosófica, y cuyo objetivo radica en desestabilizar, tanto en el plano temporal, como en el espacial, por medio de la sustitución y desdoblamiento de los personajes. Lo anterior recae, como hemos visto, en una exploración de las fronteras de la literatura, con el ánimo de atribuirle el don de salvar, de recuperar lo vital y liberar de los designios del repetido y siempre carecelero tiempo del mundo. Literatura, en este sentido, se vuelve metaliteratura: reflexión constante sobre su quehacer y su don para salvar. Es por la fragmentación y transgresión cronotópica que la literatura deviene vida. La oposición al tiempo del mundo, es decir, a la experiencia de la muerte en vida es, en términos de Bataille, el *eros* propio de la literatura.

Por último, vale la pena cerrar con una última consideración sobre las posibilidades cronotópicas en Piñera, en relación a una experiencia de lo insular, y la noción de tiempo que vuelve, que es presente asfixiante. Se trata de la vivencia de una ínsula cuya alegoría de las aguas no es la refracción que introduce la Relación múltiple, como apuntaría Édouard Glissant, tampoco la *imago* que participa en la historia,

---

13   Para Bataille, esta lógica es lógica del trabajo.

a propósito de Lezama Lima, sino el encierro absoluto que ahoga. Tal es la valoración insular que Piñera establece: seres aislados, absolutamente solos y enmascarados, rodeados de agua, sin pasado, ni futuro, intercambiables; seres que yacen sin pena ni gloria; seres que no sienten, no gozan, que son sacrificables, pero que recobran vida por la vía de la imaginación, la transgresión y desestabilización de aquello sujeto a la lógica del encierro.

Se trata de una noción de insularidad que pone al descubierto la autorreferencialidad, y el absurdo de morar en un mundo de repeticiones incesantes. Piñera trabajará sobre esta tesis toda su vida:

> ¿No he dicho yo mismo que la geografía del poeta es ser isla rodeado de palabras por todas partes, y adonde llegan numerosos barcos lastrados de influjos, después dispersados por la furiosa resaca de sus costas? Si queremos ver claro en mi poesía habrá necesariamente que partir de una palabra: lo tumultuoso. Ahora recuerdo una gran frase de Breton: «*La beauté sera convulsive ou ne sera pas*»... Sólo convulsivamente puedo yo «ordenar» la poesía. (*Órbita de Virgilio Piñera* 258-259)

Obras Citadas

Abreu Arcia, Alberto. *Virgilio Piñera: un hombre una isla*. La Habana: Unión, 2002.

Arrufat, Antón. «Un poco de Piñera». Virgilio Piñera. *Cuentos completos*. La Habana: Letras Cubanas, 2011. 5-29.

Bajtín, Mijaíl. «El problema del contenido, el material y la forma en la creación literaria» y «Las formas del tiempo y el cronotopo en la novela». *Teoría y estética de la novela*. Madrid: Taurus, 1989. 13-75 y 237-409.

Bataille, Georges. «La pura felicidad». *La felicidad, el erotismo y la literatura*. Argentina: Adriana Hidalgo, 2004. 388-404.

Benjamin, Walter. «Destino y carácter». *Ensayos escogidos*. México: Ediciones Coyoacán, 1999. 131-137.

Díaz, Duanel. *Orígenes, Lezama vs Piñera, La isla en peso, Ciclón*. http://es.scribd.com/doc/241652/Duanel-Diaz-Origenes-Pinera-y-La-isla-en-peso (última consulta: 10 de octubre de 2012)

Espinosa, Carlos. *Virgilio Piñera en persona*. La Habana: Unión, 2011.

Glissant, Édouard. «Poética e inconsciente». *Discurso antillano*. La Habana: Casa de las Américas, 2010. 264-71.

López Castellón, Enrique. «Estas flores malsanas». Charles Budelaire. *Obra poética Completa*. Madrid: Akal, 2003. 3-28.

Maldonado de Lizalde, Eugenia. «El derecho penal en Sófocles y Esquilo (*Edipo Rey* y *Las euménides*)». Ponencia. Instituto de Investigaciones Jurídicas de la UNAM, junio de 2006.

Manzoni, Celina. «Posibles de la imaginación: Virgilio Piñera y la escritura como desafío». Virgilio Piñera. *Cuentos selectos*. Buenos Aires: Corregidor, 2009. 7-24.

Méndez Martínez, Roberto. ««La destrucción del danzante», un poema 'desaparecido' de Virgilio Piñera». *Matanzas* 13.1 (2012): 13-14.

Moreno Herrera, Francy. «*Orígenes* estéticos para un lugar incierto». Comp. Regina Crespo. *Revistas en América Latina*. México: UNAM-CIALC, 2010. 267-91.

Piñera, Virgilio. «Cartas de Virgilio Piñera a Lezama Lima». *Órbita de Virgilio Piñera*. La Habana: Unión, 2011. 251-271.

——————. *Cuentos completos*. La Habana: Editorial Letras Cubanas, 2011.

——————. *La isla en peso*. Barcelona: Tusquets, 2000.

——————. *Poesía y crítica*. México: Consejo Nacional para la Cultura y las Artes, 1994.

Ricoeur, Paul. «Tiempo y narración. La triple *Mímesis*». *Tiempo y narración*. Vol. I. México: Siglo XXI, 1995. 113-61.

Rojas, Rafael. *Tumbas sin sosiego*. Barcelona: Anagrama, 2006.

Vitier, Cintio. «Virgilio Piñera. *Poesía y prosa*. La Habana, 1944». *Orígenes: revista de arte y literatura*. Edición facsimilar. Vol. I. México/ Madrid: El Equilibrista/ Turner, 1989. 263-266.

PRESIONES Y DIAMANTES: LA IMAGINACIÓN DEL DESASTRE COMO CONSPIRACIÓN INDEFINIBLE

ALAN WEST-DURÁN
NORTHEASTERN UNIVERSITY

La tercera y última novela de Virgilio Piñera, *Presiones y diamantes*, ha recibido mucho menos atención crítica que sus otras dos, *La carne de René* (1952) y *Pequeñas manobras* (1963). Publicada por Ediciones Unión en 1967, coincide con un período de mayor marginación del autor. Dentro de Cuba sólo publicará *Dos viejos pánicos* (1968) y *La vida entera* (1969) antes de morir en 1979. Pasarían quince años hasta que la revista *Revolución y cultura* publicara el cuento «Tadeo» (1984), seguido por *Un fogonazo* y Muecas *para escribientes*, ambos de 1987. Piñera terminó una primera versión, titulada «La última conspiración» en 1958 y lo iba a someter a concurso a la Editorial Losada en Buenos Aires, pero no lo hizo. La siguió trabajando hasta mediados de 1961 y en 1964 la sometió al Premio Biblioteca Breve de Seix Barral, año en que ganó Guillermo Cabrera Infante por *Tres Tristes Tigres*.

Quizás su curiosa mezcla de ciencia ficción con elementos de *noir*, con altas dosis de desgarramiento paranoico ha alejado a lectores y/o críticos. No es la más lograda de sus novelas pero aún así retiene un interés literario y filosófico innegable. Es una de sus pocas narrativas en las que el protagonista exhibe ciertos rasgos quijotescos, aunque dentro de un marco de futilidad típicamente piñerianos. Calificar a *Presiones y diamantes* de ciencia ficción requiere algunos matices. Si entendemos por ciencia ficción batallas entre naves espaciales, o una invasión de extraterrestres, o una rebelión de robots o computadoras amenazantes, entonces la novela de Piñera no cae dentro de esa definición más estrecha. Pero si nos adherimos a lo que dice Sontag estamos plenamente en ese mundo. La ensayista-novelista norteamericana dice: «Las películas de ciencia ficción no tratan de la ciencia.

Se ocupan del desastre, uno de los temas más antiguos del arte. En el cine de ciencia ficción el desastre raras veces se ve de forma intensiva, siempre es extensiva» (Sontag, 215). Sin duda, la novela se trata de un desastre. La primera frase lee: «Nunca se podrá saber cómo empezó la gran conspiración contra la Tierra»[1] (217, 5).

El desastre no es producto de un virus que enferma a la gente mortalmente ni los convierte en monstruos o zombies pero sí empieza a transformar la sociedad y a las personas que rodean el protagonista principal, una especie de cronista del desastre y cuyo nombre nunca se revela. El narrador (N.) se dedica a documentar una serie de acciones o actividades que dan testimonio a un descalabro de la sociedad: un interés en jugar canasta, retirarse del mundo público, la hibernación artificial, el desmoronamiento de valores económicos (mercancía y dinero), el desgaste del lenguaje y la comunicación. N. ve todo este proceso como deshumanizador.

En este sentido *Presiones y diamantes* es comparable a películas de ciencia ficción como *Invasion of the Body Snatchers* (1956) y *Alphaville* (1965). En la primera los seres humanos son paulatinamente reemplazados por unas vainas enormes que replican al ser humano pero sin emociones y empatía alguna. En la segunda una sociedad totalmente racionalista controlado por un científico y manejado por una computadora (Alpha 60) rige sobre los seres cuyas emociones y rasgos humanos han sido extirpados. Ambos tienen un héroe que lucha contra las fuerzas deshumanizadoras, el Dr. Miles Bennell en *La invasión de los ladrones de cuerpos*, el ultraconocido y reciclado Lemmy Caution (Eddie Constantine) en la de Godard. Ambos también comparten la paranoia tipo film *noir*, tanto en sus tramas, personajes y cinematografía. En la novela de Piñera el narrador, muy raro en su obra, es una figura con ciertos rasgos quijotescos. Hacia el final de la novela el protagonista recibe una carta incitándolo a pasar al lado de los han abrazado la conspiración: «Un Don Quijote solo nada puede frente a millones de antiquijotes» (323, 83). No le ve como insulto y admite «Prefiero ser el Caballero de la Triste Figura que el Caballero de la Hibernación» (324, 83).

La obra de Piñera se encuadra dentro de las preocupaciones que señala Carlos Clarens en su libro célebre *An Illustrated History of*

---

1   Las páginas se refieren a la edición de Alfaguara primero (1986), luego la edición cubana (2011).

Horror and Science Fiction Film: «El horror máximo en ciencia ficción no es la muerte ni la destrucción sino la deshumanización, un estado donde la vida emocional se suspende, en el cual el individuo es privado de sus emociones particulares, su voluntad y su juicio moral. El hecho de que las películas de ciencia ficción más exitosas tratan este tema subraya que este tipo de ficción toca un punto vulnerable de la sociedad contemporánea: la ansiedad colectiva sobre la pérdida de la identidad individual, efectos subliminales sobre la mente, o, más abiertamente, el lavado del cerebro científico o político» (Clarens, 134). Este horror se manifiesta en *Invasión...* cuando distintos personajes alegan que su madre (o hermana, o tío) no son quienes aparentan ser, aunque físicamente son iguales. En *Presiones y diamantes* no se trata de una fuerza como las vainas enormes sino que viene de una presión (o conspiración) no localizable.

Piñera ha dado con una fórmula excelente: dejar la conspiración y las presiones que llevaron a ella un misterio, no obstante la tentación de tratar de explicarlo.

> Unos decían que la maquinación se debió la célebre profesor P. y que a dicho profesor debía atribuirse el despoblamiento de la tierra, por otra parte, ¿dónde estará el profesor a estas alturas?; otros decían que fuerzas extraterrestres empujaron a los mortales al alejamiento de su propio planeta; en fin, otros menos ambiciosos declararon que la causa de todo habría que buscarla en la propia conducta del hombre. En mi opinión todos estos deberes eran ociosos. Ninguno de ellos revelaba el origen de la conspiración; ninguno de ellos puso coto al despoblamiento de la tierra. De todos modos, no creo que un grupo de personas se asociase con el deliberado propósito de conspirar. Según mi modo de ver las cosas la conspiración se produjo por sí misma y como resultado lógico de grandes presiones. (218-219, 5-6)

Piñera, no obstante estos comentarios deja a su protagonista seguir indagando sobre la conspiración y en el epílogo se presentan tres informes de famosos profesores en cuanto al despoblamiento. Con su regodeo sobre la presión y la conspiración Piñera va creando un ambiente no sólo conspirativo sino de paranoia. La frase de Robert Heinlein quizás sea muy apta: «La paranoia es el único acercamiento real a un mundo conspirativo» (en Westfahl, 270).

El mundo conspirativo de la novela, aunque ubicuo, resulta ser muy difícil de precisar y esa indefinición es lo que le da el ambiente algo sofocante a los hechos narrados, aumentado por un calor oprimente. Pero la indefinición hace lo conspirativo más eficaz; como dice Jodi Dean (citando a Jonathan Vankin), «Una buena conspiración es una conspiración imposible de comprobar» (Dean, 145). La trama se desenvuelve bajo esa indefinición pero se va proliferando como los chismes que marcan el ritmo de la narración. Dice el narrador: «Toda conspiración es incorpórea, escurridiza; no bien creemos que ha adoptado una forma definitiva adopta otra y otra...» (302, 67).

Esta indefinición deja al narrador en lucha consigo mismo, su mujer y su entorno. Parecido al Sr. Cogito del poeta polaco Zbigniew Herbert, el cronista de Piñera comparte la frustración de Cogito, magistralmente descrito en el poema «El monstruo del Señor Cogito». Dice Herbert: «El monstruo de Cogito/carece de toda dimensión/es difícil describirlo/elude definición/es una vasta depresión/que cuelga sobre el país/...si no fuera por su peso aplastante/y la muerte que despacha/uno concluiría/que era un fantasma/una enfermedad de la imaginación» (Herbert, 375, 376). Ese monstruo es la presión del título, del cual Piñera extrae todas sus asociaciones, sean humanas, sociales, arteriales, y atmosféricas. Dice el narrador: «La presión es la vida misma.» (221, 8), pero más adelante el narrador afirma que «la presión no es un problema social» (226, 11). En fin la presión es lo que iguala a todos. Y es su impacto global que arrasa a los que rodean al narrador.

En el capítulo II el narrador hace una especie de recorrido moral y social de la sociedad que le rodea, efecto de la «conspiración incorpórea»:

> Parece que vivíamos en un mundo en el que las grandes frases, las actitudes solemnes, los sólidos principios y la fe que mueve montañas fuese papel mojado. Nunca como ahora parecía mostrar la gente menos temor, mayor indiferencia por el gusano roedor, por el escrúpulo de la conciencia, la razón de ser, el problema del alma, el terror de la nada...Un mundo adorador de la piel, de los viajes, del juego, de los caballos, del sexo, del poder, de los nervios propios y de los ajenos...Por sucesivas eliminaciones habíamos arribado a la im-

pavidez: amábamos y temíamos todas esas cosas pero impávidamente. Nunca ahora un hombre se parecía menos a otro hombre; la comunidad resultaba tan precaria que cada vez más las palabras querían decir menos y ya se notaba el temor de unos y otros a aventurarse en los abismos de la conversación. Un modo de llenar estas lagunas era la continuada masticación de chiclets. ¿Sería posible que el hombre hubiese fabricado un producto que recordaba la masticación de la vaca? Tal parecía que habiendo sido dicho todo, la gente rumiara su propia soledad y que esa soledad fuera el único capital efectivo con que ir tirando hasta el momento del fin. (232-233; 15-16)

Piñera sintetiza en este trozo muchas de las preocupaciones de la novela y no obstante un cierto aroma de existencialismo de los años cuarenta, capta perfectamente lo dicho por Clarens anteriormente sobre la deshumanización en las películas de horror o ciencia ficción. En la novela de Piñera se exacerba la tensión entre la atomización individual y el desplome colectivo, a tal manera de que se confunde el uno con el otro.

Sin duda, *Presiones y diamantes* es una novela que pone al relieve lo utópico y lo distópico. En su acucioso libro sobre *Alphaville*, Chris Darke cita a John Carey: «Para contar como utopía, un lugar imaginario debe ser una expresión del deseo. Para contar como distopía, debe ser una expresión del miedo» (Darke, 24). A primera vista, lo que relata el narrador es una distopía, ya que la conspiración sencillamente va despoblando la tierra o, como dice Alberto, un amigo del narrador, «La gente empieza a esconderse» (283, 53). Este retraimiento se nota a muchos niveles, incluso a nivel lingüístico y con el valor de las cosas.

Ejemplo supremo es el caso del diamante Delphi, codiciado por casas joyeras rivales. En uno de ellas trabaja el narrador, la de los hermanos Rosenfeld. Se entera el narrador que la casa rival de los Lowenthal va a subastar un brillante llamado Delphi, cuyo valor es alrededor de $2 millones de dólares. El día anterior trataron de venderlo en cien mil y nadie la compró. Vuelven a subastarla y nadie se ofrece. Bajan el precio a mil, a quinientos, a cien, precio al cual lo compra el narrador. Contento de haber obtenido un brillante tan valioso, regresa a su casa a celebrar su gran logro con su esposa Julia.

Ella lo bota al inodoro, diciendo que «apesta más que el excremento de un hepático» (275, 47).

Para el narrador el Delphi era central a la presión:

> El Delphi, al igual de otros millones de cosas era una parte de la presión. La gente lo había cogido con la presión. En medio de las tremendas presiones sufridas minuto a minuto, el caso del Delphi era un síntoma de tal hostilidad. Nadie sabe cómo, pero de pronto engendramos un gusano roedor. Este nos llevó a la idea fija, la idea fija de la neurosis colectiva, la neurosis colectiva a la conspiración, y la conspiración al despoblamiento de la Tierra. (229; 13)

Cuando el narrador conversa con Alberto después de la subasta éste le informa que presente durante la subasta estaba El Presionador. Este comentario (¿chisme?) estimula al narrador a tratar de encontrarlo, pero tomando en cuenta la cita anterior y los propios esfuerzos del narrador, es obvio que El Presionador no es una persona, sino una fuerza, un virus, una plaga, algo difuso que se apodera de todo y todos.

El diamante simboliza este proceso agudamente. Un producto de la naturaleza, la piedra preciosa se transforma en un artefacto social de refinamiento y de nivel social. Puede cobrar connotaciones históricas según dueños famosos o célebres que lo hayan poseído y servir de barómetro para la economía. El deterioro de la ciudad — que es innombrado como el narrador, aunque los dichos y giros de los personajes reflejan un español cubano— va a la par de la desvalorización del diamante, dramáticamente expuesta en la escena de la subasta y luego su rechazo por la esposa. Piñera, un escritor imbuido de los clásicos, remata la ironía de todo el debacle con la referencia al oráculo griego donde iban las personas para encontrar la verdad. El diamante proyecta una imagen de la verdad, pero más en el sentido de ofrecer un espejo distorsionador de la corrupción de la vida misma en la ciudad descrita por Piñera. Medular a esa corrupción es la misma dominación sobre la naturaleza, ya que el diamante se ha convertido en una mercancía inútil, después de la subasta. *Presiones y diamantes* es una crítica, a veces más abierta, en otras ocasiones más soterrada, del dominio y olvido de la modernidad que señalaron Horkheimer y

Adorno: «El dominio perenne sobre la naturaleza, técnicas médicas y no-médicas, sólo son posibles por el proceso del olvido. La pérdida de la memoria es una condición trascendental para la ciencia. Toda reificación es un acto de olvidar» (Horkheimer y Adorno, 230). Reificación y olvido definen la novela.

Ese proceso de olvido se une al de esconderse. Piñera nos da una ciudad del presente, sin pasado ni futuro. Es un limbo asfixiante y recuerda palabras de la computadora omnisciente de *Alphaville*, Alpha 60: «Nadie ha vivido en el pasado y nadie vivirá en el futuro. El presente es la forma de toda la vida» (en Woolfolk, 195). Godard y Piñera comparten un mundo distópico desolador, pero ambos ostentan una figura «redentora». En Godard es el personaje de Lemmy Caution (Eddie Constantine), con una larga trayectoria en el cine francés en el papel de un «hard-boiled detective» con su impermeable, sombrero, encendedor, cigarro y revólver. En *Alphaville*, Godard maneja este prototipo del *film noir* y lo convierte en una especie de Prometeo y amante de la poesía de Paul Eluard. Típico de las incongruencias de Godard, Lemmy Caution es un «hard-boiled» private eye y un romántico que rescata a la damisela en peligro; mata despiadadamente y es capaz de infinita ternura hacia su amor, Natasha Von Braun (interpretada por la inolvidable Anna Karina). *Presiones y diamantes* carece de esas incongruencias en el personaje principal, para no decir que tampoco comparte los elementos *film noir* de Godard, por lo menos en el personaje principal.

El narrador de *Presiones...* es difícil de precisar. Por un lado, es cronista en que trata de relatar los sucesos lo más «objetivamente» posible, pero el ritmo de la narración obedece al chisme (y el dime tú), a encuentros azarosos que se dan sin mayor lógica pero sí con creciente preocupación sobre la destrucción efectuada por la conspiración. Sabemos que es un empleado de una empresa joyera, que está casado, que juega canasta y tiene una red de amistades que a veces lo aturden. La ciudad de la novela es algo anónima, de una gran población pero no hay mucha información que ayude a contextualizar los espacios, que son genéricos: restaurantes, bares, negocios, hoteles, etc. Los únicos dos lugares que sobresalen son el despacho del Dr. Gil donde se congelan las personas en su hibernación artificial y el Club

86 de canasta, un enorme complejo donde pueden jugar hasta veinte mil personas, organizado en cubículos, como la biblioteca de Babel de Borges pero habitado por aficionados de canasta. Con esta mezcla de lo cotidiano con lo casi grotesco Piñera logra esa extrañeza que caracteriza lo distópico.

Por otro lado, lo distópico en Godard (o Siegel) es distinto al de Piñera. En el caso de Siegel el dejarse convertir por las vainas implica un mundo sin sufrimiento, un mundo sin pasiones y violencia, donde todo marcha sin mucha fricción. Digamos, ofrece una visión narcotizante de la existencia: una vida sin gran vuelo pero también sin penas, desilusión y agonía. Algo parecido promete el mundo de *Alphaville*, un mundo ordenado, sin desvaríos, donde incluso palabras como amor son desconocidas en su vocabulario. Los afiches en Alphaville tienen cuatro lemas: «Silencio, Lógica, Seguridad, Prudencia». En *Presiones y diamantes*, lo más «positivo» es una especie de retraimiento del mundo, una huida que no deja de ser un constante en la obra de Piñera.

Lo que sí comparte *Presiones y Diamantes* con *Alphaville* es una preocupación con el lenguaje. En Alphaville hay incluso ciertas palabras que han sido eliminadas del diccionario (y biblia) que tienen todos los ciudadanos del poblado. Vocablos como amor, pechicolorado, luz de otoño, conciencia, lágrimas y ternura han sido erradicados. No es casual que la poesía juega un papel significativo en la trama de *Alphaville*, en particular los versos de Paul Eluard. Incluso, Lemmy Caution, cuando le preguntan ¿cómo se transforma la noche en día responde «La poesía» (Godard, 54). Las personas de este mundo distópico (y totalitario) hablan sin mucha emotividad, como si sus rasgos individuales hubieran sido sometidos a una especie de borradura colectiva guiada por una computadora que regula (y vigila) todo.

En *Presiones y diamantes* el capítulo nueve, titulado «Rouge Melé», muestra que la conspiración parece haber afectado la competencia lingüística de los ciudadanos; todos empiezan a repetir las dos palabras para hablar y expresarse. El narrador reconoce que son dos palabras francesas y especula cómo los franceses interpretarían estas dos palabras. Después de un par de páginas de especulaciones, el narrador suelta lo siguiente:

Pero en nuestra ciudad el sentido de la vida o la vida con sentido se había perdido.

Después del ocultamiento llegó así de pronto, sin previo aviso, Rouge Melé. Llegó solo, sin ninguno de los sentidos y las connotaciones precedentemente descritos. Llegó desafiando a los hermeneutas, a los escoliastas, a los criptólogos. Llegó como un nuevo ángel exterminador, segando la vida de los millones de palabras que nos comunicaban unos con otros. En suma, llegó Rouge Melé a nuestra ciudad haciéndonos víctimas de su terrible poder destructivo. Si en el principio fue el Verbo, en el final fue Rouge Melé (310; 72-73).

Melé tiene varios significados pero Piñera parece manejar una acepción apropiada: una mezcla caótica, un desorden, estar inmiscuido en algo. Consonante con otros elementos de la novela, el desorden de perder la lengua y la comunicación implica pérdida de humanidad. Si la palabra es un puente entre los seres humanos entonces la repetición de sólo dos vocablos quiere decir que *rouge melé* es un rótulo de carretera que apunta a una sola cosa: esconderse. Para Hegel el lenguaje es lo constituye el pensamiento y la humanidad, y por lo tanto, es parte del reconocimiento y el desarrollo de la autoconciencia. El filósofo alemán compara el cuerpo del signo a una pirámide, donde la momia «es el alma ajena a la cual no tiene ninguna similitud», pero es su sentido (Inwood, 157). Esta metáfora es apta para la novela: hay una progresiva sepultura de sentimiento, humanidad y sentido. El hálito viviente capaz de animar el signo ha sido aplastado. Sólo el narrador ofrece –mediante su crónica de los sucesos– la continuidad de vida y muerte que la tumba representa (Derrida, 82-83).

En la cita anterior sobre lo utópico y distópico, el segundo se asocia con el miedo. No hay que extenderse demasiado en el papel que juega el miedo en la obra de Piñera. Uno de los casos más célebres es el cuento «El que vino a salvarme» donde el protagonista exclama «...debo ser muerto por las manos del miedo» (1983, 190). Pero a su vez, el miedo esa una incitación al discurso. En el mismo cuento el narrador describe la literatura como un escudo contra el miedo. De manera paralela el narrador de *Presiones y diamantes* vence su miedo a la conspiración con su crónica de los hechos, aunque algo quijotescamente.

Corey Robin, en su libro *Fear, The History of a Political Idea*, cita a Raymond Aron: «El miedo no necesita definición. Es una emoción primordial, por lo tanto, sub-politíco» (Robin, 9). Parece ser una definición contradictoria, porque hay una larga historia de miedo político, que tanto puede sofocar y paralizar una población que motivarlos a defender su patria. Más bien Robin quiere definir el miedo en lo específico y lo contrasta con un sentido más difuso de la angustia (anxiety): «La angustia es una sensación flotante de inseguridad que las personas experimentan frente a la anarquía moral o el desplome social» (*Ibid*., 9).

Jodi Dean articula un sentimiento parecido en su historia sobre la cultura conspirativa en EEUU. Dentro de la mentalidad conspirativa ella habla del miedo al *alien* (el o lo extranjero, el extraterrestre) y lo categoriza de tal manera: pueblos (irlandeses, alemanes, italianos), religiones (catolicismo, mormonismo, judaísmo, islamismo), ideas (masones, comunistas), indocumentados (mexicanos, haitianos), tecnología (computadoras, la ingeniería genética) y los extraterrestres. (Dean, 143) Todo esto va ligado a un concepto de ciudadanía que se basa en lo familiar (y la familiaridad), de que ser parte de una nación significa nunca sentirse extraño en ella. La novela, por tanto, relata la historia de alguien que se convierte extraño en su país.

En *Presiones y diamantes* el narrador expresa el miedo a la conspiración, pero lo que más rige los sucesos es la angustia «frente a la anarquía moral o el desplome social.» Primero, la conspiración no es algo definido en cuanto a su origen (virus, complot de un grupo secreto, agencia del gobierno, etc.) sino que va cambiando. Sus efectos: pasión por jugar canasta, hibernación artificial, el desplome de los precios (el diamante Delphi) , el Rouge Melé, esconderse y por fin un mundo despoblado. Entonces, ¿qué clase de conspiración es si afecta a aspectos tan heterogéneos de la sociedad?

Temprano en la novela el narrador dice que «La presión no es un problema social» (226, 11). ¿Se puede decir lo mismo sobre la conspiración? Piñera va encaminando los datos y hechos para sugerir que hay algo social por lo menos en los efectos de la conspiración. Distinto al *Alphaville* de Godard, la ciudad (o país) de *Presiones y diamantes* no parece tener un gobierno totalitario o dictatorial y la novela carece de detalles políticos que nos darían un retrato de un sistema opresivo en el sentido tradicional (partido único, censura, vigilancia del estado, violación sistemática de los derechos). Sin embargo, el ambiente de la novela, aunque sin un referente político conocido, está permeada de un encierre que muchas veces podemos asociar con regímenes que aplastan al ser humano.

Este ambiente contiene elementos paranoicos y ese estilo (en lo que concierne la política) lo ha estudiado el politólogo Richard Hofstadter en su conocido ensayo «The Paranoid Style in American Politics». Tanto él, como Robins y Post han definido ciertos rasgos esenciales de esta perspectiva: la sospecha en extremo, la hostilidad, el temor a una pérdida de autonomía, la proyección y el pensamiento alucinatorio. La novela de Piñera no encaja perfectamente con esta definición, pero sí hay bastantes ejemplos para poder calificar esta obra de un ambiente algo paranoico. El narrador es bastante sospechoso aunque no en alto grado, pero sin duda su gran temor es perder su autonomía y el capítulo «Rouge Melé» quizás sea donde esa pérdida cobre su máxima expresión.

Dean dice que el paranoico «Es, sobre todo, coherente; es más, el estilo paranoico es mucho más coherente que el mundo real, ya que no deja ningún espacio para errores, fracasos o ambigüedades» (144). Piñera se aparta aquí de esta definición ya que su narrador comete sus errores, sufre fracasos y siempre anda en un mundo de ambigüedad. Si el paranoico puedo explicarlo todo, en el caso de Piñera tenemos un paranoico que **no** puede explicarlo todo, es decir, es un paranoico algo triste. Pero no por eso deja de ser rebelde, ya que al final resiste todos los desastres y se presenta con una actitud quijotesca, pero resulta un heroísmo inútil.

En el capítulo XII el narrador vuelve al Club Canasta 86 y ve a muchos de sus amistades y conocidos metidos en unas fundas de nylon. «En verdad que eran una escena tragicómica. Se me antojó que toda esa gente eran falsos monstruos enfundados en asépticos preservativos...No era otra cosa que payasos de ellos mismos...Los grandes masturbadores habían llegado a la culminación de su obra: el orgasmo de la nada» (326, 86). La gente, envuelta en sus capuchones (aquí se puede pensar en las vainas de *Body Snatchers*), parecían que iban a viajar como unos globos. El narrador huye aterrado por esta escena.

En un epílogo de apenas tres páginas y media, Piñera vuelva a indagar sobre las raíces de la conspiración. Presenta tres explicaciones de tres profesores distintos, el profesor P., el profesor O y el profesor Z. El primero dice que los encapuchados desparecieron de la ciudad después del Club Canasta 86, o sea, que el fenómeno fue un caso de suicidio colectivo. El profesor O. alega que los congregados usaron aire, inflaron los capuchones y se desintegraron en la atmósfera y se transformaron en polvo cósmico. Era un balón de ensayo que significó la desintegración de ocho millones de personas. El tercer profesor (Z.) alega que no fueron ni ahogados en el mar, y que tampoco se desintegraron en la atmósfera sino que eran viajeros del espacio que no dan señales de regresar. El narrador, por su parte, rechaza la hipótesis del suicido colectivo ni que se fueron para no regresar. Piensa, incluso, que van a regresar. La novela termina así: «Este pensamiento [el del regreso] me anima a seguir viviendo. Mi última ilusión será confiar en la buena fe de los hombres» (334, 90).

Este final algo optimista de Piñera hay que tomarlo con cierta ironía. ¿Qué buena fe de los hombres si casi todos han desaparecido? ¿Cómo es que el narrador ha podido evitar el destino de todos sus conciudadanos? ¿Qué sociedad se puede dar si todos quieren esconderse? ¿Qué comunicación puede darse si todos pronuncian dos palabras, Rouge Melé? El narrador de *Presiones y diamantes* está solo y si la literatura es su escudo, no por eso el mundo conspirativo que habita no la va a destrozar. No ha decidido por «el orgasmo de la nada», pero de todas maneras la nada lo imanta sin explicación, ni justificación.

Obras Citadas

Clarens, Carlos. *An Illustrated History of Horror and Science Fiction Films, The Classic Era 1895-1967*. New York: Da Capo Press, 1997 (1967).

Darke, Chris. *Alphaville*, Urbana, Illinois: University of Illinois Press, 2005.

Dean, Jodi. *Aliens in America Conspiracies Cultures from Outerspace to Cyberspace*, Ithaca: Cornell University Press, 1998.

Derrida, Jacques. *Margins of Philosophy*, Chicago: University of Chicago Press, 1982.

Godard, Jean-Luc. *Alphaville*, London: Lorrimer Publishing, Ltd., 1984.

Herbert, Zbigniew. *The Collected Poems 1956-1998*, New York: Harper Collins, 2007.

Hofstadter, Richard. *The Paranoid Style in American Politics and Other Essays*, New York: Vintage Books, 2008.

Horkheimer, Max y Adorno, Theodor. *Dialectic of Enlightenment*, New York: Continuum, 1993.

Inwood, Michael. *A Hegel Dictionary*, Oxford: Blackwell, 1992.

Jameson, Fredric. *Archaeologies of the Future, The Desire Called Utopia and Other Science Fictions*. New York: Verso, 2005.

Piñera, Virgilio. *Cuentos*. Madrid: Ediciones Alfaguara, 1983.

____________. *Pequeñas maniobras* y *Presiones y diamantes*. Madrid: Ediciones Alfaguara, 1986.

____________. *Presiones y diamantes*. La Habana: Ediciones Unión, 2011.

Robin, Corey. *Fear The History of a Political Idea*. New York: Oxford University Press, 2004.

Robins, Robert S. & Post, Jerrold M. *Political Paranoia, The Psychopolitics of Hatred*, New Haven, CT: Yale University Press, 1997.

Sontag, Susan. *Against Interpretation*. New York: Dell Publishing, 1969.

Westfahl, Gary (ed.) *Science Fiction Quotations, From the Inner Mind to the Outer Limits*. New Haven, CT: Yale University Press, 2005.

Woolfolk, Alan. «Disenchantment and Rebellion in *Alphaville*». *The Philosophy of Science Fiction Film*. Ed. Steve Sanders. Lexington, KY: University of Kentucky Press, 2008. 191-206.

La Patria adentro: Natura política de Virgilio Piñera[1]

Juan Carlos Quintero Herencia
University of Maryland

«cada palma derramándose insolente en un verde juego de aguas»
«La isla en peso» [2]

A mis hermanos, Gerardo Calderón Juliá e Israel Ruiz Cumba

La obra de Virgilio Piñera ofrece materiales para apreciar cómo cierta geografía insular afecta las poéticas en las islas. La posibilidad de apalabrar poéticamente la condición insular, en el caso particular de Piñera, es, con insistencia, un frágil pacto corporal con una geografía relacional. No se trata con exactitud de una relación con una geografía «natural». Esa geografía del poeta aparece en varios textos como una metáfora para las posibles relaciones electivas y afectivas de un autor con la tradición o las tradiciones que le acercan las aguas. En ese sentido, lo que importa de esta isla son las zonas de contacto y de metamorfosis de lo evidente, los puertos, la noche, las corrientes, el platanal, la playa y sobre todo, esa paradójica mutación que dichas zonas desatan en el cuerpo del poeta; esa extraña capacidad de mimesis corporal ante las aguas o el paisaje donde el cuerpo del poeta se transforma de acuerdo a la comunicabilidad posible, o a los criterios desplegados ante el embate de los «influjos» en las costas. Así de la geografía, a la isla piñeriana que levantan sus poemas, le queda apenas la grafía del cuerpo. Más que geografía, en Piñera, la naturaleza isleña es atracadero y el cuerpo, entendido como dársena, es el espacio privilegiado al momento de experimentar las imágenes. Así, la isla, los paisajes isleños desde donde Piñera piensa las posibilidades culturales y políticas de la escritura literaria, no aspiran a copiar las formas o las

---

1   El siguiente texto fue leído, el 9 de noviembre de 2012, en el panel *Contra y por la palabra: Poesía y política en Virgilio*. Este panel fue parte de *The Accursed Circumstance: Virgilio Piñera Centennial Conference at Stony Brook University*. Este ensayo es un fragmento de un estudio mayor sobre poéticas y políticas en el Caribe hispano.

2   Virgilio Piñera, *La isla en peso. Obra poética*. 44. Cito en adelante por esta edición.

lógicas de lo natural halladas en su entorno. La isla en Piñera es una escritura de posibilidades, un archivo de resistencias o de entregas de un cuerpo poético empeñado en reconfigurar los poderes del sensorio isleño.

En uno de sus últimos poemas, titulado «Isla», el sujeto poético se entrega a su inevitable devenir insular.

> Se me ha anunciado que mañana
> a las siete y seis minutos de la tarde,
> me convertiré en una isla,
> isla como suelen ser las islas. (236)

Escrito el año de su muerte (1979), «Isla» es un poema premonitorio, quizás un canto de rendición ante la contundencia contaminante de la isla. Sin embargo, la transformación en isla del sujeto poético, en este poema, evita cualquier genuflexión moral. Parecería que para este poeta, en específico, darle cuerpo en el poema a su teoría política, implica localizar y meditar en torno a la materialidad histórica de la isla. Esta meditación ocurre en ocasiones importantes de cara al mar o con el cuerpo vuelto hacia el paisaje isleño. Ya sea en «en peso» o «en el duro» la política-poética piñeriana es un asunto perceptivo que se desata en el litoral. Ante la mar, en el litoral caribeño, poéticas matrices ejercitan devenires del espacio, ensamblan lugares, articulan *dondes* (me diría el escritor puertorriqueño Eduardo Lalo) para el cuestionamiento de sus sitios. Pero también estas poéticas construyen lugares de indistinción entre el espacio y las subjetividades que habitan la isla. A la costa caribeña cierto sujeto poético va a dudar de su unicidad, a complicar y complejizar su supuesta relación armónica con el entorno cultural. De cara al archipiélago, en efecto, ciertos poetas *hacen política* desde la tesitura elemental de su lengua; allí repiensan la confusión y la metamorfosis des-espiritualizada de los cuerpos isleños, trabajando con su cercanía, sus hábitos, exponiéndose inclusive a sus efectos. En específico, Piñera frente al mar parece preguntarse: ¿Qué son capaces de hacer estos cuerpos en medio de una polis sumergida? ¿Cómo pueden seguir respirando con tanta naturalidad?

El poeta que imagina, el poeta que genera imágenes con el cuerpo vuelto hacia el archipiélago, lidia con la sujeción histórica que le ofrece la cultura en la orilla. La mar es para estos poetas un reto perceptivo, no meramente un límite, un contorno. Las aguas además no son una dimensión o fuerza que se ajusta al lugar que ocupa el mar. El saber poético, si se quiere, de cara al mar, enfrentado a su *archi-pélagos,* con el cuerpo expuesto a la verdad del mar, no es un conocer que se resuma en la contemplación o en el conteo de los atributo compartidos de las islas. El archipiélago cuando es tropical es la alta mar para las redundancias trópicas, la mar donde el *trópos* (del griego, cambiar, trocar, voltear) se agita, (se) expone (a) la heterogeneidad de sus figuras, donde materializa, incluso sobre la tierra, la potencialidad metamórfica de las aguas. El poeta en condición archipiélaga abraza el reto corrosivo de las aguas marinas. ¿Qué tipo de saber maneja esa literatura en estos litorales? ¿Cuáles serán las imágenes que desplegarían algunos reclamos políticos, ciertos reclamos de justicia, que singularicen históricamente a una comunidad de sentidos en el Caribe?

El archipiélago ( ) es la intermitencia sensorial que habilitan las consecuencias de una variada saturación de momentos históricos, momentos abiertos, situaciones rotas, rajaduras epistemológicas, oleadas de sentido, resacas también de la nada y de los fragmentos, donde una comunidad caribeña se presenta y trabaja con lo que las aguas han grabado en su cultura ( ). En tanto experiencia sensorial, el archipiélago es un *modo de exposición del cuerpo* a los traspasos del mar en la tierra, del cuerpo de la tierra ante y sobre los efectos de la mar. Esta experiencia podría representarse con la siguiente ecuación ( )-(a). Esta ecuación —ficción más pictórica, dudosamente química, que matemática— proyecta un cuerpo para las relaciones e imágenes que inscriben algunas estéticas del archipiélago. Se trata de un signo para un cuerpo abierto y situado entre las letras del archipiélago. Esta apertura y situación desea relacionarse con sus extracciones y fallas: ( )-. La ecuación figura un cuerpo roto tal vez, siempre colocado y dado a la afectación de sus sentidos. La abertura misma ( ) escribe la sustracción de sentido que innumerables textos, objetos o performances representan o registran al imaginar la experiencia de algún *sitio archipiélago* en el Caribe. En la ecuación, entre los paréntesis ( ) caben palabras, letras, imágenes, colores, sonidos, texturas. Colocar aquí, entre los paréntesis algún título o imagen («La isla en peso») no implica colmar o descifrar la falta, el hueco que agiliza el archipiélago. Se trata de dejar un trazo, la grafía de una alteración perceptiva y de sentido, tal vez necesarios para repensar la naturalidad de esas partes o elementos incluidos y ahora movilizados por la ecuación. La ecuación es un dispositivo de enlaces, parecido a las largas cuerdas que utilizan los buzos en las oscuras cavernas submarinas, las serpentinas que deja por un instante el recorrido de un cucharón en el caldo espeso de un guiso, o el trazo de olores que percibe el animal al orientarse en un territorio. Inútil y efectiva, transitoria y dada a las repeticiones, esta ecuación para el efecto archipiélago invita, por un rato quizás, a los lectores a experimentar la posibilidad de un recorrido sensorial que destrabe la obviedad identitaria del archipiélago. Esta experiencia sensorial no es la del ciudadano aislado, entregado al placer o a sus goces secretos. Esta experiencia archipiélago no se dedicará tampoco a representar al Gran Caribe, el inventario étnico de la zona, una concepción identitaria o sociológica simple de «lo tropical», las culturas marcadas por la plantación esclavista, el nomadismo de sus poblaciones, ni tan siquiera una defensa idílica de la especificidad insular. El *efecto archipiélago* se niega a lo anterior, no porque estos tópicos carezcan de relevancia histórica o política, sino porque al interior de las comunidades y de los archivos que trafican con dichas representaciones apenas se ha generado un nuevo contrato político caribeño, un contrato de lenguaje que produzca efectos de largo alcance en la experiencia cotidiana e imaginaria de dichas comunidades.

En esta estela, la experimentación con las lógicas sensoriales frente al mar, en el imprescindible poema «La isla en peso» (1943), es inseparable de un ejercicio de cuestionamiento del *ethos* cultural y político de la isla.

> La maldita circunstancia del agua por todas partes
> me obliga a sentarme en la mesa del café.
> Si no pensara que el agua me rodea como un cáncer
> hubiera podido dormir a pierna suelta. (37)

«La isla en peso» es una extensa meditación debida a la productividad que inauguran ciertos síntomas. Pues ¿cómo rodea un cáncer? ¿Cuál es la forma que adquiere este pensamiento obligado por las aguas? Acosado por la metástasis acuática, el mar en «La isla en peso» parece invadir y destruir los tejidos de la isla. Este extraordinario poema es, entre otras cosas, un imposible manual de resistencia atea, anti-populista cuya apuesta política se decide en la confección de algunas imágenes con propensiones sinestéticas fuertes, o a través de versos atravesados por sinestesias plenas. Para el lector, enfrentar la omnipresencia de las aguas es simultáneamente lidiar con el ofuscamiento perceptivo que la imagen piñeriana ofrece como horizonte: «El perfume de la piña puede detener a un pájaro» (38); «Una mano en el *tres* puede traer todo el siniestro color de los caimitos»; «Si hundieras los dedos en su pulpa creerías en la música» (39).

Son muchas las lecturas de este poema que insisten en esa circunstancia maldita como otra figuración del aislamiento malsano o del encierro insular, perdiendo de vista, quizás, que el peculiar rodeo perceptivo de las aguas no se circunscribe a la costa. Lo sobresaliente, en «La isla en peso», es la recurrencia del agua «por todas partes». El acoso de las aguas se nos presenta como una omnipresencia isleña. En efecto, «La isla en peso» es, también, la bitácora de un mandato sensorial, subjetivo ante la mala dicción, la maldición del agua por todas partes. Ante el sitio acuático a la isla, «La isla en peso», es la contracción de un imaginario poético ante «la mala dicción» de ese cuerpo acuático. Mala dicción que le imposibilita a los isleños contemplar el más allá de posibilidades que también desata el mar, el más acá que en la oscuridad manifiestan los cuerpos de su propio deseo.

> Todavía puede esta gente salvarse del cielo,
> pues al compás de los himnos las doncellas agitan diestramente
> los falos de los hombres.
> La impetuosa ola invade el extenso salón de las genuflexiones.
> Nadie piensa en implorar, en dar gracias, en agradecer, en testimoniar,
> La santidad se desinfla en una carcajada. (39-40)

El poema de Piñera es una contracción ética sobre la gloria insular, contorsiona los sentidos y los significantes asediados por el agua, como un modo de posibilitar otro cuerpo político y cultural. Se contorsiona el cuerpo y la dicción maldita para darle paso a otro mar tropical, para exponer otro cuerpo o para secar la generalización líquida de lo maldito, de lo mal dicho. Toda maldición es siempre una dicción, una descarga, una performance verbal en búsqueda de un efecto específico. Mal-decir, decir mal es lo que la contracción poética busca recomponer de otro modo, ahora sin la totalidad expansiva de las aguas. Sin embargo, esta recomposición sensorial no aspira ni a diagnosticar ni a colocarse por encima ni en las afueras de la comunidad isleña. La mal*dición*, la mala-dicción que el sujeto piñeriano busca afrontar es, en primer lugar, una condición segregada por el cerco de una mismidad tropical que plaga la cultura de la isla y en la cual el poeta está seriamente implicado.

> El trópico salta y su chorro invade mi cabeza
> pegada duramente contra la costra de la noche.
> La piedad original de las auríferas arenas
> ahoga sonoramente las yeguas españolas,
> la tromba desordena las crines más oblicuas.
>
> No puedo mirar con estos ojos dilatados.
> Nadie sabe mirar, contemplar, desnudar un cuerpo.
> Es la espantosa confusión de una mano en lo verde,
> los estranguladores viajando en la franja del iris. (41)

Es la misma agua, el agua de todos los días, la que por todas partes ha hecho indistinguible un objeto del otro. Esta obligatoriedad ética y sensorial de las aguas idénticas a sí mismas se explaya sobre los habitantes y los panoramas de la isla y no reduce su campo de acción al litoral. De cara a la natura isleña, el sujeto poético piñeriano desata indagaciones implacables. Ante la densidad de sentidos, incluidos los éticos que sujeta la natura[3] insular, las indagaciones piñerianas persisten en revelar la indistinción, la indiferencia, la identidad entre la fauna y flora isleña y el *ethos* isleño.

> Es preciso que de una vez
> descubramos la palma
> que tiene negro el penacho.
> Nuestros muertos en su cimera

---

3   *Natura*: vetusta palabra que prefiero ante estos paisajes de Piñera en vez de la escueta «naturaleza», pues más que un sinónimo del ser o la esencia de las cosas, en el vocablo «natura» todavía se arrastran los sentidos de disposición, calidad, orden y propensión de las cosas y los cuerpos de este mundo.

esperan ser enterrados.
Allá arriba están en sus lamentos
que el viento propaga implacable.

En la sabana todo parece verde,
pero esa palma, ¡oh, esa palma! (105)

Estas son las estrofas iniciales del poema «Palma negra». De nuevo, la indistinción entre las cosas y la particularidad natural del paisaje por igual separa los signos del paisaje del orden sensible, como los camufla hasta tornarlos imperceptibles. Peor aún, este camuflaje que hermana el negro con el verde es lo que hace invisible a la palma. Esta imposibilidad perceptiva es ética y políticamente nefasta pues evita que la comunidad lidie con la negatividad ineluctable, con los itinerarios de duelo que demandan los muertos. «Palma negra» es un inquietante poema del revelador año de 1962, pues en este año Piñera fecha además sus poemas «En el duro» y «Los muertos de la patria». Más aún sobre un «árbol terrible» también se posan los muertos en el poema «Los muertos de la patria»:

Vamos a ver los muertos de la Patria.

Verlos con nuestros ojos dilatados por la vida.
Hay que tocarlos con nuestras manos.
Están como aves posadas en el árbol terrible,
donde el viento no suena,
y en donde la noche misma
se aleja vencida por la Nada. (103)

Todos estos poemas comparten la enigmática proposición ya establecida en «La isla en peso» en torno a la imposible tarea de discernir en la natura isleña un cuerpo del otro, una naturaleza de la otra, un signo o un objeto separado de aquello que lo rodea. Las correspondencias absolutas entre identidades son figuraciones insistentes para el acabose, para la repetición vacía de lo idéntico, en tanto escriben entre los vivos la redundancia mortífera de lo eterno igual:

Vamos a ver los muertos de la Patria.

> En la pradera del silencio los árboles,
> las aves, los saludos
> son también muertos que a muertos corresponden.
> Fusiles, metralletas y las manos empuñadoras
> son sueños arrugados que soñara
> Un muerto nacido al mundo de los muertos. (103)

El poema «En el duro», por su parte, levanta un encuentro y una conversación con una cara habanera en la Avenida del Puerto. Este poema termina con la inscripción del endurecimiento del mar. Este encuentro con el indescriptible rostro habanero anota, sin embargo, una definición, un deslinde, entre el sujeto y la mar. «En el duro» las aguas del mar han abandonado su ubicuidad metamórfica, propia de «La isla en peso,» y devienen cristalización retórica, genuflexión de absolutos. El mar «En el duro» es todavía un espacio indiferenciado, indiferente pero ahora su imagen no acicatea confusiones sino que es la forma misma de la rigidez.

> Mi socio, no sé lo que está pensando,
> pero yo sé lo que pienso;
> este mundo está en el duro
> y ojalá se nos deshiele;
> porque de no ser así,
> nos matará la dureza;
> ya las palabras son balas y las miradas hogueras.
>
> ¿No le parece, mi socio?
> —me dijo y me tocó el pecho;
> yo lloraba como un niño,
> y el mar se fue endureciendo. (111-12)

Un espacio cristalizado por la decantación guerrera, sólo es capaz de diseñar un litoral bipolar, donde apenas existen ellos o por eliminación nosotros. Esta mar del 1962 es el subrayado bélico de una sensorialidad dedicada a suprimir la aparición de las diferencias. De igual forma, la búsqueda imposible de la ubicua «palma negra», escondida en el verdor negativo de la sabana es certificada como entorpecida, por un sensorio incansable en la exhibición narcisista de su universalidad, idéntica a la palma, y por su supuesto idéntica a sí misma. La existencia de la palma negra es idéntica a su invisibilidad, de ahí su desaparición en el paisaje. En verdad la palma negra son todas las palmas de la isla:

Si no es ésa, si no es aquélla,
si el zapatero del barrio
jura por todos los santos
que su perro la ha olfateado;
si la señora de la esquina
caracolea sin descanso
dando voces a su Pedro
que está allá arriba en la palma;
si el telón de fondo verde encabrita los caballos,
¿cómo dar caza a la palma?

Sentir, mirar, palpar bajo estas condiciones naturales, en medio de este hábitat donde todo es igual, es una operación por igual fútil como inconsecuente. Seguir usando el cuerpo del mismo modo, ejercitarlo desde la disciplina de lo idéntico, no nos hará sensible el desastre ético y político que arrastra toda naturalización que cancela las diferencias tornándolas identidades. Nada puede ser perceptible, incluso nada será inteligible donde inclusive las realidades enemigas deban amigarse bajo la mismidad patriótica, fusionadas siempre en alguna Totalidad Suprema, totalidad siempre espiritual y moral, representada siempre en mayúsculas llámese el Paisaje, la Tierra, la Patria. El poema por lo tanto, un poema en condición archipiélaga, estos poemas de Piñera, son la exposición crítica de esta sensorialidad amalgamada, incapaz de registrar diferendos o criterios, intimidada, en casos particulares, por el poder marcial de los vencedores. La política de Piñera es una poética empeñada en el derrumbe sensorial de toda concepción que fetichice, o espiritualice, la vida y el espacio isleños. La cubanía presentada como acto de nigromancia o sujeción moral es un horizonte terrible que el sujeto poético piñeriano, una y otra vez, expone. En Piñera toda cubanidad entendida como genuflexión y ñoñería moral, o como naturalización heroica del sacrificio supremo, se sabrá avasallada por una poética inclemente que nunca esconde lo que los cuerpos son y lo que los cuerpos dicen. Allí donde esta cultura del poder despliega sus mortandades con la naturalidad de quien ya proyecta monumentos, el sujeto poético arremete exponiéndola como lo que es, una cultura de muerte, una instalación azarosa que ha adquirido su definición mejor justo cuando en ella parpadea la verdad de su sinsentido:

> Y tú
> —muerto tirado en esa zanja,
> con un zapato como casco guerrero en tu cabeza—
> ¿qué mago consultaste para estar ahora
> de cara al Tiempo y con la Patria adentro?
> Vamos a ver los muertos de la patria. (104)

Obra citada

Piñera, Virgilio. *La isla en peso. Obra poética*. Comp. Antón Arrufat. Barcelona: Tusquets Editores, 2000.

Piñera y profecía

Enrique Del Risco

Primera proposición dramática: Con el grupo que fundara la revista Orígenes la poesía cubana se convirtió en una rama de la geografía que a su vez tenía mucho de astronomía.

«La ínsula distinta en el Cosmos, la ínsula indistinta en el Cosmos», predicaba una de las antecesoras de Orígenes, *La Espuela de Plata*, consignando que la isla de Cuba era o debía ser a un tiempo excepcional y universal. Que Virgilio Piñera proclamara en su famoso poema «La isla en peso» la obviedad de que Cuba estaba justo donde estaba y no en otro sitio, no podía ser recibida desde el seno de los futuros origenistas más que como herejía y traición a su credo poético. De ahí las continuas pedradas lanzadas por Cintio Vitier, escudado en las anchas espaldas de Lezama, contra el poema. En la más famosa de aquellas pedradas acusaba a Piñera de «convertir a Cuba, tan intensa y profundamente individualizada en sus misterios esenciales por generaciones de poetas, en una caótica, telúrica y atroz Antilla cualquiera» (480). En una carta personal al propio Piñera, Vitier sería más específico y enjundioso en su acusación.

> Lo único que sí no puedo compartir de tu poesía es la descripción general de una isla —¿en qué siempre lejanísimo trópico?— donde yo nunca he vivido ni quiero vivir. Porque mi patria, que está formándose y yo estoy formando en mi medida, nada tiene que ver con esa pestilente roca de la que hablas. Y no es que no haya pestilencias y mediodías como un ojo imbécil aquí, ni que yo deje de comprender que lo que nos falta para parecernos a la Guayana o a la Martinica (si es que son tan infernales, o, pero [sic], como sugieres, sólo fango)

> lo añade tu innecesaria fantasía, tu desenfrenada vocación de cáncer
> –ya que en última instancia no hay lección que no sea vocativo–, tu
> pasta, en fin, de persona infausta. (*Virgilio Piñera* 55)

Téngase en cuenta que la «desenfrenada vocación de cáncer» que diagnostica Vitier no aludía al horóscopo –Piñera era Leo– sino a la enfermedad. Piñera era el tumor que amenazaba la salud de la isla origenista. Vitier resiente que a Cuba, comparándosela con «una Antilla cualquiera», se le disminuya el peso cultural acumulado por generaciones de poetas. Esa concepción ya prefigura su clásico *Lo cubano en la poesía* publicado casi dos décadas más tarde y que desde el título anuncia su intención de ubicar lo particular en el universo (de la poesía). Para Vitier –es obvio– el resto de las Antillas constituye un páramo con el que cualquier comparación representaría una ofensa. Lejos estaban los tiempos en que en la competencia por el premio Nobel de literatura arrojara el siguiente marcador: Antillas cualquiera 3 (Saint-John Perse, Naipaul, Walcott) – Cuba 0.

Habían pasado en cambio dos años desde la publicación de *Cuaderno de un retorno al país natal* de Aimé Césaire, poema con el que *La isla en peso* guarda un parecido imperdonable para Vitier. Llama la atención, eso sí, que el fino ojo crítico de Vitier vea pura imitación en el diálogo que Virgilio establece con Cesaire y, como veremos más tarde, con Lezama. Un diálogo incluso algo paternalista por parte de Piñera (¿de qué otro modo habría de ser, siendo Piñera cubano?) en el que ante el amanecer esperanzado que aguarda al final del poema de Cesaire le opone el ciclo de un día completo: amanecer, mediodía, tarde y noche. Ante la promisoria línea del horizonte Piñera se refugia en la sabiduría simple del círculo.

En ese sentido la esperanza lineal inspirada en el anticolonialismo marxista de Cesaire está más cercana al ideal de redención cristiana de Vitier de lo que este estaría dispuesto a admitir en los próximos treinta años. Sin embargo, allí donde el martiniqueño pugna por reconocer sus circunstancias Vitier, junto al resto de los origenistas, opta por escaparse de ellas o, usando un verbo que frecuentaba con más gusto, salvarlas. Las circunstancias postcoloniales y mestizas de Cuba son para Vitier «elementos sociales y sociológicos, constitutivamente intrascendibles» (*Virgilio Piñera* 56) confundiendo realidades sociales con folklor. Tal pareciera que para Vitier «La isla en peso» era una nueva versión del «Sóngoro cosongo» de Guillén.

La incomodidad de Vitier contra el atrevimiento de Piñera es, insisto, menos racial que geográfica y temporal. Se resiste –como antes lo hiciera Cristóbal Colón cuando por motivos parecidos la ubicó a Cuba en medio del archipiélago japonés– a situar la isla entre paralelos y meridianos que a él se le antojaban como barrotes de la cárcel de lo real. Vitier, como Colón, parece asumir que ubicarla en su correcta geografía desvaloriza a su isla. Una geografía que asocia a la falta de Espíritu, de orden, de civilización. Por eso Vitier se resiste incluso a ubicarla en su Historia. Lo imperdonable del poema de Piñera es, en opinión de Vitier, su sometimiento de lo universal a lo particular, de la poesía a la realidad, del Espíritu al deseo. Vitier sueña con una isla alada, desprendida de sus circunstancias, un racimo de esencias que van al encuentro del «ámbito más profundo de la fe». «El amor a lo perecedero –le explica Vitier a Piñera– constituye para mí la sustancia de la aptitud artística, pero ese amor puede tener un sentido, el de la resurrección» (*Virgilio Piñera* 54). Ante la desaforada isla de Piñera, Vitier contrapone su muy particular lectura de la poesía de Lezama. Según Vitier, el acierto de Lezama era que «su espacio y sus fuentes no estaban en relación esencial ninguna con la circundante atmósfera poética. Su tiempo no parecía ser histórico ni ahistórico, sino, literalmente fabuloso», y así a través de Lezama «nuestra poesía, como si nada hubiera ocurrido, tomaba contacto, soñadoramente, con el anhelo mítico inmemorial que estaba en la imagen renacentista de la isla» (*Lo cubano* 438). Pero, advierte Vitier, la poesía no es para Lezama «una lejanía que se posa nostálgica en la línea del horizonte» sino que ve «la poesía como absoluto medio cognoscitivo» y la entiende (sigo citando al traductor, no al Maestro) no «sólo como un a posteriori para la síntesis de la memoria, sino que está en el origen de todo lo que es o ha sido» (464). «No se trata ya para él de escribir poemas más o menos afortunados –dirá Vitier de Lezama– sino de convertir la actividad creadora en una interpretación de la cultura y el destino. La poesía tiene, sí, una finalidad en sí misma, pero esa finalidad lo abarca todo. La sustancia devoradora [la poesía] es, necesariamente, teleológica» (467).

Vitier, por tanto, nos conmina a hacer de la obra del autor de «Paradiso» una lectura profética y propone sus islas preciosas pobladas de antílopes y nieve no sólo como origen sino como destino. Un destino universal que trascienda los particularismos geográficos, culturales e históricos porque, según Vitier, «quien dice cultura dice historia». (Aunque si de practicar la lectura profética se trata la también origenista Fina García Marruz superará ampliamente a su esposo Cintio cuando en el poema «Marcha triunfal» de Rubén Darío detecta «una profecía de nuestra revolución caribeña y la sandinista de su patria», 29).

Segunda proposición dramática: No importa con cuánta cautela actúe un escritor, siempre corre el riesgo de caer en la profecía.

La Historia es, pese a toda su vulgar temporalidad, el sitio en que las profecías se corroboran o desmienten y Vitier se esforzó en que ella le diera la razón a su particular versión del origenismo. Luego de años de resistencia a un régimen ateo, quiso hacer confluir su sed de trascendencia con la desmaterialización literal del país emprendida por el castrismo. Primero consiguió ver a la Revolución Cubana una encarnación de la poesía en la Historia. Luego, en pleno Período Especial —esa debacle que abusó de la parálisis de un país, del sentido de las palabras y del uso de las mayúsculas— se sirvió de la noción de «pobreza irradiante» que Lezama le había proporcionado treinta años antes para demostrar la ecuación —respaldada a plenitud por el cada vez más espiritual marxismo isleño— de que allí donde falta materia se multiplica proporcionalmente el espíritu.

Ajenos a los esfuerzos de Vitier, los lectores cubanos han preferido durante décadas darle la razón a la «oscura cabeza negadora»: cuando la circunstancia se hizo más maldita y el agua más opresiva, volvió a leerse a Piñera con el fervor ciego con que se escuchan las profecías. Un profeta involuntario porque Piñera no se propuso anticipar el advenimiento de un horror mayor sino de describir el horror cotidiano de una existencia que, sin imaginar males más vastos, ya se le hacía insoportable. No pudo decirlo más claro en una carta al propio Vitier al proclamar «¡Odio enérgicamente toda profecía!» (*Virgilio Piñera* 58) Piñera sabía que las profecías –además de ejercicio fácil– terminan muriendo con su cumplimiento. Y lo que Piñera pretendía –como cualquier creador verdadero– era insuflarle vida eterna a su escritura (una eternidad inteligente si era posible) más allá del espléndido horizonte lezamiano.

Ya con la entrega de su primer poemario –«Las furias»– Piñera le había advertido a Lezama: «Se alude a las islas [...] pero no para desacreditar tus hermosas y majestuosas islas, sino como manera de no quedar anclado en ellas» (*Virgilio Piñera* 35). «La isla en peso» ya no podía sustentar esta disculpa. Las manadas de gamos, ciervos y antílopes de Lezama son extinguidas por la afirmación piñeriana de que «en este país [...] no hay animales salvajes» y de que por allí «no pasa un tigre, sólo su descripción». A los intemporales caballos de Lezama se les recuerda que fueron traídos por los conquistadores; el «mar envolvente, violeta, luz apresada, delicadeza suma, aire gracioso y ligero» («Noche insular» 745) es enfrentado a los «Los manglares y la fétida arena» que «aprietan los riñones de los moradores de la isla». Mientras Lezama pide que «Dance la luz reconciliando/ al hombre con los dioses desdeñosos» («Noche insular» 747) Piñera advierte que «Todo un pueblo puede morir de luz como morir de peste» (*La isla* 33-44).

Piñera buscaba con su isla contrapesar cierto espiritualismo de *Orígenes*. Ese que buscaba alcanzar el Cosmos poético desechando el lastre de las malditas circunstancias. Por ello le advierte al consejo de redacción de Orígenes al recibir el primer número de la revista: «Yo quiero decir concretamente que Orígenes tiene que llenarse de realidad, y lo que es aún más importante y dramático: hacer real nuestra realidad» (*Virgilio Piñera* 61). De esa afirmación se desprende que el Virgilio cubano proponía a Orígenes liberarse de su angelismo, definido por el filósofo francés André Comte-Sponville como «el abuso de los buenos sentimientos en detrimento de la lucidez». Y también como la subordinación de todos los órdenes a un orden superior «con la pretensión de anular así la pesantez o las exigencias de uno o varios órdenes inferiores» (49).

Veinte años después de aquel debate la poesía yacía sepultada por aluviones de realidad. Pero poco se necesitaba de su concurso cuando la realidad era más real que nunca. «La ínsula indistinta en el Cosmos» había recibido su dosis de universalismo plegándose al muy europeo marxismo-leninismo (algo que indirecta e involuntariamente Piñera también había previsto: véase su pieza teatral *Los siervos*) aunque de esa cercanía podía decirse lo mismo que escribiera el polaco Gombrowicz al Virgilio cubano: «lo que nos une es probablemente más superficial de lo que nos separa» (*Virgilio Piñera* 176). De la «vertiginosa esperanza de lo desconocido» (*Lo cubano* 442). de Vitier, del «icárico intento de lo imposible» («A partir» 842). de Lezama no quedaban ni esperanzas, ni Ícaro, sólo el laberinto y la consigna tantas veces repetida en «La isla en peso» que ya era la de todos sus moradores: «Nadie puede salir, nadie puede salir».

Tercera proposición dramática: Hay que salvar a Virgilio Piñera de la maldición de ser profeta.

Hace apenas unos meses en una ciudad de esa misma isla ocurrió una catástrofe que parecería diseñada por la «innecesaria fantasía» de Piñera: un camión choca contra una bomba de gasolina y de esta comienza a manar un líquido que –sin ser el agua angustiosa de Piñera– no se le puede considerar de otra forma que preciado e inflamable. Desafiando las leyes del sentido común pero no aquellas que rigen el mercado negro, vecinos y transeúntes, en lugar de huir del peligroso derrame, acuden al manantial de gasolina con los recipientes que hallan a mano. Incluso algunos llegan a lomo de pequeñas y estruendosas motocicletas pero, mientras entretenidos andan a la caza del accidental botín, alguien avisa de la llegada de la policía. Raudos, los motoristas tratan de escapar pero, al tratar de echarlas a andar, las chispas de sus máquinas incendian el deseado líquido y el fuego se propaga como por ensalmo. Estos versos de «La isla en peso» (que en realidad representan el calor al mediodía en una playa cubana) podrían tomarse como anticipo de esa escena: «los cuerpos abriendo sus millones de ojos,/ los cuerpos dominados por la luz se repliegan/ ante el asesinato de la piel,/ los cuerpos, devorando oleadas de luz, revientan como girasoles de fuego/ encima de las aguas estáticas,/ los cueros en las aguas, como carbones apagados derivan hacia el mar» (*Virgilio Piñera* 36).

El final de la tragedia real resulta menos poético que el de los habitantes de «La isla en peso». Entre los que habían acudido a saquear la gasolinera, treinta sufren quemaduras y media docena muere días después. Tengo la impresión de que este incidente marca un nuevo hito en lo que algunos han dado en llamar «daño antropológico» o «catástrofe civilizatoria» que ha sufrido la isla. No se trata de la reducción de una civilización a sus instintos básicos sino de la pérdida de esos mismos instintos, empezando por el más esencial que es el de conservación. Cierto que un presagio de esta tragedia particular se puede atisbar en «La carne», el famoso cuento de Piñera en el que los habitantes de un pueblo deciden resolver su carencia de carne comiéndose trozos de su propio cuerpo hasta que terminan desapareciendo. Sólo que el parecido es más superficial que sus diferencias: en «La carne» lo que mueve a sus personajes a la autofagia no es la falta absoluta de alimentos –pues al comienzo de la historia Piñera nos presenta a «aquel afligido pueblo engullendo los más variados vegetales» (*Cuentos* 38).– sino el deseo de guardar las formas, de seguir siendo como antes, como otros. Más cercanos en el espíritu de «La carne» están aquellos platos del Período Especial como el bistec de toronja y el picadillo de cáscara de plátano que aspiraban –al menos en el nombre y la forma– a mantener la ilusión de que lo que se comía era carne. En el accidente de la gasolinera todo cuidado por las formas ha sido abandonado. Se trata de arriesgar la existencia en nombre de la existencia misma. En el tránsito del trueque de materia por espíritu al de materia por materia, se pasa de un absurdo a otro más profundo aún, algo no previsto incluso por la insondable malicia de Piñera. Cuando la isla en peso se ha situado más allá de sus palabras, cuando la realidad se ha vuelto postpiñeriana, llega el momento de exculparlo de la condición de profeta.

Pero quizás no haga falta hacerlo. Quizás hayamos confundido la profecía con el mito. Mientras la profecía anticipa un futuro, el mito borra la distinción de los tiempos que hacen posible la profecía. El relato mítico del pasado prefigura el futuro sin predecirlo: le basta con anular la idea de un tiempo sucesivo. Es por eso que, a diferencia de la profecía, el mito no deberá rendirle cuentas a la Historia. Al mito le basta con la persistencia de su relato. Piñera, desmitificador por naturaleza, comprendió muy temprano que a un mito solo se le puede oponer otro. Somos contradictorios por nuestra condición de esclavos de los mitos, dice en otra carta y nuestra liberación de ellos, parece decirnos toda su obra, no depende de la destrucción de los relatos míticos sino de su multiplicación.

De Lezama Lima, quien prefirió no intervenir por escrito en la polémica entre Vitier y Piñera, encontramos, en unas páginas dedicadas al novelista cubano del siglo XIX Ramón Meza, la definición de tersitismo. «Su penetración, típicamente cubana, –dice Lezama de Meza– se revela en el hecho, prodigio para su época, de que le saliese al paso al Platón, armado con la *Scienza Nuova*, de Vico, que deseaba un Homero sabio consejero, civilizado, sin residuos de barbarie» («Ramon Meza» 1110). No es difícil identificar esa aspiración platónica al mito purificado de barbarie con la poética de Vitier. El relato de Piñera es en cambio el de la barbarie misma oculta en los buenos modales de la civilización occidental e insular o en la más apacible de nuestras ficciones. Ese es el relato con el que cuentan los cubanos –escritores o no– para insertarse en el universo sin abjurar de sus circunstancias como de un abuelo asesino. Sobre todo en tiempos en que –como demuestra la tragedia de la gasolinera– se pierden instintos tan básicos como el de huir de la muerte y el fuego.

Lo que propone Piñera no es ni el angelismo del espíritu ni la barbarie de la realidad sino la resistencia a ambos desde la letra con todo su poder, con toda su debilidad. Cuando el aluvión de realidad no parece dejar espacio para la poesía, cuando la realidad por excesiva parece menos real, es bueno tener a Piñera a nuestro alcance. Como el de la hecatombe que se describe en el cuaderno «Hosanna! Hosanna...?» de 1975. Si bien puede leerse en los relatos que componen el cuaderno una puntual descripción de la Cuba actual, son estos en última instancia una defensa de los poderes de la ficción. El mismo Piñera que en esos años había bautizado su marginación oficial como «muerte civil» describe en el relato «Hecatombe y alborada» un mundo «hecatombizado» en el que muertos y muertovivos esperan por «el milagro de la resurrección de la carne». Allí hace decir a uno de los personajes: «A la verdad que es de lo más molesto esto de estar muerta; [...] No se puede hablar, ni caminar, ni ver, ni oír, ni tampoco pensar. En cambio, se pueden hacer otras cosas que uno ignoraba hasta el momento de morir, pero que de nada sirven en vida. Por ejemplo: se puede no dormir ni soñar, y, cuando no hacemos ni lo uno ni lo otro, entonces muerteamos. Otra cosa que puede hacer un muerto es esperar» (*Virgilio Piñera* 507-08). Pero aquello por lo que deben esperar no serán los «dioses desdeñosos» ni el tirano de turno. El que, en el relato titulado «Hosanna! Hosanna...?», «Habla por nosotros» y «nos lleva, como bueyes, por el narigón, de acá para allá» (*Cuentos* 531) no es otro que el Autor. Estos relatos son una de las tantas maneras que encontró Piñera para decirnos que una literatura «necesariamente teológica» –como la prefería Vitier– niega su propio sentido como eso mismo, como literatura, da igual si marcha al encuentro del Espíritu Santo o de la realidad, y a la vez un reconocimiento de que su mundo no tiene más realidad que la que le puedan ofrecer un material tan frágil como las palabras. Como se había preguntado un joven Piñera incluso antes de escribir su famoso poema: «¿No he dicho yo mismo que la geografía del poeta es ser isla rodeada de palabras por todas partes?» (*La isla* 36).

Obras Citadas

Comte-Sponville, André. *Diccionario filosófico*. Barcelona: Ediciones Paidós, 2001.

Diario de Cuba: *Santiago, video aficionado muestra el incendio de la gasolinera paso a paso*: http://www.diariodecuba.com/multimedia/video/santiago–video–aficionado–muestra–el–incendio–de–la–gasolinera–paso–paso

García Marruz, Fina. *Darío, Martí y lo germinal americano*. La Habana: Ediciones Unión, 2001.

Lezama Lima, José. «Noche insular: jardines invisibles». *Obras Completas*. Vol. I. México DF: Editorial Aguilar, 1975, 742– 747.

__________. «A partir de la poesía» *Obras Completas*. Vol. 2. México DF: Editorial Aguilar, 1977, 821 – 842.

__________. «Ramón Meza: tersitismo y claro enigma» *Obras Completas*. Vol. 2. México DF: Editorial Aguilar, 1977, 1109 – 1117.

Piñera, Virgilio. *La isla en peso*. La Habana: Ediciones Unión, 1998

______________. *Cuentos completos*. Madrid: Editorial Alfaguara, 1999.

______________. *Virgilio Piñera de vuelta y vuelta. Correspondencia 1932-1978*. La Habana: Ediciones Unión, 2011.

Vitier, Cintio. *Lo cubano en la poesía*. La Habana: Editorial Letras Cubanas, 1970.

Testimonios y poemas

Virgilio Piñera. Un retrato posible[1]

Abilio Estévez
Escritor

1. No era un hombre alto, sí extraordinariamente delgado, con un andar breve, ligero, que abusaba de las puntas de los pies, como quien camina sobre celajes. Por las fotografías, se conocen bien la frente amplia, la nariz curva, la barbilla exigua, los labios carnosos, que creaban lo que suponemos un perfil de halcón peregrino, un perfil dantesco. Las fotografías no revelan, en cambio, el encanto de los ojos, de un color entre el ámbar y el verde, con una mezcla de tristeza, melancolía, inteligencia y, por supuesto, mordacidad. Miope al fin, en la calle usaba espejuelos antiguos, de esos que se llaman afáquicos. Las fotografías tampoco descubren la belleza de las manos, de una extraña juventud. Si hubiera querido ocultarse y mostrar sólo las manos, ustedes habrían creído que era un chico de veinte años. La voz parecía escapar desde el fondo de una campana de hojalata. La inteligencia y, como consecuencia, el sentido del humor, se enlazaba con la imaginación siempre excitada, rasgo que lo rejuvenecía aún más. Tenía salidas de adolescente. Era juguetón, intelectualmente juguetón, y no sé si la frase sea apropiada. Quiero decir: jugaba con las ideas y aunque sabía ponerse serio, su conversación estaba siempre repleta de paradojas y, sobre todo, de incitaciones, de opiniones y conceptos que luego, cuando se despedía, quedaban resonando con la intensidad de los repiques de aquella misma campana de hojalata de la que escapaba su voz. Salvo contadas excepciones, vestía como un hombre que se prepara para un corte de caña (aunque él hubiera dicho que se vestía como quien se va a herborizar): zapatos que, aunque no eran botas, lo parecían: eran las que daban por cupones en los centros de trabajo; pantalón ancho, de tela mala; camisa de caqui gris con bolsillos de tapas, una talla más grande. Limpio y bien planchado, a pesar de que sostenía que sólo se bañaba los sábados. Nunca sudaba, ni bajo el más

---

1   Palabras leídas en el homenaje a Virgilio Piñera en Stony Brook University, Nueva York, noviembre de 2012.

perverso de los mediodías. La jabita de yute con la que se iba a «forrajear» (verbo que se usó mucho en esa época, con su carga de correteo, de rastreo y de comida para caballos) y con la que se llegaba hasta el supercake de Zanja y Belascoaín, en busca de los *pies* de guayaba, no parecía en sus manos una jabita de yute. Había algo distinguido en aquel hombre llamado Virgilio Piñera que lo diferenciaba del resto de personas que bebían café en el quiosquito del night club Las Vegas, frente a Radio Progreso, o forrajeaban y subían y bajaban con jabitas similares por las calles Infanta y San Lázaro.

2. Un poco por propia decisión y un mucho por decreto ajeno, llevaba casi una vida de eremita. También son famosas sus rutinas: leer mucho, jugar canasta, acostarse temprano y levantarse mucho antes del amanecer, a traducir algunos buenos libros como *Camino de Europa*, de Ferdinand Oyono; algunos que dan gracia, como *Noup, héroe de las montañas* o *Las pantunflas del venerable jefe del distrito*. En el mejor de los casos, tenía tiempo para sentarse a escribir. Su casa era lo más parecido a una celda y eso tiene que ver, por supuesto, con su decisión. Lezama, por ejemplo, que había sido igualmente convertido en cadáver civil, tenía su pequeña, húmeda y oscura casa, atestada de libros, de papeles, de cuadros de Saura, Arche, Portocarrero, Mariano, Arístides Fernández; algunas pequeñas estatuas y piezas de arte, incluso una talla en madera del padre de Alba de Céspedes, adornaban las estanterías de Trocadero 162. El apartamento de Piñera, en cambio, tenía las paredes casi vacías. Cuando tuvo buenos cuadros, los vendió religiosamente para sobrevivir paganamente. Pocos muebles: un sillón (el que se ve en la foto famosa), una butaca de muaré, casi sin muaré, con los muelles visibles, también famosa porque aparece en varios cuentos, como en «Un jesuita de la literatura». Un librero blanco con pocos libros. Se vanagloriaba de no almacenarlos, de tenerlos en su cabeza. Todo Proust en francés, las *Memorias de Ultratumba*, las memorias de Casanova, las de Saint Simon, *François le champí* de George Sand, varios diccionarios; *Las impresiones de África* y las *Nuevas impresiones de África*, de Raymond Rousell; un autor que, a mi modo de ver, lo influyó mucho: Raymond Queneau; y *Las flores del mal*, por supuesto. En aquella casa había, además, un pequeño y antiguo radio de pilas, para las noticias y para los días de ciclón (quiero decir, para

las temporadas ciclónicas). Carecía de televisor. Los objetos más va-
liosos eran la máquina de escribir y el tocadiscos que le había regalado
Maya Surduts cuando fue declarada *persona non grata* y debió aban-
donar Cuba. Lo que más se escuchaba en ese maravilloso tocadiscos
era Beethoven. Adoraba las sonatas para piano y violín, en especial la
«Sonata a Kreutzer». Y las sonatas para piano, en especial la «Appas-
sionata». Recuerdo el disco de Wilhelm Kempff con las sonatas para
piano, que disfrutaba una y otra vez.

3. No creo que haya vuelto a divertirme como me divertí aquellos
cuatro años que duró mi amistad con Piñera. No he conocido a nadie
con tanto sentido del humor ni con tanta juventud, con tanto genio
para ennoblecer literariamente las banalidades de una realidad ho-
rrorosamente heroica, la grotesca epopeya que nos tocó vivir. Un jardín
le había construido el sueño para que en él soñara (y soñáramos) la re-
alidad. A su lado todo se volvía literatura, brillo, inteligencia, agudeza
y humorada (o *boutade*, como él habría preferido decir). La conocida
nota del diario de Bioy Casares me parece una idiotez. Dice el estan-
ciero Bioy: «A la noche comen en casa dos maricas cubanos de la re-
vista *Ciclón*: Rodríguez Feo, el director, y Virgilio Piñera, el secretario
de redacción. Rodrígez Feo es rico, buen mozo, menos literario que su
amigo (...), Piñera es delgado, con cabeza de perro flaco, de empu-
ñadura de paraguas; es modosito, silencioso y un poco lúgubre...» Lo
de maricas no merece análisis, aunque la frase suene a grosería de
malevo-burgués-machista-de-mal-gusto, que no se esperaría del in-
genio del autor de *La invención de Morel*. Lo de delgado, con cabeza
de perro flaco y empuñadura de paraguas, es justo. Lo de modosito,
silencioso y un poco lúgubre... Habría que ver qué personaje repre-
sentaba Virgilio en la casa de aquel matrimonio Bioy-Ocampo, de la
jet-set bonaerense. El Piñera, al menos el que conocí, no tenía nada de
modosito ni de silencioso, mucho menos de lúgubre. ¿Qué habría
pensado el masculino Bioy de los comentarios de Piñera cuando se en-
contraba con Gombrowicz y ambos se burlaban con tanto gusto de
aquellos afrancesados? Ignoro cómo se comportaba Bioy Casares,
siempre a la sombra de Borges, en cualquiera de las reuniones de San
Isidro. En cuanto al modosito Virgilio de mi experiencia, era el centro
irradiante. Quizá por eso resultaba a ratos inaguantable para ese otro

centro irradiante llamado Lezama Lima. Acaparaba la atención con larguísimas historias, maravillosamente bien hilvanadas y extraordinariamente divertidas. Por ejemplo, la historia que repetía, a petición nuestra, y que en cada ocasión se enriquecía con nuevos datos, la de aquel amigo suyo de Guanabacoa que podía adivinar el destino. No tiraba las cartas, no leía las manos, no usaba ningún medio tradicional de adivinación. Predecía el futuro gracias al estudio de las heces fecales. El escatológico adivino era capaz de formar la carta astral sólo por los desechos excrementicios. Virgilio ponía especial énfasis en detallar su cuarto de trabajo y en describir el lugar donde trabajaba aquel hombre. Con gran responsabilidad histórica, poseía un largo espacio donde almacenaba la mierda de muchas insignes personalidades habaneras. Otra historia tenía que ver con dos gemelas, pasmosamente iguales, prostitutas de alto *standing*. Un largo cuento, siempre mejorado con detalles, sutilezas, ritos, sobre la liturgia erótica y casi japonesa de las dos gemelas. Esta historia, sin embargo, tuvo un final. Sucedió la noche en que alguien se percató de que nunca había revelado el nombre de las gemelas prostitutas. Titubeante, cogido en falta, Virgilio suspiró, miró al techo y dijo o gritó: «Ah..., se llaman Lidia y Clodomira». Refería asimismo los largos viajes en barco desde Santiago de Cuba hasta Buenos Aires; la inevitable fiesta de disfraces cuando se pasaba la línea del Ecuador, en las que él solía vestirse de Fedra o de Theda Bara. Y los subyugados capitanes de los buques, solían enamorarse de aquella Fedra o Theda Bara y la invitaban, lo invitaban, a la mesa de honor, donde se descorchaba un champán Épernay en honor del disfrazado. Y hablando del personaje de Racine, gustaba mucho recordar la representación de la *Fedra* de Racine que hizo, en francés, en la sala Prometeo. Hablaba de su encuentro con Yma Sumac en Buenos Aires; con Marlene Dietrich en una fiesta en casa de Feltrinelli en Milán. De su amistad con James Baldwin, a quien había conocido también en Milán. De la ocasión que conversó con un norteamericano en los arrecifes junto a la Puntilla, en la desembocadura del río Almendares. Conversaron largo rato; el norteamericano filosofaba sobre la vida y los hombres, hasta que llegó un joven bellísimo a recoger al señor norteamericano y él se percató de que había estado hablando con Tennesee Williams y que se llamaba Marlon

Brando el joven que había llegado en su busca. Decía que una noche, en un *pub* del Nueva York de finales de los cuarenta, había visto a un señor borracho que casi no podía ponerse el gabán. Virgilio tuvo que ayudar al camarero, tuvieron para llevarlo hasta su carro, con un chofer negro. El camarero le reveló luego que el borracho venía al *pub* cada vez que visitaba Nueva York y que se llamaba William Faulkner. O la mañana en que esperó durante horas a Gabriela Mistral en el *lobby* del hotel Packard, el que se levantaba (o se levanta, no lo sé) frente al Parque de los Enamorados, para regalarle el tomito de *Poesía y prosa*, publicado en 1944, y cómo ella lo miró y le dijo con tono agresivo: «Lo siento, no quiero ningún libro; de todas maneras no lo voy a leer». O la noche de cena en la mansión de Victoria Ocampo en la que se discutía una palabra inglesa que con los años había cambiado de acepción. Según Virgilio, la señora Ocampo se limitó a alzar una mano; apareció de inmediato un criado de librea con un atril en el que había un diccionario etimológico, convenientemente abierto en la página justa. Recuerdo también muchas historias sobre Lezama, Rodríguez Feo, Dulce María Loynaz, Gastón Baquero.... En especial quisiera mencionar una de Emilio Ballagas porque tuvo consecuencias literarias: se habían ido, como acostumbraban, al puerto en busca de marineros perdidos. Les apasionaban los marineros perdidos. A Ballagas y a Piñera, los íntimos los llamaban «las fragatas». Como sólo habían encontrado uno, decidieron acostarse los dos con él. Fracaso total. Ya en el cuarto de Emilio o de Virgilio (vivían en sendos cuartos contiguos en una pensión de la calle Galiano), a ambos les entró la risa nerviosa e imparable, y ya se sabe que la risa es inversamente proporcional a la libido. El resultado de esa noche de los dos poetas con el marinero desconocido, se convirtió en la materia de un cuento deslumbrante, «La risa», de *Muecas para escribientes*.

4. Sin embargo, estas no son más que anécdotas. Las historias verdaderamente importantes no las puedo relatar. No porque no quiera o no pueda o porque sean secretas, sino por algo mucho más misterioso. No dependían de las historias mismas: son demasiado inefables; dependían del tono de la voz, de los gestos de la mano, de las miradas, de demasiadas sutilizas que no soy capaz de reproducir. No tenían que ver con la calidad de lo contado, como con el modo en que esos cuentos

dejaban de ser cuento para convertirse en tácticas, maneras que trasfiguraban la realidad, levantaba un mundo paralelo. Abolían la cotidianidad y transformaba la rutina en algo único, insólito. Nunca
conocí a nadie con tanta capacidad de «literaturizar» (valga la palabra
fea) la vida. Tampoco con tanta mayéutica. Cómo, sin que yo me diera
cuenta, dirigía mi preocupación hacia *Los cantos de Maldoror*, *Una temporada en el infierno*, los cuentos crueles de Villiers, *El mito de Sísifo* y
El hombre rebelde de Camus, Felisberto Hernández, Bruno Schulz,
Gerard de Nerval, Raymond Russel, los poetas metafísicos ingleses.
La ocasión, por ejemplo, en que me dijo que escribía un ensayo y necesitaba una frase de Thomas Mann, perdida entre las páginas de *La
montaña mágica*. La frase no la olvido, era una de esas morbosas del
alemán: «Hay dos caminos en la vida, uno es el corriente, el directo,
el bueno; el otro es el malo..., pasa por encima de la muerte y es el
camino del genio». Para «hacerle el favor», leí la novela. El detalle
consistía en que no había ningún ensayo y el favor, por supuesto, me
lo hacía a mí mismo. De manera similar leí dos novelas, ahora olvidadas, y que releo cada cierto tiempo: *The Way of all flesh*, de Samuel
Butler y *The Last Puritain*, de George Santayana. También me hacía
traducir una pequeña biografía de Baudelaire y se sentaba conmigo a
corregir lo traducido. En ocasiones, tomábamos varias traducciones
de un mismo libro, o de un mismo poema, como «El cuervo» de Poe,
para ver cuál nos parecía mejor. Por cierto, se sabía «El cuervo» de
memoria, en inglés, así como poemas de Baudelaire, Rimabud, Verlaine y todo el *Cementerio marino*, fragmentos de *La jeune parque*, tanto
en francés como en la extraordinaria versión castellana de Mariano
Brull. También buscaba libros para mí en bibliotecas ajenas, como la
traducción de Pedro Salinas de *En busca del tiempo perdido* en la biblioteca de Estorino, a quien entonces yo no conocía. Esa traducción,
dicho sea de paso, no la tenía en gran estima. También yo le buscaba
libros, porque leía rápida e incansablemente. Sólo que los libros que
yo le buscaba podían ser cualquier libro. Que recuerde: *La piedra
lunar*, de Wilkie Collins y un libro que a mí me había impresionado
en mi adolescencia y que a Virgilio lo divirtió sobremanera, *Veintiún
años con los papúes*, de un misionero cuyo nombre no recuerdo. Le
gustó mucho *Asco*, del húngaro Laszlo Nemeth, que creyó superior a

La náusea de Sartre. Sé que le provocó una gran impresión *La broma*, de Milan Kundera, que leyó en francés, en la edición de bolsillo de Gallimard, con el prólogo de Louis Aragon. Alguna vez Virgilio encontraba en alguna librería una «joyita», según su manera peculiar de calificar. Fue el caso de *El arco de Belén*, de Miguel Collazo, que compró en la librería Viet Nam, de San Rafael casi esquina a Águila. «En medio de este páramo, ese librito es una gran cosa», recalcaba.

5. En alguna ocasión he contado la noche de julio de 1975 en que lo conocí en la quinta de los Gómez, en la Calzada de Managua, la que hoy se conoce con el nombre con que él la bautizara: «La ciudad celeste». Yo tenía veintiún años y lo poco que conocía de la obra de Virgilio se debía a un cuento, «En el insomnio», y a una efímera puesta en escena de *Falsa alarma*, por Teatro Universitario en la sala Tespis, ubicada entonces en el hotel Habana Libre, donde ahora existe el *non-place* de una cafetería espantosa. Mi profesora de literatura en el Preuniversitario de Marianao, Trinidad Benedit, sentía una pasión especial por los cuentos de Piñera, y me hablaba siempre de él. Y aunque parezca insólito, incluso estrambótico, «En el insomnio» se leía en alta voz en los albergues cañeros de Unión de Reyes en aquellos años en los que cortábamos caña para hacernos hombres nuevos y fuertes (cosa que logramos, como se puede comprobar) y ayudar a levantar la economía cubana (cosa que no sé si logramos, como se puede comprobar). En 1975, ya no estaba en el Pre de Marianao, ya estudiaba segundo año en la Escuela de Letras de la Universidad de La Habana. Años setentas, insisto: de modo que se entenderá en qué consistían las clases de aquella etapa aterradora. Salvo excepciones (algunas, incluso, espléndidas excepciones, como las clases de historia de la literatura de la doctora Beatriz Maggi o las de historia del Arte de Amado Palenque y Rosario Novoa, quien, por cierto, había sido profesora de Virgilio), eran clases pedestres, de ponderadas últimas mujeres, de próximos combates, de una rara mezcla de quenas, ridículos chamamés pasados por la simplicidad del manual de F.V. Konstantinov. He contado asimismo que Piñera no me prestó atención en toda la noche, como si yo no existiera, que sólo se volvió al final de la noche, un instante, para preguntarme «Y tú, niño, ¿eres de Camagüey?» Y eso que yo llevaba, para halagarlo, un libro del profesor Julio Ortega

titulado *Relatos de la utopía* (no sé cómo lo había conseguido) y pensé ingenuamente que le podía interesar. Miró el libro sin atención, como quien mira una revista frívola, y exclamó: «Este hombre ha tenido el mal gusto de situarme al lado de Onelio Jorge Cardoso». Aquella noche, eso fue todo. Bueno, fue todo en relación conmigo. También he escrito que esa noche leyó las veintiuna novelas de un libro que pensaba titular *Las ciento una novelas*, y donde narraba las peripecias de la lavandera Fligar Sánchez y su marido Gabrior Aranda, por una Habana que no era La Habana sino el punto de encuentro de todos los caminos posibles. Lo que escuché nada tenía que ver con lo que pedían los comisarios de la cultura. Nada de seguir el «rastro de los libertadores», nada de heroicos entrenamientos militares, de caminatas interminables, de batallas libradas desde el punto rojo de un colimador, de «héroes anónimos» que «regresaban a la tierra», de luchas entre «combatientes y bandidos»... Nada de realismo, mucho menos de realismo con apellido político.

6. He escrito hace un momento: «No creo que haya vuelto a divertirme como me divertí aquellos cuatro años que duró mi amistad con Piñera». También podría decir que, del mismo modo (y porque así son las cosas de la vida, «reír y llorar», como dice el bolero de Roberto Ledesma), fueron los peores años de mi vida. Sé que fueron los peores años de muchos de nosotros, y en primer lugar de Virgilio Piñera. Fue él quien peor lo vivió. Fue sin duda el más humillado. Y no únicamente por los años del castrismo. De los sesenta y siete años de su vida, sólo conoció algunos momentos de reconocimiento. Si decidiéramos caer en el caprichoso convencionalismo de contar ese tiempo de manera lineal, quizá no iríamos más allá de cinco años. Para ser justo, hasta ese pequeño intervalo me parece una exageración. Digo «reconocimiento» y no me refiero, por supuesto, a la indiferencia teñida de desprecio (tan cubana) anterior a 1959; ni mucho menos a la marginación, absolutamente grosera, la muerte civil que le impuso el totalitarismo, aun cuando ese estilo categórico de crimen sin crimen, sea sin duda un modo retorcido y siniestro de reconocer la importancia de un escritor. Hablo de la discutible aprobación social que implican las ediciones, las traducciones, los premios. El «éxito social», para designarlo con un torpe lugar común. Cierto, Vigilio Piñera nunca es-

cribió para eso. Casi se podría decir que escribió para lo contrario, para el no-éxito, y tenía el suficiente coraje para no condescender. No consideraba la literatura como un certamen ni un modo de medrar, sino un artefacto de desenmascaramiento. El acto de arrancar las máscaras no ha sido nunca amable o encantador. No está bien visto. Entender la literatura como hecho moral no es el camino más fácil de alcanzar la celebridad. Desde bien pronto, quiso ser un celoso de su libertad. Rebelde, incómodo, impertinente, agresivo, contestatario, negador. Como intentó dejar claro en la pieza de teatro que escribía en el momento de morir, estaba condenado a ser libre y a elegir, aunque tuviera la limitación de sólo poder elegir lo que elegía. Sin embargo, aun cuando escribía sin esperar nada a cambio y optó por el camino arriesgado del malestar, del sarcasmo, de la aspereza y la frialdad, no es menos cierto que obtuvo mucho menos de lo que concedió. Vivió en la incómoda comodidad de los márgenes. Marginalidad buscada: marginalidad hallada, o como solía reiterar: idea fija, idea que se convertía en realidad. Fue libre, quiso enseñar a ser libres; a cambio sólo encontró dureza. Como exclamó en alguna ocasión Fina García Marruz hablando de su marginación: «Tuvo lo que merecía». A diferencia de muchos que conozco, su inclemencia no buscaba destruir, por el contrario, era el resultado de la clemencia. En su «maldad» radicaba su honradez; su nobleza, su bondad. Es verdad que fue amigo-enemigo de Lezama Lima, que perteneció al grupo Orígenes, que fue amigo y compañero de juergas de Gombrowicz, que se acercó al círculo de la revista *Sur*, que estuvo en París, en Roma, en Brujas, en Nueva York. Es verdad que vio algunas de sus obras representadas y algunos de sus libros publicados, que dirigió por breve tiempo la colección de una edición de libros, que ganó un premio Casa de las Américas (con el voto en contra de Vicente Revuelta). También es verdad, sin embargo, que el autor nunca vio en escena *Dos viejos pánicos*, que cuando murió tenía ocho libros inéditos y que vivía, como siempre, en la pobreza, con el añadido de esa otra pobreza, el olvido.

7. El día de su muerte el jueves 18 de octubre de 1979, hacia las once de la mañana, Virgilio recibió una llamada telefónica que lo perturbó sobre manera. Eso al menos nos contó el muchacho que le limpiaba la casa, y cumplía también algunas otras cuestiones sanitarias,

puramente sanitarias. Nunca sabremos si hubo en verdad llamada telefónica ni qué le anunciaron en ella. (En cualquier caso, y sin querer decir mucho, recordar que la citación a Villa Marista de 1977, la que puso fin a las noches de la Ciudad Celeste y lo dejó durante seis meses sin su obra inédita, fue también mediante una llamada telefónica. Pero esto entra en el reino de la pura especulación. Ni siquiera supimos nunca el nombre del chico de la limpieza; tampoco lo volvimos a ver.) Almorzó poco y se acostó a dormir. Por más perturbado que estuviera, la siesta era inviolable. Hacia las tres de la tarde, bajó a jugar canasta (una de sus aficiones frívolas). Bajó como siempre las escaleras del edificio, porque le aterraba el ascensor. En la escalera, sintió la punzada en el pecho y el brazo izquierdo. Cometió la imperdonable simpleza de ir a casa de su médico, el doctor Sergio Cavarruiz, que vivía muy cerca. Subió cinco pisos andando. Cuando llegó al piso de Cavarruiz, estaba casi muerto. Dijo algo que el médico nunca quiso revelarnos. (Después, Luisa y yo fuimos varias veces a visitarlo: nunca más nos abrió la puerta.) Virgilio murió en el sofá de la sala de Cavarruiz, quien llamó al actor Enrique Santiesteban, supuesto amigo de Virgilio. Éste lo llevó al hospital Calixto García como si aún estuviera vivo, puesto que de lo contrario habría tenido que responder ante la policía; lo dejó en urgencias y desapareció. Cuando Luisa llegó al hospital, el cuerpo desnudo de Virgilio Piñera estaba solo, con un cartelito en el dedo gordo del pie derecho. Lo llevaron a la funeraria de Calzada y K. Antes del amanecer, se llevaron el cuerpo para la autopsia. No lo devolvieron hasta poco antes del entierro. Se dio, pues, la circunstancia de que velábamos un muerto que no estaba presente, como ha contado Reynaldo Arenas: una verdad entre otras exageraciones del escritor delirante. Aun después de muerto, Virgilio continuaba en la invisibilidad de sus últimos años. Invisible y tan menesteroso que fue enterrado en la tumba prestada de una familia conocida, junto al panteón de los Naturales de Ortigueira. Nadie se preocupó por salvar sus manuscritos que quedaron encerrados en la casa sellada por el Ministerio de Justicia hasta tres años después; nadie se preocupó porque tuviera un epitafio. Su hermana Luisa y yo, fuimos donde un marmolero de las calles 14 y 25 y le hicimos construir una jardinera donde quedaron mal grabados unos versos suyos que decían: «Este brazo que alzo, esta boca que sonríe son el brazo y la boca en la fotografía de la inmortalidad, y ningún poder humano o divino, podrá darles pagana o cristiana sepultura». Tan mal grabados, que al cabo de tres o cuatro aguaceros, las letras se borraron. De cualquier modo, tres años después Luisa quiso hacer la exhumación para llevar los restos a Cárdenas, donde una prima les había cedido un espacio en el osario familiar. Fuimos, pues, temprano al cementerio de Colón. Luisa, su esposo Pablo, un amigo (que nada tenía que ver con la literatura) y yo. Nunca olvidaré aquella mañana, no sólo porque exhumáramos a Virgilio, sino porque además, por esos raros mecanismos de venganza que tiene la imaginación, me pareció una mañana extraordinariamente hermosa. Fresca, sin nubes, con un sol propio del invierno habanero. Cuando abrieron la tumba, Luisa y yo nos apartamos. Queríamos mirar y no queríamos mirar. La caja gris de pésima madera, o de cartón, estaba negra y desecha. Vi restos de ropa y algunos huesos, suficiente para que la poca curiosidad acabara de deshacerse del todo. Al final, los sepultureros (eran dos jóvenes hermosos y un anciano) me dieron una cajita de metal forrada con papel de cartucho. Luisa y Pablo tenían pasaje para Cárdenas ese mediodía. Con los huesos de Piñera, abandonamos el cementerio. Nadie nos miraba de modo extraño. Nadie sabía qué llevábamos allí. De haberlo sabido, tampoco les hubiera importado. Luisa y Pablo se alejaron hacia terminal de ómnibus. Mi amigo y yo subimos por la calle G, bordeamos la Escuela de Letras (donde yo había estudiado y no había sido precisamente feliz) y seguimos por la 27 hasta N, allí donde tenía su primera parada la guagua 2. No sé por qué lo hicimos. ¿Qué rara peregrinación aquella? Para mi decepción, su casa permanecía cerrada. Ningún ángel o demonio salió con la camiseta sin mangas, el short verde, una sonrisa y un desmayado gesto de adiós. Había algo seguro, eso sí: los huesos se habían ido a Cárdenas mientras la jardinera, con el epitafio ilegible, continuaba a la intemperie, en la tumba prestada del cementerio de Colón.

BARCELONA, 2012.

Virgilio en Mantilla[1]

Juan Gualberto (Yonny) Ibáñez Gómez

Primeras visitas

Lo que se dice personalmente, yo conocí a Virgilio Piñera en el Instituto Cubano del Libro, cuando empecé a trabajar en el Departamento de Ciencias Sociales. Él estaba en el de Traducciones y nos veíamos con frecuencia, casi todos los días y a través de amigos comunes. Uno de ellos, el pintor César Bermúdez, que venía a mi casa, un día me dice que si podía venir con Virgilio, le respondí que sí, que encantado, entonces vinieron un sábado que era el día de la semana en que mi familia acostumbraba a reunirse con algunos amigos. Fue exactamente el sábado 13 de julio de 1974.

Recuerdo que estábamos en la Galería, era la época en que las vigas permanecían cubiertas de enredaderas, pero Virgilio había pensado que el lugar tenía techo, como el resto de la casa, hasta que hubo un momento en que miró hacia arriba y se encontró con el espacio abierto: la luna, las estrellas y dijo: «¡Pero qué cosa es esto!»

Imagínate —se le contestó— es problema de la fabricación, no tenemos materiales para techar.

De ahí que tiempo después, en la dedicatoria de uno de los libros hiciera referencia a la Galería llamándola *La Ciudad Celeste*.

Entre las cosas que recuerdo de aquellas primeras visitas está el pesimismo en cuanto a su labor como escritor. Decía que estaba acabada, que se limitaría a vivir en su oscuro Departamento de Traducciones.

No, no —le comentábamos, especialmente mi madre (Juanita Gómez)—, el que tiene una condición como la tuya no la puede abandonar nunca, y empezaba la discusión sobre este punto.

---

1   Lo que sigue es la transcripción de una entrevista al artista y escritor Juan Gualberto (Yonny) Ibáñez Gómez (1933-2010) realizada el 22 de septiembre de 1992 por los entonces estudiantes de periodismo de la Universidad de La Habana Alfredo Alonso Estenoz, Orestes Hurtado, Jesús Jambrina y César Pérez acerca de las visitas de Virgilio Piñera (1912-1979) a Villa Manuelita en el barrio de Mantilla al sur de la capital.

Él permanecía muy escéptico, pero un día me dice: «Quizá les dé una sorpresa».

—Bueno, tú eres una persona fantasiosa –le decíamos–, a lo mejor nos estás entreteniendo para divertirte.

—No es posible –ripostaba– porque a mí me ha entusiasmado mucho la atmósfera de la casa, la familia, todo esto es muy curioso, y vamos a ver.

En efecto, un sábado nos sorprendió con un primer cuento sobre este lugar y sus habitantes. En aquel relato, que al parecer desapareció, describía su primera impresión de la familia, incluido un perrito chihuahua que teníamos y del cual se le enseñó el pedigree.

Más tarde, Abilio Estevez nos dedicó un trabajo, que algún día les leeré, donde hay bastante de su primera impresión, parecida a la de Virgilio: la casa y sus habitantes a quienes de alguna forma nos consideró personajes. Lo que sucede es que en la narración de Abilio, él compara a cada miembro de la familia con un instrumento musical: el piano, la flauta, el violín, etc, y esto compone como una pieza de cámara.

Virgilio escribió otro cuento, también relacionado con nosotros, que sí está publicado: «*Ars longa vita brevis*» (*Un fogonazo*, 1987) cuyo título original, al menos con el que lo leyó aquí una noche muy nutrida –recuerdo, además de lo habituales Antonio Canet, César Bermúdez y Ramiro Guerra, a Tony López Romero con Leonor Borrero, Elena Huerta, que había regresado de Argentina, y muchos más–, fue *La última carcajada de la cumbancha*. No le cambió absolutamente nada, excepto el título, y el personaje que luego se llamó Ingrid antes era Bertica, el resto es tal cual la primera versión.

Tertulias

Virgilio empezó a leer sus cosas, si la memoria no me falla, como a la tercera semana de estar visitándonos. Lo primero fue su tablón de salvamento, el libro de poemas *La vida entera:* cuando no quería «hacer gala de sus estrenos» –como llamaba a los textos inéditos que leía– me decía: «Tráeme *Las Furias*», y ya sabíamos que leería «Solo de piano», «María Viván» o «Solicitud de canonización de Rosa Cagí». De cualquier manera nos resultaba atractivo, porque él era un magnífico lector de su propia obra.

Le gustaba que el ambiente no estuviese muy cargado, necesitaba intimidad. Poco a poco fue leyendo con más frecuencia hasta que llegó a hacerlo todos los sábados. Dedicó, por ejemplo, tres de ellos a su novela *La carne de René* (1952), todavía sin publicar en Cuba por aquellos años. Leyó su teatro, en la edición de los sesenta. Leyó varios poemas a la familia, dentro de ellos los aparecidos en *Una broma colosal* (1988), a los cuales llamó medallones familiares, y que estaban dedicados a Juanita, mi madre, mis hermanas Serafina (Fina) y Olga y a mí, aunque de esta serie permanecen inéditos varios más, junto a otros que él quiso que conserváramos en prenda de amistad. Y existe también el cuento «La Ricura».

Virgilio nos ofreció, además, una serie de conferencias que, lamentablemente, no se registraron. Quizá yo conserve la de Lezama y tal vez la de Ballagas, que se apoyaba mucho en su artículo de la revista *Ciclón*. Él era muy formal en este sentido. Su lectura requería de determinadas condiciones. Si consideraba que debía ser en la Galería, pues nos trasladábamos a ella. La lectura de «El Trac», por ejemplo, requirió de objetos y luces, él sugirió la sala. Las conferencias sobre Casal y la Avellaneda fueron en el comedor, que, según él, tenía determinada atmósfera. Luego venía la segunda parte: el debate acerca de las lecturas y, más tarde, otros trabajos del resto de los asistentes. Eran veladas muy estimulantes.

Otra familia

Virgilio llegó a tener una relación muy particular con la familia. Conservo una foto en la que nos pone: «A mi mamá y a mis hermanos». O sea, que nos consideraba como de los suyos, y últimamente me he puesto a revisar las libretas de apuntes familiares –una tradición que se tiene aquí desde los tiempos de mis abuelos– y puedo decirles que él venía prácticamente tres o cuatro días a la semana, mientras que las llamadas telefónicas eran diarias.

Siempre mantuvo dividido sus afectos: a mi hermana Olga la llamaba su «albacea de los cuatro quilos»; mi hermana Serafina era su confidente sentimental, una especie de psicóloga; a mamá le decía «la *mater* por excelencia». Cada uno de nosotros tenía un puesto en sus afectos y, por una vieja costumbre entre nosotros, nunca comentábamos nuestras conversaciones privadas con él.

Presumo que trataba cosas diferentes con cada uno, eso sí, quería mucho a mi madre. Existe una carta que le escribió y leyó públicamente en una cena de Navidad donde le reconoce específicamente a ella, y a la casa por extensión, el haberlo salvado del «escepticismo, esa cosa tan terrible que no nos deja creer en nada incluso ni en nosotros mismos».

Recordemos que cuando llegó aquí por primera vez, en el año 1974, estaba desilusionado de la literatura, le había perdido confianza.

Yo lo visité en varias ocasiones en su apartamento de 25 y N, en el Vedado. El sitio era un misterio como hasta cierto punto lo era él también, necesitaba un preámbulo. Como respetaba las formalidades, yo lo llamaba antes y le informaba del día que pensaba ir y a qué hora. Así y todo, antes de llegar lo llamaba y me decía: «¿Y a qué vienes?».

Habíamos quedado en que iría hoy, le respondía. Y él: «Sí, pero en realidad, ¿cuál es el motivo de tu visita?».

«Virgilio, te lo expliqué hace días: saludarte, conversar un rato y punto.»

Terminaba diciendo: «Bueno chico, dale que me tienes intrigado. En lo que hago el café, dispárate para acá».

Cuando llegaba, el apartamento estaba cerrado a cal y canto. Para que Virgilio empezara a abrir una persiana era un problema. Nos estamos asando –le comentaba.

«Pues yo no tengo ningún calor, esas son imaginaciones tuyas.»

«Tú estás en short, pero yo no, abre un poco ese balcón, ni que nos fueran a meter un balazo desde el edificio de enfrente.»

Ahí empezaba su tragedia, siempre tuve la impresión de que Virgilio creía que abrir su casa era un peligro, padecía una especie de claustromanía. También le tenía horror a los elevadores, nunca volvió a montar ninguno después de un incidente que padeció con su hermana. A su apartamento subía siempre por la escalera.

Más en familia (y ojalá puedan conocerse algún día la colección de fotos que tenemos de las diversas celebraciones que organizábamos aquí y que servían para divertirnos muchísimo), les cuento que le encantaban las frutas. En ese sentido, esta casa para él era una especie de Paraíso Perdido. Aquí se hacían unas natillas planchadas que le gustaban mucho.

«¿Cómo es eso de planchar una natilla?» –decía. Mamá le contaba cuál era el procedimiento y le enseñaba la pieza que era del tiempo de mi bisabuela.

Él se preciaba de ser un especialista en pastas. A cada rato hablaba de hacer unos coditos o unos macarrones, que todo el mundo se iba a caer muerto de delicias con ellos. Nunca los hizo, pero dicen que, efectivamente, sabía cocinarlos muy bien.

En uno de sus cumpleaños, que sí registré a través de una entrevista «secreta» que le hicimos entre todos (debo recordarles que yo estudié Periodismo en la Escuela Márquez Sterling y en mi época no se usaban grabadoras, sino la memoria), se le regalaron muchísimas cosas, pero lo que más celebró fue que le pudimos obsequiar un mamey colorado. Si le hubiésemos regalado otra cosa no le hubiera causado tanta impresión. Siempre contaba cómo en sus viajes lo que más añoraba era comerse una piña. «¡Ni pensar que en Italia voy a poderme tomar una champola!», repetía. Esa era su bebida favorita.

Misterios

Un día entre semana viene y me dice: «Ayer estuve por aquí por la mañana». «¿Cómo? ¿Por la mañana?» «Sí, sobre las nueve de la mañana». «¿Y por qué no tocaste?» «No, porque es que ni los perros me sintieron. Di la vuelta por el lateral, por el frente, y había un silencio, una atmósfera tan especial...», y empezaba a buscar connotaciones.

«¿Pero si viniste por qué no tocaste Virgilio?» «En realidad toqué la campana muy bajito y pensé que estaban dormidos o que no había nadie en la casa. No quise interrumpir, yo sé que es un momento especial para ustedes. Me di cuenta de que la casa no es normal». «¡Ah, que no es normal!» «No es que sea nada del otro mundo, pero sí tiene una cosa rara, de día es una cosa y de noche otra». «Todas las casas son iguales en ese punto.» «Sí, pero por la noche yo no me atrevo a salir al patio con esa oscuridad, y hay cosas» —y ese «hay cosas» lo significaba. Por supuesto que estas apreciaciones suyas generaban debates familiares. Para argumentar su posición, se remitía a la noche que dio su conferencia sobre Emilio Ballagas.

Ese día Virgilio quiso que nos sentáramos en el comedor y que se encendiera una vela cuando comenzara la lectura. Así se hizo, y entró una mariposa de esas que se les llama brujas o tataguas y se posó en el cuadro *Las Hortelanas*, de Concha Ferrant. Todos nos dimos cuenta porque antes de ocupar su lugar definitivo, el insecto voló en círculo por la habitación completa. Virgilio nos miró y comenzó.

Al terminar la conferencia, la mariposa se fue. «¿Ustedes se dieron cuenta de quién estuvo aquí?». «Si tú no eres creyente, no crees en nada.» «No, pero es que aquí me han obligado a pensar un poco más en serio». Entonces uno no sabía qué pensar, aunque, como se sabe, él tuvo una época de ferviente religiosidad, que después negó en repetidas ocasiones.

Lecturas dramatizadas

En cuanto a la particularidad de Piñera como lector de sus propios textos, les digo que he tenido la suerte de ver a varios dramaturgos leer sus obras. Uno de los que nunca se me olvida es Fermín Borges, impecable, en *La danza de la muerte,* que luego Francisco Morín llevaría a escena. Virgilio no leía simplemente, sino que hacía todo lo posible por hacerte *ver* el teatro, que es una cosa muy diferente. Él modificaba la entonación según los personajes, marcaba las aclaraciones, los apuntes, etc.

Otro ejemplo de lectura estupenda fue *La carne de René*, donde cada personaje tenía su categoría. Los cuentos y poemas tenían otra expresividad. Las manos en Virgilio, por ejemplo, eran todo un lenguaje, así como las inflexiones de su voz. Por aquí han pasado otros dramaturgos: Pepe Triana, Abilio Estévez, Raúl Alfonso, que leyeron sus obras, teatrales o no, muy bien, pero Virgilio disponía de otros recursos, otras facilidades.

Con los años, nos dimos cuenta de por qué aquella supuesta aparatosidad de la lectura de *El Trac* en la sala o de la Avellaneda en el comedor o los autores franceses en la Galería, respondía a una condición para la lectura que Piñera utilizaba minuciosamente.

La literatura

Con respecto a la impresión que nos dejó de su relación con la literatura, a pesar del escepticismo que les comenté al principio, fue que sentía una verdadera devoción por la literatura cubana. Aquí descubrió, y lo digo responsablemente, a Dulce María Borrero y comenzó a leer con asiduidad a Esteban Borrero Echevarría: tenemos la edición príncipe de *La Cena de Pascua y otros relatos*.

Él pensaba que la familia utilizaba los libros, muchos de ellos del siglo pasado, como una especie de gancho. Es decir que, teníamos esto o aquello cuando en verdad no existían, pero con el tiempo se convenció de que sí, que estaban, y se preguntaba entonces cómo era posible que se conservaran estos libros.

Una de sus pasiones fue José Jacinto Milanés. Como se sabe, Virgilio leyó en una de las tertulias el fragmento inicial de su pieza sobre el poeta. Antes de hacerlo lo estuvo anunciando en varias oportunidades, pero todo el mundo pensaba que era otro juego piñeriano. Una y otra vez me contaba lo que iba a hacer con Milanés, que si ese personaje tal y tal, que si quiero ir a Matanzas (en realidad nunca supimos si fue o no) solo, de madrugada. Pero ¿tú vas a ir a caminar de madrugada por Matanzas, solo? Eso no hay quien te lo crea... Él estaba planificando su obra y los sábados se hablaba de la escenografía, los personajes. Le gustaba que todo el mundo dijera algo.

Un día en su apartamento, le dije: «Chico, a mí me parece que lo tuyo de Milanés es una broma de muchacho, ¿ni siquiera una página me puedes enseñar, ahora que estoy aquí?» «Ah, no, esa es una sorpresa que les voy a dar un día de estos». Pero como Virgilio se pasaba el tiempo en esa frontera entre la verdad y la mentira, la fantasía, el mito... Afortunadamente, una noche se apareció con un pedazo del primer acto del *Milanés*. Discutimos mucho sobre las escenas, él no quería que éste se acercara a los demás personajes, que hubiese un distanciamiento de ellos. Nunca terminó esa obra, se publicó como parte de su *Teatro inconcluso* (1990).

En un plano más particular, muchas veces discutimos sobre sus aspiraciones en la literatura, a lo que pensaba llegar. Él sí era muy escéptico. Por ejemplo, y es algo que tengo registrado, una noche se le preguntó que haría si ganaba el Premio Nobel: «Yo no significo absolutamente nada», dijo, «solo he abierto unos caminos y nada más. Te voy a dar algunos nombres: Shakespeare, Rimbaud, Proust, ¿yo quedo reducido a qué? A cero».

Cuando alguien le decía maestro, respondía: «¡Qué maestro de qué!, yo soy un simple escritorcito de nada, ustedes son unos exagerados, yo no me creo nada de lo que me dicen, aunque me digan que he hecho una cosa genial ¿Ustedes saben lo que es hacer una cosa genial? Yo ni remotamente haré una cosa genial».

Sin embargo, cuando se lee «*Ars Longa Vita Brevis*», que como les conté narra metafóricamente parte de sus relaciones con esta casa, te das cuenta de que uno de los personajes, Lola, que vendría a ser mi hermana Olga, dice: «No digo que no tenga talento, y si quieren afirmar que es un genio, no me opongo». ¿Y esa frase, Virgilio? «Bueno, esa no la pongo yo, la dice Lola.» Sí, pero el que escribe el cuento es Piñera. Y ahí se formaba el debate.

Los jueves, que fue el otro día de la semana que con más frecuencia nos visitaba, llegaba diciendo: «Hoy vengo diez minutos, a tomar la sopa, quizá un postre ligero, y me voy», y le daban las dos de la madrugada. Los jueves, decía, se hablaba más íntimamente de muchas cosas, abría las compuertas y se producía la catarsis.

Una de las cosas que más lo perturbaba era que el tiempo pasaba y sus piezas teatrales no se llevaban a escena. Un día alguien me mandó un recorte de periódico donde se hablaba del estreno de *Electra Garrigó* en Inglaterra. Él se entusiasmó un rato y luego le cayó una especie de desplome, y todos nos dimos cuenta de qué se trataba: siendo el dramaturgo cubano más importante del momento, con reconocimiento internacional, sus obras, paradójicamente, no se ponían en Cuba.

Ahora es algo normal, pero no hay que olvidar que fueron años sin que una sola obra de Piñera se representara, y no solo teatro: hay muchas antologías de cuentos realizadas en aquellos años en las cuales no aparecieron textos de él.

Lezama

De sus años en Orígenes decía que habían sido una olla de grillos. A Lezama siempre lo respetó; el día de su muerte vino para acá y quiero decirles que tuvo un momento en el que pensamos que tendríamos que llevarlo al policlínico, hasta que se serenó, porque Lezama y él quedaron disgustados.

Después de mucho rato me dijo: «Ya no tiene arreglo». Pero, Virgilio, a fin de cuentas, aquello no fue más que una tontería, no es para que queden esos resentimientos. Pero él no se consoló, no se conformaba con aquello.

La noche que leyó su conferencia sobre Lezama fue más contenida, pero de igual calidad afectiva. Ese día estrenó aquí el soneto a Lezama. O sea, que para él fue un verdadero desprendimiento, no un amigo que se pierde, un colega que desaparece físicamente, sino un verdadero afecto, alguien con quien no va a poder contar y viceversa, porque se sabe que entre ellos había una especie de necesidad mutua, de armonía-desarmonía.

En que Lezama no viniese a esta casa influyó básicamente una cosa: el ego de Virgilio Piñera, esa es la verdad. Incluso, nos quedamos esperando a Lezama y María Luisa varios jueves, y sabíamos que ellos querían conocer a la familia y el lugar. Sin embargo, el encuentro se pospuso porque en el momento clave aparecía un pretexto: que no había máquina, que dónde lo íbamos a sentar, que si Joseíto era muy puntilloso. Bueno, Virgilio, cuando *tú* quieras nosotros podemos conseguir un auto para que los traiga y los lleve de vuelta después. *Tú* quedas encargado de avisarle a Lezama, pero él sabe que lo estamos esperando y nosotros sabemos que Lezama te preguntó y *tú* dijiste no sé qué, en fin, queda en *tus* manos el asunto.

Cuando Piñera vio que era en serio que Lezama viniese, aquello empezó a dilatarse y dilatarse y nunca lo trajo. En nuestro caso, tampoco se trataba de crear un disgusto o una situación penosa, porque suponíamos que Virgilio era quien debía coordinar esa visita.

En cambio, sí estuvieron otros escritores. Ustedes saben lo difíciles que son a veces las relaciones entre intelectuales. Pero, por un asunto de magia —como decía Virgilio—, aquí había un ambiente conciliador. Se daba el caso de personas que en la calle no se saludaban y aquí compartían.

El comportamiento de Virgilio con todos era agradable, respetuoso y esa cosa que se lograba: el tono armónico, espontáneo, sin recelos ni pullas que siempre hay entre personalidades. Todo funcionaba como un descanso después de tanto brete. Tenemos una foto que le ha gustado a muchas personas que contiene, precisamente, a Virgilio y Pepe Triana tocando tumbadora.

Habría que preguntarle a otros de los que venían en aquella época: Abilio Estévez, por ejemplo, que conoció a Piñera en esta casa. Él ha hecho referencia a eso en algún escrito autobiográfico. Reinaldo Arenas contó sus impresiones generales de las dos o tres veces que vino aquí en su libro *Antes que anochezca*. Por cierto, me llama Jorge que fue como lo hizo Virgilio en su cuento «*Ars Longa Vita Brevis*».

La censura

Una cosa sí quisiera apuntar, sin que se interprete como falsa modestia: nunca nos han movido sentimientos de odio hacia nadie ni intereses mezquinos. Eso nos salvó, porque siempre que tenemos que decir algo que no nos gusta lo hacemos honestamente, sin dañar a nadie. Y te das cuenta de que la gente agradecía ese trato, no solo nos visitaban una vez sino que repetían su estancia. Todas las semanas se preguntaba: ¿quién viene el próximo sábado?, ¿qué vas a traer? Se funcionaba muy en el gusto de todos.

Un buen día, las tertulias que se hacían aquí sin otro afán que el de pasar un buen rato de expansión espiritual, cultural, amistosa y sin premeditación alguna, terminaron. Eso ocurrió en el año 1977. Se acabaron las visitas de Virgilio y las del resto de los amigos. Se interrumpía así una tradición familiar que venía desde los tiempos de mis abuelos en que en la casa de Lealtad 106 mi madre tenía una tertulia los jueves a la que asistían, entre otros, los hermanos Lles, Agustín Acosta y Medardo Vitier... Nuestros encuentros en los setenta eran la continuación de todo aquello.

Después, se inició un ciclo de nostalgia de ambas partes. La familia y los amigos extrañándolo a él, y él añorando la atmósfera que había dejado aquí. Entonces escribió una carta que envió con un amigo común y que tal vez pudo ser el comienzo de un nuevo acercamiento físico y espiritual. La carta es muy reveladora de su necesidad de venir, tratarnos, volver a estar en familia, y un recordatorio de que él no olvidaba; todos creímos que volveríamos a encontrarnos con él, pero sucedió lo que sucedió y no pudo ser. Virgilio murió el 18 de octubre de 1979 sin haber regresado a esta casa. Siempre he creído que esos dos años fueron más negros para él, porque, para nosotros, también lo fueron.

Virgilio Piñera cumple 60 años

José Lezama Lima

Como un pistoletazo en el violáceo azufre
los ángeles pactan con los demonios,
buscando el gran ojo primigenio.
Vuelven los demonios a pactar con los ángeles,
buscando sabiduría
de las ondas del pífano
al penetrar la ciudad.
Un ruidillo en la nada,
innato o con prestaciones vergonzantes
precipita el coro de los diablillos
que van a sostener el manto del niño de Praga.
Llega entonces el inalcanzable
paraje de la nieve,
la pequeña luna caída
en la profundidad infantil del tazón
o en el ballenato tedioso de los mares,
allí la silla destrozada, la del obispo encadenado,
allí se vuelven a ver los demonios y los ángeles
correr hacia un punto, volcarse en la laguna,
peinarse más las plumas que los cabellos.
Sus pequeños rostros sonríen con dientes de leche.
Sabemos, qué carcajada, que lo lúdico es lo agónico.
Como sólo existen el bien y la ausencia,
los demonios y los ángeles se esconden sonriendo.
Su mano dura, como decimos las uvas maduras,
han dado un fuerte manotón sobre el madero.
El ángel avanza rápido como el alfil.
El demonio salta como el caballo oblicuo.
Sus manos cruzadas golpean los sesenta
golpes de la cábala,

el hierofante y la emperatriz duermen ya
en la cámara de la reina.
El ojo y el mar se abren en círculos concéntricos.
Sobre un tablón,
jugando lo terrible,
el bien y la ausencia.

14 de Julio y 1972

Pido la canonización de Virgilio Piñera

Pido la canonización de Virgilio Piñera
poco interés presentan estas cosas
para un Concilio, que otras más urgentes
–la talla de los ángeles, las fuentes
del Edén–, y sin duda, más valiosas
apremian sin cesar. Insisto empero
para que tenga sitio en los altares
este mártir de arenas insulares.
Por textual, su milagro verdadero
dio presa fácil a los cabecillas
y a los sarcasmos que, de tanto en tanto,
interrumpen las furias amarillas,
las madres del exilio y del espanto.
Es por eso que a Roma, y de rodillas,
iré a exigir que lo proclamen santo.

Severo Sarduy

Sonata de un violín desafinado para Virgilio Piñera

José Triana

Me encanta la idea de dedicarte un poema
distinto a lo que escribo.
Aireando las mismas virtudes y defectos,
las mismas inseguridades y los mismos miedos
como una campana rota y militante.
como una amistad honda, sin reservas,
como tú bailando y tarareando en los pasillos
de la Catedral de Santiago al mediodía, exaltado,
«la tía Tula, que me den candela».
No busco engrandecerte ni disminuir el curso
de tu trayectoria única, hecha de sacudimientos,
traiciones y lealtades, de vértigos e inquisiciones
de palabras escogidas desde el fondo, del fondo
de ese laberinto que anubla y embellece,
cuyo nombre ignoramos.
No voy a discernir qué impulso o qué fiebre
de frío carapacho y melancolía
entorna ese desdén de *La carne de René*
quizás un acto de venganza y de piedad
contra los infundios de Cárdenas y Camaguey.
Aire y fuego, fuego y aire, qué sofoco,
es un martirio andar por esas calles, dice tu hermana,
ardidas por el sol de la mañana, innoble,
repite tu padre y se queda mudo
mirando mariposas entre nadie
detrás del arco iris, irrepresentable,
de ahora y de ayer y tal vez de siempre
con la impresionabilidad de un niño.

Me mostraste las formas y la fuerza de un texto
en sus gradaciones especulativas y sentimentales.
Cosa rara, en verdad. Diría, sí, casi inaudita...
No solías hacerlo, no lo hacías,
aunque quizás de otro modo
una fiesta se abre, una fiesta se cierra.
No convoco las rondas del misterio
que entrampa y domina, sin embargo supongo
que esa puerta incógnita, esa puerta intangible
es el eco que guardabas celosamente
de tu vida anterior en Buenos Aires.
Me enseñaste, lo digo sencillamente,
la insobornable creencia en el poema
de la vida que agita en las palabras,
el tesoro, la fiesta, lo increíble fungiendo
de creíble marioneta, mares tumultuosos
y diáfanas riberas, tú me enseñaste el pobre
habitáculo, el artificio del artificio
que puebla los jardines de la inteligencia.
Nos unía la mediocridad provinciana y el desorden.
Fríos los lazos, frío el hallazgo,
fría la conversación y su estridencia
malvada, estamos en el puerto e ignoramos
los vértigos del reloj, la diáfana claridad
de la atardecida en el plato de garbanzos
y los panes humedecidos de viejos.
Calvert Casey podría llegar de un momento a otro
bamboleando la crítica de *Aire frío*
entre folios amarillos desasosegados.
Una victoria tuya indiscutible.
Tu obra rozando la verdad de cada día.
¡Ah, el fervor de verdad y del escándalo,
la sierpe de las confidencias y el vacío,
las dudas, los desconciertos y ciertas torpezas!
Somos tan inmaduros como las hipérboles.
Juan, mi sobrino, vino a verme el miércoles

y caía un chubasco de padre y señor mío.
Yo me contemplaba en el armario de muecas,
mientras discutíamos de las avispas de oro,
de la creación del mundo y de las planicies bárbaras,
cuando un tercio de soldados llegó,
displicente y extraño mendigando favores
sexuales a los negros que limpiaban las calles.
Era domingo entonces, domingo luminoso
y me sacaba los dientes postizos,
contra las compuertas, contra las lámparas,
y Agamenón asestaba un salivazo
a la mujer desnuda de Manet en el cuarto atestado
de sillas y mesas y relojes anticuados,
vejados por el tiempo como rostros.
Yo me inclino y aventuro el poema festivo
que no he escrito. A dos pasos se miran
las calandrias y los cisnes perversos,
creando un manifiesto de músicas celestiales
y dados de anatemas y de concupiscencia.
Flora con su tacón jorobado muestra el camino,
a los cuentos y siluetas del teatro
indomesticable en su ardor de ser.
Era un tumulto que tratabas de ordenar a
tientas y tu discernimiento se quedaba
replanteando los signos
inconmensurable como la nada.
Zaida reparte las cartas desgastadas
por la maldita trampa del instante.
La viuda y el juez acomodaban sus teorías
ante el asesino displicente. Clitemnestra,
Orestes y Electra formaban un triángulo
de asedio y de herméticas alucinaciones.
—¿Quién está ahí, detrás de la puerta?
¿Quién ha osado romper el círculo?
Ni la madre enferma ni el padre timorato.
Quizás el hijo sepa de los dedos cruzados

o se apropie de la sabiduría de los ancianos
desdibujados en las calles y en las ánforas de los templos.
Maya y César te ofrecen un almuerzo en Las Ruinas,
entresoñando el estreno de *Dos viejos pánicos*
mientras Olga balbucea un enigma
y el cotarro se ahíta de palabras
en contra, silenciosas y baldías.
Tú superas la historia, la trasciendes
en el lúdico ensamble de *El que vino a salvarme*,
insidioso ejercicio de la fiesta,
negando la grandilocuencia y el desdén.
Entre luces ritmadas el afán de la muerte,
junto a Lezama entero, también casi sagrado,
y en el alba de espejos el alba de la vida,
generando victorias y descréditos.
No me acuerdo de más, no me acuerdo de menos.
Quiero acariciar tu frente en el féretro
y mi mano se esconde, se castiga, y se pierde.
Estoy esperando tu visita y tu crítica
semejante a sonidos de luceros,
y sé que tal vez nunca volveremos a vernos
o sí fragmentariamente en los sueños,
un libertario esquema de esperanza,
y entre borrones fielmente te alabo,
con la humildad de ser siempre a pedazos,
tu vida abraza el arte y la memoria.

José Triana
París, noviembre, 2013.

Otro error de cálculo con los sepultados

A Virgilio

Fíjate lo que son los tiempos
para quienes pudieron
–por obra y gracia de la Gracia–
crearse el propio,
fallaron los pronósticos, hasta los tuyos
que decías no ser más que alguien sin futuro mesurable,
claro, puro rejuego teatral,
quiénes exigieron tapiar la embocadura
por los personajes que señalaban implacables
desmanes y pestilencias,
parecía que ya los linotipos
iban a erradicar de su oficio el tuyo
y «había que quemarlo todo
porque todo eso resultaba inútil, imposible...»
Al paso que vamos no se va a dar abasto
por resultado de contraorden dictada sobre los tullidos.
He repartido tus libros y dones
como se hace con el pan, el arroz, el maíz
pues te consta son alimentos fundamentales,
veremos a muchos caer de ataques fulminantes al hígado
al corazón o lo que tuvo por un rato magro espíritu,
otros fenecerán sin lápidas ni olvido; no han sido.
De ti nadie se acuerda, estás para siempre
y nadie va a ponerse a morir de vida,
se le reza mal y se recuerda peor
a lo extinguido.

Juan Gualberto (Yonny) Ibáñez Gómez

Poema por Virgilio Piñera

Para Antón y Abilio

I
Querido Virgilio: anoche te escribí una carta,
Una carta que me hizo subir el llanto a la garganta.
Allí estábamos todos, también tu y yo,
cada uno confesándose hasta el fondo,
entre camisas y bufandas caprichosas,
desnudándonos ante la multitud delirante que
nos lanzaba zapatos, trozos de carne y flores.
Estábamos ridículos sobre la cruz,
ofrecidos en pública subasta como dorados
salmones entre ruedas de tomate.
Fue, naturalmente, casi un naufragio,
una de esas experiencias que tú siempre quisiste vivir.
Yo, tu cómplice de esa noche, sentí miedo,
¿acaso no había pensando nunca que tenemos una vida humana?
Tu reías azorado: «todo esto es sólo polvo de la
vida. Vamos, hagamos un *opening* fastuoso».
Leías declamando poemas,
en realidad todo me lo sugirió el arco voltaico de tus ojos:
«la libertad es una paradoja, un país de nadie
                    déjame olvidar esa palabra».
Aquí traigo bellas flores blancas para Kavafis.
Jamás nadie pagó tanto.
Y para ti, una rosa de miedo, una rosa genuflexa,
     la flor de las alucinaciones,
porque tú eres la pureza y ahora somos dos
los que nos confesamos en tus versos.

II
(¿Por qué no te encuentro ya detrás de los cristales
bebiendo el café en los ojos de los estibadores?)

III
En cuanto a mi, y siguiendo con mi carta,
yo pienso que estoy muerto,
y ahora sólo quiere escuchar solitarias y bellas mentiras
quizás pueda fingirme todavía un muchacho perdido
y arrojar al mar mis pequeños poemas con las
alas bien cosidas,
y entonces,
esta noche no hallaré cuerpos quemados en mi cama
ni flores aplastadas en las escaleras.
Cada día yo, un montoncito de carne tropical,
en frías oficinas
preguntando por ti,
dando a todos las preguntas de una sola respuesta:
éramos tan puros...
En mi sueño yo resistía los labios que hacen la
ternura templando,
suplicaba como suplica una estrella muerta:
«sájame con tus ojos y bautízame con tierra».
Sentado a mi lado tu apartabas pesadillas
y agregabas rosas en confesión y azufre al desayuno.
No sé cuántos actos de magia, cuántos poemas afímeros
quemaste esa noche...
Los dos pensábamos lo mismo sobre el Karma.

IV
Al final,
desperté cansado con las piernas extendidas en cruz
como si sólo fuese una planta herborizada,
pero no me asusté demasiado:
todo puede suceder en la dulce venganza del poema.

Créeme, puedes morir de nuevo o puedes vivir
por un rato más,
yo siempre pensaré en ti y si alguien me pregunta
callaré el santo y sella que abre la blanca
escotilla del paraíso.

ALBERTO ACOSTA PÉREZ

EN SORDINA

Tú que trabajaste con huesitos de Piñera
para hacer de su piñata
una Cuba *conceptual*

un cumpleaños por supuesto feo
con muchos flacos y algún gordo
todos naturalmente muertos

            fantasmones en pleno día
            sobre tarimas inhóspitas
sus masacradas voces
sostienen esa cabeza

este crimen sonado
donde el aire se enrarece

PEDRO MARQUÉS DE ARMAS

Virgilio Piñera

Animal de tiro o de parábola
Cargaste todo el peso, en omóplatos lo propio
	y añadido:
polvo y polen y lo que no se ha reducido en círculos.
Extraño mercader,
tus paños el más exacto, alucinado mapa del país
y espejo no acto para los cazadores de fantasmas.
Algo ejemplar: aún te vieron sonreír de orilla a orilla
con la malicia de un niño o de un ratón ante la adversidad
entregarte al prohibido, devorante amor anfibio
como una dama impúdica, como querías
como que todo al final no es más que una gran broma,
un carcajearse escamado entre las sales.
Oscar Wilde tuvo su estancia gélida, el aislamiento
	pudo ser la tuya.
A la hora anunciada por los especialista en posteridad
te convertiste en una isla, isla hundida
en que profundo y olvidado mar oscuro.
Dispersas están las cosas que fueron prometidas,
así en la cita bíblica: debajo de la casa un tesoro,
	un alimento.
Nos decían que no, que no nos acercáramos
nos mandaban a leer a Pita, a Guillén, a cualquiera
	de los otros
nos decían que no y tuvimos que escoger, que
	adelantarnos
a estrella o muro empezar la partida, el naipe de los
	desorejados,
aunque tuviéramos que introducir toda la escala
en el dormitorio paladar de los prudentes.
Hombre, mujer, isla o coágulo que anuda el paraíso:
Entre líneas andamos buscando, preguntándonos.

Juan Carlos Flores

Virgilio Piñera

Como una instalación de esferas enlazadas
–cada una gira en su sitio
y todas armonizan finalmente–
vi el poema.
Cada esfera era nada en sí misma
y el conjunto también era nada, vacío.
pero nos ganó de tal modo
la eficacia del juego
que por un instante olvidamos
preguntar el sentido.
Eran sólo esferas cayendo,
en su momento y con su giro justos,
en su medida articulación.

Alfredo Alonso Estenoz

Piñera el invisible

Lo he visto subir a la ruta 4.
Se deja caer en el asiento
junto a la señora que torna la cara;
ligero de ropas, tímido.
Lo he visto subir a él
diluido entre los pasajeros;
Virgilio Piñera el invisible
café del mal en dirección a Mantilla.
En silencio va arañando la noche.

Jesús Jambrina

Virgilio Piñera

No deseo caminar entre los mortales,
el tiempo se ha encargado de inmortalizar lo »impresentable»
ya no hay necesidad de muletas
ahora bailo el cha cha cha y son sin caerme en pedazos
y el verdugo de los cojos, es un invitado más de mi fiesta.
La isla ya no cae sobre mi hombro
su peso es la historia sobre otras cabezas...
El tiempo ha jugado su carta,
estoy de centenario y
me burlo de los incrédulos que apestan a sí mismos.
Ahora, la ciudad invisible ya no lo es.
No necesito estatuas a mi nombre
No necesito que me dediquen un día
ya no necesito nada.
ayer, ahora y siempre.
Con —esta suerte de perro—
Renaceré cien veces más Virgilio.

Luis Rondón Paz, 1 de abril de 2013